本书是国家社会科学基金青年项目

“乡村旅游开发与生态友好型农业发展的协同路径研究”（项目批准号：14CSH050）的成果

郭 凌 臧敦刚 等 著

乡村旅游与生态友好型农业的协同发展

COORDINATED DEVELOPMENT OF
RURAL TOURISM AND ECO-FRIENDLY AGRICULTURE

社会科学文献出版社
SOCIAL SCIENCES ACADEMIC PRESS (CHINA)

序

农业是立国之本，也是强国之基。改革开放以来，我国高度重视农业现代化发展，并在理论研究和实践路径中进行了积极探索。实践证明，生态友好型农业是实现农业可持续发展的重要道路，为乡村旅游开发提供了重要基础资源。在乡村振兴的国家战略背景下，乡村旅游和生态友好型农业的协同发展，将成为乡村产业振兴、生态振兴、文化振兴、组织振兴、人才振兴的重要动力。因此，在建设生态文明、全面推进乡村振兴战略的今天，探索乡村旅游开发和生态友好型农业发展的协同路径，无疑具有巨大的理论价值和重要的现实意义。

郭凌教授主笔的《乡村旅游与生态友好型农业的协同发展》，正是顺应这一时代发展趋势而展开的系统性研究著作。该著作是国家社科基金项目“乡村旅游开发与生态友好型农业发展的协同路径研究”的最终表达，也是作者长期从事乡村旅游与生态友好型农业交叉研究的创新成果。

该著作以习近平新时代中国特色社会主义思想和党的十八大以来系列会议与文件精神为引领，聚焦“把对农村地区资源环境保护和合理利用融入乡村旅游的可持续开发和农业产业的健康发展”，进行了构建乡村旅游开发与生态友好型农业发展协同路径的思考与探索。

该著作在研究内容上，把乡村旅游开发、生态友好型农业发展两个独立的对象，纳入系统的理论研究中，打破过往研究中不同理论之间的界限，构建了关于乡村旅游开发与生态友好型农业发展协同的“五位一体”理论框架。在此理论框架下，作者对我国省域层面的乡村旅游与生态友好型农业协同发展水平进行了宏观测评，让读者更为深刻地把握乡村旅游与生态友好型农业的协同发展现状，看到当下二者之间协同发展的薄弱点与不足之处。同时，作者展开了我国乡村旅游与生态友好型农业协同发展的多维分析，发现乡村旅游与生态友好型农业从政治、经济、文化、社会、生态五个维度，组成了一个相互关联的系统。最后，基于国内外乡村旅游与生态友好型农业协同发展的典型案例经验，设计了 11 条我国乡村旅游与生态友好型农业的协同发展路径。

我认为，该著作不仅具有选题的前瞻性、研究内容的系统性，而且具有理论构建的创新性、实践应用的可行性。

（1）构建了乡村旅游开发与生态友好型农业发展协同的理论框架。“生态友好型农业”作为独立术语，在党的十八届三中全会后由中央政治局提出，出现的时间较晚。虽然学术界对生态友好型农业展开了一定讨论，但并没有形成统一的理论体系，相关研究成果较为零碎，系统探索乡村旅游与生态友好型农业协同发展的理论成果更是匮乏。郭凌教授从政治、经济、社会、文化、生态“五位一体”的视角，构建了乡村旅游与生态友好型农业协同发展的理论框架，这不仅是对已有理论研究成果的系统整合，而且是在学术研究中贯彻落实“五位一体”总体布局的生动体现。

（2）从自然生态、经济生态、社会生态、文化生态、政治生态等方面，构建了一套测量乡村旅游与生态友好型农业协同发展水平的评价指标体系，为科学评价乡村旅游与生态友好型农业协同发展状况提供了测度工具。由于学科的差异以及研究视角的局限，围绕生态友好型农业的已有研究成果更多地停留于理论分析层面，缺乏量化分析。该著作中构建的评价指标体系，有助于我们深入地认识乡村旅游与生态友好型农业的协同发展。

（3）对国内外乡村旅游与生态友好型农业协同发展的典型案例进行深入分析，为持续推进乡村旅游与生态友好型农业协同发展提供了经验借鉴。这些经验包括“农业为本、旅游添色”“产业集群、三产联动”“立足原真、法律保障”“乡村联合、协会推动”等。尽管国内外存在乡村旅游与生态友好型农业协同发展的国情差异、制度环境差异、主体因素差异等，但对国外探索乡村旅游和生态友好型农业协同发展路径的成功经验进行总结，对设计我国的乡村旅游与生态友好型农业协同发展路径，无疑有着重要的借鉴意义。

（4）将乡村旅游与生态友好型农业协同发展纳入系统的研究中，从路径内涵、路径主体、组织方式、适用条件和路径优越性五个方面，总结出协同发展路径的演变规律。在此基础上，从“外推力”“内促力”“引导力”三个方面，构建协同发展的动力体系。这一研究成果弥补了理论研究与发展实践相割裂的不足。在实践层面有助于地方政府部门因地制宜选择合适的协同发展路径，或者综合考虑地方社会经济和资源条件，根据路径演变规律，创造具有地方性特色的协同发展路径。

总之，《乡村旅游与生态友好型农业的协同发展》一书，从理论上阐明了乡村旅游与生态友好型农业的内涵特征、二者之间的辩证关系，深度分析了二者协同发展的内在逻辑，提出了符合我国国情的二者协同发展路径与对策建议。因此，这是一本值得理论研究和实践工作者参阅的著作。我相信，该书的出版必将丰富和发展乡村旅游与生态友好型农业协同发展的理论体系，为农旅融合产业的高质量发展提供理论指导，为我国乡村振兴实践提供重要参考。

杨继瑞

2022 年 4 月于青城山麓

摘 要

农业是立国之本，也是强国之基。2014 年中央一号文件首次提出发展生态友好型农业；2016 年“十三五”规划纲要提出要“促进农业可持续发展……大力发展生态友好型农业”，“走产出高效、产品安全、资源节约、环境友好的农业现代化道路”。党的十八大以来，国家一直重视发展生态友好型农业。党的十八大报告提出的“五位一体”总体布局，把农业生态文明视为生态文明建设的重要内容。党的十九大报告做出实施乡村振兴战略的重大战略决策，为新时代我国农业、农村改革发展指明方向、明确重点。中国广袤乡村地区拥有良好生态环境、优美自然环境，加上多样化的传统文化沉积的历史因素，交织不同民族劳动者聚居的地理因素，较为完整地保存了乡村特色资源，从而为乡村旅游开发提供了基础条件。

实践证明，生态友好型农业是实现农业可持续发展的重要道路，可为乡村旅游开发提供重要的基础资源。乡村旅游通过合理利用农业生态资源，成为“一三”产业融合、拓展现代农业多种功能的重要路径。乡村旅游和生态友好型农业的协同发展，是乡村经济振兴、生态环境优化、传统文化传承、宜居宜业新农村建设的重要动力。本书立足于 2014 年中央一号文件以及党的十八大、十八届三中全会等会议与文件精神，以“把对农村地区资源环境保护和合理利用融入乡村旅游的可持续开发和农业产业的健康发展”为出发点，构建乡村旅游开发与生态友好型农业发展的协同路径，它既是优化农业资源配置、保护农业生态环境、转变农业发展方式的重要手段，也对落实国家乡村振兴重大战略有着十分重要的意义。具体而言，本书围绕以下内容展开。

第一，构建乡村旅游开发与生态友好型农业发展协同的理论框架。选取“五位一体”的中国特色社会主义事业总体布局作为理论视角，从政治、经济、社会、文化、生态五个维度，构建本书研究的理论框架。提出我国乡村旅游开发和生态友好型农业发展协同路径的理论假设，为探索乡村旅游开发与生态友好型农业发展的协同路径奠定理论基础。

第二，进行我国乡村旅游开发与生态友好型农业发展协同现状的宏观测评。测评发现，我国大多数省域乡村旅游和生态友好型农业协同发展水平为弱协同、轻度不协同。我国乡村旅游与生态友好型农业的协同发展水平，还有着较大的提升空间。这也为后续的多维分析和实证研究提供了客观有力的宏观依据，同时构成本书研究的重要起点。

第三，展开我国乡村旅游与生态友好型农业协同发展的多维分析。分析发现，政治、经济、文化、社会、生态五个维度的协同发展，是一个相互关联的系统。在政治维度，协同发展的核心理念是“善治”；经济维度在于“机会均等、利益共享”；文化维度为“文化的包容性发展”；生态维度追求“可持续性”协同发展；社会维度为“关系治理、和谐发展”。

第四，进行国内外乡村旅游开发与生态友好型农业发展协同路径的案例分析。一方面，法国通过“农业为本、旅游添色，产业集群、三产联动，立足原真、法律保障，乡村联合、协会推动”，推动协同发展；日本呈现“政府＋协会＋乡绅＋农户＋科研院所”“政府＋协会＋乡绅＋农户＋企业”等典型路径。另一方面，基于我国四川、江西的案例分析，提炼协同路径特点：重视农业基础地位，依托“农业＋旅游＋”等探索路径；重视政府顶层设计，在资金、技术、人力等方面创造条件；加强技术支撑，为实践路径提供智力支持；完善农村金融制度，探索制度保障；进行文化创新，为路径注入文化灵魂；发挥社会组织积极性，从公私合作中汲取协同力量。

第五，进行乡村旅游开发与生态友好型农业发展协同路径的调查研究。采用问卷调查和扎根访谈方式采集一手资料，综合定性与定量研究方法，呈现影响协同发展的因素，包括政府治理水平、社会组织培育、农旅企业发展、自然环境保护和文化传承利用等。

第六，设计乡村旅游开发与生态友好型农业发展的协同路径。包括政府主导、居民主导、企业主导、居民主导 + 行业协会自律、政府主导 + 居民参与等。同时，依托理论框架，从路径内涵、路径主体、组织方式、适用条件和路径优越性五个层面，总结出协同路径的演变规律。在此基础上，从“外推力”“内促力”“引导力”三个方面，构建协同发展的动力体系。

第七，提出实践乡村旅游开发与生态友好型农业发展协同路径的对策建议。包括创造良好制度环境、协同路径规划体系、农业企业推动“农业 +”、旅游企业实践“ + 旅游”、发挥行业协会作用、赋予 NGO 相应权责、乡村居民增权赋能、科研院所群策群力。希望为我国实践协同路径，推动生态农业产业、乡村旅游产业的健康可持续发展，提供智力支持。

目　录

第一章　导论

一　研究背景

（一）乡村振兴战略对乡村旅游开发提出新要求

党的十九大报告做出实施乡村振兴战略的重大战略决策，为新时代我国农业、农村改革发展指明方向、明确重点。我国是传统的农业大国，广袤的乡村地区拥有良好的生态环境、优美的自然环境，再加上多样化的传统文化沉积的历史因素，交织不同民族劳动者聚居的地理因素，较为完整保存了乡村特色旅游资源，从而为乡村旅游开发提供了基础条件。我国高度重视乡村地区依据自身条件，因地制宜发展旅游业，以实现乡村全面振兴。2018 年中央一号文件提出“实施休闲农业和乡村旅游精品工程”要求；2019 年中央一号文件要求将整治农村人居环境与发展乡村休闲旅游有机结合。在肯定乡村旅游是乡村振兴的重要力量、重要途径、重要引擎的同时，对通过乡村旅游发展实现乡村振兴，提出了新的希望、新的要求。

（二）党的十八大以来生态友好型农业迎来发展新契机

党的十八大报告提出的“五位一体”总体布局，把农业生态文明视为生态文明建设的重要内容。2014 年中央一号文件明确提出发展生态友好型农业。2015 年，国务院办公厅印发《关于加快转变农业发展方式的意见》，提出“走产出高效、产品安全、资源节约、环境友好的现代农业发展道路”。同年，中共中央、国务院印发《关于加快推进生态文明建设的意见》，要求加快转变农业发展方式，推进农业结构调整，大力发展农业循环经济。2016 年 3 月，《中华人民共和国国民经济和社会发展第十三个五年规划纲要》指出要“促进农业可持续发展……大力发展生态友好型农业”，“走产出高效、产品安全、资源节约、环境友好的农业现代化道路”。这些充分说明了党的十八大以来我国生态友好型农业发展的新契机和重要性。

（三）乡村旅游和生态友好型农业协同发展有着必要性

2016 年，国务院印发《全国农业现代化规划（2016～2020 年)》，指出依托农村绿水青山、田园风光、乡土文化等资源，实现乡村生态旅游、休闲生态农业的可持续发展，是拓展现代农业多种功能的重要路径。2017 年，党的十九大明确以“五位一体”的总体布局推进中国特色社会主义事业。实践证明，生态友好型农业是实现农业可持续发展的必经之路，为乡村旅游开发提供了重要的基础资源。同时，乡村旅游开发通过合理利用农业生态资源，成为“一三”产业融合、拓展现代农业多种功能的重要路径。乡村旅游和生态友好型农业的协同发展，成为乡村经济振兴、生态环境优化、传统文化传承、宜居宜业新农村建设的重要动力。在建设生态文明、实施乡村振兴的今天，探索乡村旅游开发和生态友好型农业发展的协同路径有着必要性。

二　研究现状与研究评述

（一）国内外研究现状

1. 关于生态友好型农业发展的研究

党的十八届三中全会后中央政治局做出的“发展生态友好型农业”

战略部署，是党和国家在长期农业发展实践工作中凝聚的智慧结晶、摸索的中国经验、形成的中国特色。由于党和国家的政策文件，将“发展生态友好型农业”作为政策导向直接提出，未曾对生态友好型农业的科学内涵做出权威的界定，国内研究中出现了对生态友好型农业理论的争鸣。基于同样的原因，国外研究鲜有直接提出“生态友好型农业”，而更多使用“生态农业”（ecological agriculture）、“有机农业”（organic agriculture）、“生物农业”（biological agriculture）、“永续农业”（permaculture）、“环境友好型农业”（eco－friendly agriculture）等术语，来探索一种农业的可持续发展方式。而这种农业可持续发展理念和方式，与生态友好型农业发展的价值理念与发展目标具有相似性。因此，它们为本书研究的开展提供了可参考的文献资料。

（1）国外关于农业可持续发展的研究。20 世纪 20 年代，伴随生态问题的日益凸显，资源、环境、社会、经济、人口相互协调的可持续发展观逐渐在全球范围内形成共识。在这一背景下，欧洲对生态农业的实践探索先于理论研究而产生。

1924 年，德国农学家鲁道夫·斯坦纳（Rudolf Steiner）在自己主讲的“生物动力农业”课程中，首次提出“生物动力农业”的概念，这被普遍认为是推行农业可持续发展的起点。从 1930 年开始，德国、英国、瑞士等国家对农业可持续发展的方式进行了不懈探索。1940 年，英国植物病理学家艾尔伯特·霍华德（Albert Howard）在参考东方传统农业的基础上出版了《农业经典》，首次提出“有机农业”的概念。根据霍华德的观点，有机农业强调依靠农业生物体的内部资源来支持农业系统可持续运作。在同一历史时期的瑞士，面对农业发展中大量使用化学肥料导致的土壤结构改变等负效应，农业学家汉斯·米勒（Hans Mueller）提出“生物农业”的发展方式，希望通过发挥厩肥对培肥地力的作用，利用土壤生物保持土壤肥力、促进有机物质循环，从而把生态学的原理引入对农业可持续发展技术的探索。“生物农业”的理念和技术在美国得到进一步发展，1971 年，美国土壤学家威廉姆·奥尔布雷克特（William Albrecht）提出“生态农业”的概念，把生态学的原理应用到有机农业生产中；生态农业在美国得到长足发展，1990 年美国通过《农业法案》，并在第 21 章提出《有机食品生产法案》（*Organic Foods Production Act*），逐步建立起联邦有机项目（National Product Program）、美国有机认证标识规范（USDA—Organic）等完善的、可操作的生态农业生产体系、认证规则。① 如果说生态农业、有机农业、生物农业更多的是把可持续发展作为农业的发展理念，并倾向关注实现农业可持续发展的技术手段，永续农业、环境友好型农业则进一步把农业视为实现人类生存环境可持续的重要体系。从海克尔（E. Haeckel）和坦斯利（A. G. Tansley）在 1935 年开始采用“生态”概念起，“生态”一词更多地指向自然的生态，这也成为农业可持续发展研究的起点。②

从 20 世纪 50 年代到 90 年代，“生态”思想不断发展，在学科领域从自然科学向人文社会科学辐射，“经济生态”③、“社会生态”④、“政治生态”⑤、“文化生态”⑥ 等概念被相继提出，直接影响到农业可持续发展的研究。1978 年，澳大利亚生物学家墨利森（Bill Mollison）和洪葛兰（David Holmgren）在《永久性农业之一》（*Permaculture One*）中，就提出从产业、社会、文化、政治等层面，建立能够循环利用自身废弃物、实现自行供应所需的农业生态系统。⑦ 1992 年，基于自然农法（natural farming）理念，日本农林水产省颁布《日本粮食、农业和农村年度报告（2002）》，提出“环境友好型农业”术语，把农业可持续发

---

① Seufert V，et al. What is this thing called organic? How organic farming is codified in regulations［J］. Food Policy，2017，68：10 – 20.

② Tansley A G. The use and abuse of vegetational concepts and terms［J］. Ecology，1935，16（3）：284 – 307.

③ Rothschild M. Bionomics：The Economy as Ecosystem［M］. New York：Henry Holt，1990.

④ Bookchin M. Post – scarcity Anarchism［M］. Berkeley：Ramparts Press，1971.

⑤ 张友渔．中国大百科全书·政治学［M］．北京：中国大百科全书出版社，1992：327.

⑥〔美〕唐纳德·L. 哈迪斯蒂．生态人类学［M］．郭凡，邹和，译．北京：文物出版社，2002：8.

⑦ Mollison B. Permaculture：A Designers' Manual［M］. Tagari Publications，1988.

展的理念和目标扩大到“环境友好”的层次。① 同年，联合国环境与发展大会（UNCED）通过《21 世纪议程》，提出“世界范围内可持续发展行动计划”，农业可持续发展被与会 183 个国家所接受，其影响逐渐深入农业技术、农业经济和社会发展各领域。

伴随生态友好型农业理论研究的深入，加上出于对农业可持续发展的评价要求，国外政府与研究者开始探索农业可持续性评价指标体系。总体而言，评价指标体系的建立大多遵循既有的框架和方法。其中，“压力－状态－响应框架”（pressure－stress－response，PSR）是重要参考。如联合国粮农组织（FAO）依据 PSR 制定了农业可持续发展的评价指标体系，用于衡量农业生态环境与所承受压力之间的相互影响关系；欧共体则选取 UNCED 推荐的化肥（农药）使用、农业能源、土地利用变化、人均耕地等指标监测农业可持续发展情况。出于政策制定的需求考虑，国外政府也关注农业可持续性评价模型的构建和应用。以英国为例，农、渔和食品部编制农业可持续性评价模型，挖掘指标对完善地方政策和对指导政府实践的潜力。② 与政府从宏观层面建立指标体系不同，学术研究更加注重精确量化农业系统的可持续性。③ Smith 等通过识别对农业可持续性有着威胁或者潜在威胁、代表不可持续性指标的方法，来进行量化评价④；Van Cauwenbergh 等则在构建农业可持续性评价和环境（SAFE）框架的基础上，直接制定统一的指标识别和选择方法⑤。

① MAFF. The annual report on food, agriculture, and rural area in Japan [R]. Ministry of Agriculture Forestry and Fisheries, 2002.

② Bellows B. SANREM research report proceedings of the indicators of sustainability conference and workshop [R]. Arlington Virginia: Washington State University, 1994: 1－95

③ Kruseman G, et al. Analytical framework for disentangling the concept of sustainable land use [J]. Agricultural System, 1996, 50 (2): 191－207.

④ Smith C S, et al. TIM: Assessing the sustainability of agricultural land management [J]. Journal of Environmental Management, 2000, 60 (4): 267－288.

⑤ Van Cauwenbergh N, et al. SAFE—A hierarchical framework for assessing the sustainability of agricultural systems [J]. Agriculture Ecosystems & Environment, 2007, 120 (2): 229－242.

（2）国内关于农业可持续发展的研究。我国是农业大国，农业是国民经济与社会发展的基础，也是国民谋求生存和发展的重要手段，农业的发展水平直接彰显国民生活幸福指数与国家综合实力的高低。农业可持续发展的程度，是农业水平的重要标志；发展生态友好型农业，则是推动农业可持续发展的重要举措。国内研究对生态友好型农业的关注，始于2014年的中央一号文件，但对农业可持续发展的理论探索和产业实践，则可追溯到古代社会的农耕文明和农业生产。从《吕氏春秋·上农》把农业发展放在重要地位，到《任地》《辩土》《审时》把掌握顺应自然规律作为发明农业工具、使用农业技术的出发点，中国古代农业已经较为系统地构建起“农业生产—农业技术—社会经济”协调发展的可持续发展理念和技术。尽管近代中国农业生产基于“农业生产—农业技术—社会经济”的理念和技术，国内研究和生产实践对农业可持续发展的探索，则是伴随农业发展所面临的生态环境危机而兴起的，大致可以分为三个阶段。

第一，萌芽起步阶段（20世纪80年代）。20世纪80年代，以西南农学院叶谦吉教授为代表的研究者，在国内首次提出把“生态农业”作为现代农业发展模式与中国农业发展战略；他们把理论和实践相结合，从宏观和微观层面，提出构建中国生态农业研究的理论框架。① 受到叶谦吉等生态农业家的影响，重庆等地区的农业科技人员开始以户为单位，进行生态农业的生产实践。这被普遍认为是中国农业可持续发展理论和实践探索的源头。

第二，快速发展阶段（20世纪90年代）。1992年，在吸取国际农业与农村发展经验教训的基础上，我国政府立足国情做出农业可持续发展的战略布局。根据《中国21世纪议程》《国民经济和社会发展“九五”计划和2010年远景目标纲要》，农业可持续发展战略成为中国农业和农村社会经济发展的重要出发点。受到国家政策的激励，国内研究围

① 叶谦吉，罗必良．生态农业发展的战略问题［J］．西南大学学报（自然科学版），1987（1）：1－8．

绕农业可持续发展的基础理论、关键技术、影响策略等问题展开深入探讨。这一阶段的研究，呈现自然科学和社会科学共同介入、相互交融的特征。

一方面，社会科学重视理论探索，注重引入国外理论成果、界定农业可持续性的内涵。农业系统理论、生态经济理论、系统控制理论就是这一时期进入国内研究，并应用于对我国农业可持续性发展目标、具体内涵的探索。① 另一方面，自然科学着眼解决关键技术，尤其是农业可持续发展的土地利用技术、水土保持技术、施肥技术、动物资源保护技术等。② 而自然科学与社会科学的交融，突出呈现于农业可持续发展的影响研究。尤其是对农业可持续性评价指标体系和评价方法的探寻，和区域性农业可持续发展的策略构建过程。受到20世纪80年代叶谦吉等老一辈学者的研究成果，以及《中国21世纪议程》中可持续发展思想的影响，20世纪90年代的学术界，要么继续使用“生态农业”，要么选取“可持续农业”的术语，来推进农业的可持续发展研究。③

第三，大力推进阶段（21世纪初至今）。21世纪以来，中国农业发展取得巨大成就。然而成就的背后，是农业资源的过度开发、农业面源的持续污染、农业生态系统的退化等严重问题。在这一阶段，党和国家在战略层面高度重视农业可持续发展，国内学术界呈现“百家争鸣”的研究现象。2007年10月15日至21日，中国共产党第十七次全国代表大会召开，提出建设“资源节约型社会和环境友好型社会”（两型社会）。从2008年开始，围绕“资源节约型农业和环境友好型农业”的学术研究与实践探索应运而生，成为21世纪中国本土化农业可持续发

① 靳乐山，张法瑞．持续农业内涵的目标界定［J］．生态与农村环境学报，1997，13（1）：42－45.

② 刘永秀，等．根际微生态系统中豆科植物——根瘤菌共生固氮及其在可持续农业发展中的作用［J］．中国农业科技导报，1999，1（4）：28－33；黄占斌，等．雨水利用与水土保持和农业持续发展［J］．水土保持通报，1997（1）：54－56.

③ 吴建军，王兆骞．生态农业综合评价的指标体系及其权重［J］．应用生态学报，1992，3（1）：42－47；骆世明．传统农业精华与现代生态农业［J］．地理研究，2007，26（3）：609－615.

展理论研究、路径探索的重要起点。国内研究在基础理论、现状测评、技术推广等领域展开，分为宏观和微观两个层次。宏观层面的研究聚焦国家需求、关注基础理论探索，多是对概念、功能、作用、意义等基础理论的构建，以及对国外经验的引入。① 例如，肖建华分析古巴在资源与环境约束下的农业发展道路，总结对中国两型农业发展的启示②；匡远配和唐柳提出中国两型农业发展应当学习日本先进经验，从政府和社会组织合作、体制机制创新等方面发力③。中观研究以省域为对象，针对农业高度发达的长江中下游湖北、湖南、江苏等地区，围绕指标体系、障碍因素、技术应用、水平测评等方面展开。④ 微观研究关注农民主体，尤其是对两型农业发展中农民素质培养、意愿的分析。⑤ 例如，张董敏等基于对湖北省传统农户与科技示范户的微观调查数据，比较分析了二者在两型农业行为间的差异，并据此提出提升两型农业科技推广效率的建议。⑥

2013 年 11 月 9 日至 12 日，党的十八届三中全会召开，明确提出了大力推进生态文明建设的总体要求；同年 12 月 3 日，中央政治局做出“支持发展生态友好型农业”战略部署；2014 年，中央一号文件强调“建立农业可持续发展长效机制……促进生态友好型农业发展”，从而

---

① 匡远配．两型农业的概念与功能：基于联合生产理论的解释［J］．求索，2010（5）：51－53；刘红峰．两型农业创新经济学研究［J］．求索，2011（11）：43－44＋224.

② 肖建华．借鉴古巴经验　推进我国“两型”农业发展［J］．环境保护，2013，41（15）：76－77.

③ 匡远配，唐柳．日本两型农业经验及启示［J］．世界农业，2013（4）：95－99.

④ 夏玉莲，曾福生．长株潭城市群两型农业建设的障碍因素及对策探析［J］．生态经济（学术版），2009（2）：131－134；汤建尧，等．基于熵值法的湖南两型农业发展水平评价［J］．湖南农业大学学报（社会科学版），2013，14（4）：24－29；霍瑜，等．土地规模与农业技术利用意愿研究——以湖北省两型农业为例［J］．农业技术经济，2016（7）：19－28.

⑤ 乌东峰，霍生平．两型农业的农民生态素质群体分布特点研究［J］．求索，2011（4）：54－56＋187；刘战平，匡远配．农民采用“两型农业”技术意愿的影响因素分析——以“两型社会”实验区为例［J］．农业技术经济，2012（6）：57－62.

⑥ 张董敏，等．传统农户与科技示范户两型农业行为差异分析［J］．中国农业大学学报，2014，19（5）：227－235.

在生态友好型农业发展之初就将其界定为农业可持续发展的重要途径。受政策影响，国内学界对生态友好型农业的研究始于 2014 年。通过中国知网以“主题”检索“生态友好型农业”，共得到 2014～2018 年生态友好型农业研究文献 58 篇，其中报刊论文 15 篇、期刊论文 41 篇、硕博论文 2 篇；期刊论文中 CSSCI 论文 1 篇，北大核心期刊论文 4 篇。国内研究围绕对发展生态友好型农业的政策解读、基础理论、现状测评、绩效研究、技术应用展开。其中，政策解读基本是对国家政策的介绍①；基础理论包括内涵界定、国外经验引入②；现状测评基于省域开展；绩效研究针对特殊类型的生态种植③；技术应用关注土地利用、水资源调度、耕种模式等④。例如，饶芳萍等通过对新疆林果农的实证调查，分析不同土地产权安全性对果农收入、套种决策的具体影响。⑤ 孙根紧等应用统计分析法对东、中、西部地区生态友好型农业发展水平进行评价，这也是目前能检索到的唯一一篇 CSSCI 收录期刊论文。⑥

2. 关于乡村旅游的影响研究

对乡村旅游影响的研究，是伴随乡村旅游促进农村地区脱贫致富的经济功能显露而兴起的。此后，出于对旅游目的地社会的人性化关怀，

① 张灿强．加快推进生态友好型农业发展［N］．农民日报，2016－07－30（003）；王轩．中央一号文件：叫停“涸泽而渔” 推动“生态永续”［N］．第一财经日报，2014－01－21（B05）．

② 龚晶，张晓华．生态友好型农业的概念、国际经验及发展对策［J］．江苏农业科学，2015，43（7）：467－469＋478；李铜山，杨晓霜．生态友好型农业的内涵辨析及发展取向［J］．南华大学学报（社会科学版），2015，16（2）：32－37．

③ 饶芳萍，等．土地产权安全性对生态友好型农业项目增收绩效的影响——以新疆林果套种项目为例［J］．南京农业大学学报（社会科学版），2016，16（6）：96－108＋155．

④ 王萌，等．三峡库区消落带土地生态友好型利用——以种植桑树为例［J］．蚕业科学，2017，43（5）：861－865；赵廷红，等．考虑不同生态需水方案的水库生态友好型调度研究［J］．干旱区资源与环境，2016，30（9）：139－143．

⑤ 饶芳萍，等．土地产权安全性对生态友好型农业项目增收绩效的影响——以新疆林果套种项目为例［J］．南京农业大学学报（社会科学版），2016，16（6）：96－108＋155．

⑥ 孙根紧，等．我国生态友好型农业发展水平区域差异分析［J］．山东社会科学，2017（1）：109－115

乡村旅游对环境、社会、文化、政治的影响也进入研究视野，并取得丰富成果。国内研究对乡村旅游影响的关注，也是基于它促进贫困地区经济发展效应而产生的，基本沿用国外框架，从乡村旅游经济、环境、文化、社会、政治五个维度构建。

（1）乡村旅游的经济影响。第一，乡村旅游有助于提高农村地区的经济发展水平。Fleischer 和 Felsenstein 认为，小尺度的乡村旅游是农村经济可持续发展的重要路径①；Deller 通过整理美国农村地区 10 年的贫困率，实证分析了乡村旅游对促进农村地区经济增长、降低农村地区贫困率的正面作用②。这些结论同样出现于中国，并与乡村旅游精准扶贫效应紧密相连。许欢科和滕俊磊探讨了广西壮族自治区大新县乡村旅游扶贫的可行性③；秦杨探索了乡村生态旅游开发促进精准扶贫的具体措施④。

第二，乡村旅游有利于创造更多就业机会。现代服务业是吸纳就业能力较强的行业，乡村旅游与就业能力之间的关系研究，印证了这一结论。Hampton 等对越南亚龙湾旅游产业发展、就业增长关系的研究，印证了旅游业对亚龙湾区域居民就业的积极贡献。⑤ 王志章和王静提出，旅游业有助于提高旅游包容性就业比例，推动少数民族地区通过旅游扶贫实现可持续发展。⑥ 此外，对旅游业与女性就业的关系给予关注，李敏提出发展乡村旅游是化解失地农民就业难题的有效途径⑦。Ozdemır 等指出土耳其女性组织提供的各种类型的妇女教育，有效提升了农村妇

① Fleischer A, Felsenstein D. Support for rural tourism: Does it make a difference? [J]. Annals of Tourism Research, 2000, 27 (4): 1007 - 1024.

② Deller, S. Rural poverty, tourism and spatial heterogeneity [J]. Annals of Tourism Research, 2010, 37 (1): 180 - 205.

③ 许欢科，滕俊磊．乡村振兴战略背景下广西边境地区旅游扶贫研究——以大新县为例 [J]. 广西师范学院学报（哲学社会科学版），2019，40（1）：1 - 6.

④ 秦杨．发展乡村生态旅游　促进精准扶贫 [J]. 人民论坛，2019（3）：2.

⑤ Hampton M P, et al. Can tourism promote inclusive growth? Supply chains, ownership and employment in Ha Long Bay, Vietnam [J]. The Journal of Development Studies, 2018: 1 - 18.

⑥ 王志章，王静．基于可持续发展的少数民族地区旅游扶贫绩效评价研究 [J]. 云南民族大学学报（哲学社会科学版），2018，35（5）：90 - 98.

⑦ 李敏．乡村旅游促进失地农民就业问题研究 [D]. 云南大学，2016.

女对乡村旅游的参与能力。①

第三，乡村旅游有助于推动农村地区基础设施建设。旅游基础设施、公共服务，由当地居民和旅游者共享，乡村旅游由此直接造福于当地居民。Martins 和 Futemma 研究肯尼亚马赛马拉保护区，发现政府围绕乡村旅游的道路与供水供电设备兴建、设立医疗卫生站和学校等以支持当地发展，提升了居民生活质量。② 包容性增长尤其为这一领域研究提供了理论视角。③ 郭凌和王志章指出，乡村旅游是促进农村地区包容性增长的有效路径，乡村旅游发展带来的基础设施建设与包容性增加的价值目标“不谋而合”。④

第四，乡村旅游有助于发挥农业的多功能性。Ohe 基于农业生产外部效应，论证了乡村旅游对农业多功能性的拓展意义。⑤ 中国乡村旅游发展于国内产业结构转型的特殊历史时期，它促进农村产业结构调整、稳定经济秩序的作用得到证明。朱世蓉等学者在不同历史阶段均论证了这一结论。⑥ 不过有学者指出，伴随低碳、生态、绿色等新经济形态衍生，乡村旅游产业从粗放型向集约型转变压力增大，推动乡村旅游发挥农业多功能性面临新挑战。⑦

（2）乡村旅游的环境影响。第一，良好自然环境是乡村旅游活动的基础。在经济合作与发展组织（OECD）把乡村性（rurality）视为乡

---

① Ozdemır G, Kıper T, Basaran B. Women organisations in Turkey rural tourism [J]. Journal of Environmental Protection & Ecology, 2012, 13 (2): 643 - 650.

② Martins M R, Futemma C. A inserção da juventude no turismo no espaço rural e a construção da hospitalidade local: O caso do assentamento ipanema [J]. Revista Turismo Em Análise, 2013, 24 (3): 601 - 626.

③ Bank A D. 20 Year anniversary: 1992 - 2012—The Asian development bank in Cambodia: From rehabilitation to inclusive growth [R]. The Asian Development Bank, 2012: 11 - 13.

④ 郭凌，王志章．乡村旅游：实现农村包容性增长的路径选择［J］．学术交流，2012（8）：102 - 105.

⑤ Vanslembrouck I, et al. Impact of agriculture on rural tourism: A hedonic pricing approach [J]. Journal of Agricultural Economics, 2010, 56 (1): 17 - 30.

⑥ Cheng H. A strategy study to regenerate local development by rural tourism [D]. National Sun Yat - Sen University, 2005: 15 - 20.

⑦ Su B. Rural tourism in China [J]. Tourism Management, 2011, 32 (6): 1438 - 1441.

村旅游的核心要素后，西方研究者围绕乡村性构成要素展开研究。[①] 游客感知调查是常用的研究途径，Oetting 和 Beauvais 发现“平和宁静、新鲜空气、惬意与放松”是游客最重视的乡村元素，法国游客还青睐“绿色植物”，西班旅游者则是“体验自然”“探亲访友”“寻求宁静”。[②] 国内研究回应了国外学者。李岚提出，以自然环境为依托的“乡村性生态环境”是乡村旅游产品的吸引力源。[③] 绿色发展、可持续发展等为研究提供了视角。如刘冰等实证调研乡村旅游发展中的环境治理问题，提出建立政府、村民、市场多方参与的“共治”模式。[④]

第二，发展乡村旅游有保护自然环境的内在要求。Khalil 等认为自然生态环境是乡村旅游的依托资源，是吸引旅游者重要力量[⑤]，发展乡村旅游业有助于改善乡村自然生态环境的质量。陈秋华和纪金雄分析了福建省杉关村乡村旅游和生态恢复之间的关系，发现为提升乡村旅游目的地竞争力，保护农村旅游资源、加强环境整治是政府的必然选择。[⑥]

第三，乡村旅游和自然环境存在相互制约关系。王晓娟指出乡村旅游导致环境问题的原因很多，包括缺乏科学规划、技术落后，旅游经营者、农村居民缺乏环保意识等。[⑦] Jaković等认为采用新技术开发乡村旅

---

① Dehyle D. Constructing failure and maintaining cultural identity: Navajo and Ute school leavers [J]. Journal of American Indian Education, 1992, 31 (2): 25 - 46.

② Oetting E R, Beauvais F. Orthogonal cultural identification theory: The cultural identification of minority adolescents [J]. The International Journal of Addictions, 1990, 25 (5/6): 655 - 685.

③ 李岚．乡村旅游与农村生态环境良性互动机制的构建［J］．农业经济，2013（4）：51－52.

④ 刘冰，等．乡村旅游发展中的环境保护问题及对策研究［J］．社会治理，2018（6）：71－76.

⑤ Khalil F I, et al. Study on the influence of rural tourism on the environment [J]. Lucrari Stiintifice Seria, 2012, 14 (4): 261 - 264.

⑥ 陈秋华，纪金雄．生态恢复与乡村旅游开发互动研究——以福建省光泽县杉关村为例［J］．林业经济问题，2016（3）：233－238.

⑦ 王晓娟．乡村旅游对农村生态环境影响研究［J］．陕西农业科学，2014，60（5）：109－111.

游产品，有助于缓解环境压力、实现可持续发展。[①] 基于此，Diamantis、杜江、Maria、Barcus、杨畅等学者[②]强调乡村旅游可持续发展的重要性，指出应通过环境承载力评估、政府规划、新技术利用、利益相关者协调等途径缓解生态环境恶化问题。

（3）乡村旅游的文化影响研究。伴随乡村旅游快速发展，旅游产业对文化的影响日益显露，乡村旅游引发的文化变迁现象得到重视。作为社会文化变迁现象的验证与回应，文化再生产、文化变迁等理论被引入个案研究中，开始了其他学科理论工具指导解读乡村旅游文化现象的过程。[③] 乡村旅游对文化影响的研究，主要体现于表层文化、中层文化、核心文化三个层次。表层文化以建筑、聚落、语言变迁等为代表。[④] 中层文化以婚姻家庭、生活方式、节庆活动、社会交往等为主要内容。例如，Prince 指出，丹麦乡村艺术通过乡村旅游对居民的生活方式、生计方式和艺术事业产生影响。[⑤] 陶长江等指出，四川洛带古镇旅

---

① Jaković B, et al. Sustainable development of rural tourism by developing new and authentic tourism products [J]. Social Science Electronic Publishing, 2015: 103 - 114.

② Diamantis D. Tourism and recreation in rural areas [J]. Annals of Tourism Research, 1999, 26 (3): 724 - 726; 杜江，向萍．关于乡村旅游可持续发展的思考 [J]. 旅游学刊，1999, 14 (1): 15 - 18; Maria H. Structure and processes in rural tourism rural development center [C]. Rural Development Conference, 2002; Barcus H, et al. Sustainable development or integrated rural tourism? Considering the overlap in rural development strategies [J]. European Journal of Clinical Pharmacology, 2014, 66: 1081 - 1089; 杨畅．乡村休闲文化旅游可持续发展的困境与破解——基于湖南实践的思考 [J]. 农村经济，2016 (4): 50 - 55.

③ Fauziyah N, Hakim L. Plants as natural dyes for Jonegoroan Batik processing in Jono cultural tourism village, Bojonegoro, East Java [J]. Journal of Indonesian Tourism & Development Studies, 2015: 41 - 44; White P E. The Social Impact of Tourism on Host Communities: A Study of Language Change in Switzerland [M]. School of Geography, University of Oxford, Oxford, UK, 1974; Cole S. Tourism, Culture and Development: Hopes, Dreams and Realities in East Indonesia [M]. Channel View Publications, 2008.

④ Mathieson A, Wall G. Tourism: Economic, Physical and Social Impact [M]. Harlow: Longman, 1982; Milman A, Pizam A. Social impacts of tourism on central Florida [J]. Annals of Tourism Research, 1988, 15 (2): 191 - 204.

⑤ Prince S. Craft - art in the Danish countryside: Reconciling a lifestyle, livelihood and artistic career through rural tourism [J]. Journal of Tourism and Cultural Change, 2016: 1 - 20.

游发展引发居民家庭关系和妇女地位的变迁。[①] 核心文化以认同观和价值观等观念为代表。[②] 何鑫和单铭磊就提出，乡村居民通过旅游发展，获得文化自信自觉。[③] 由于表层文化是具有直接观测性的社会文化现象，乡村旅游带来的文化变迁最先体现在表层文化上；中层文化和核心文化是“隐性”形态，其变迁由于无法直接观测而难以察觉。王瑀和蒲姝就指出中层文化与核心文化变迁会引发乡村文化景观和文化意象“失忆”的现象。[④]

（4）乡村旅游的社会影响研究。研究者认为旅游发展伴随文化的生产过程。Hollinshead 就提出旅游发展生产了文化也生产了地方。[⑤] Hsu 搭建“社会 - 文化”理论框架，研究台湾兰屿旅游发展对居民社会 - 文化感知的影响。[⑥] 同时，伴随旅游发展，生产要素不断进入乡村社会，旅游引发的社会现象已经不能简单被涵盖于乡村文化影响的研究，这直接导致对乡村旅游社会影响研究与对文化影响研究的“剥离”。[⑦]

第一，就研究层面与内容而言，乡村旅游的社会影响研究集中于微观层面。一是，探索社会结构、社会信任、社会关系、社会交往等与乡村旅游的相互关系。Kelliher 等围绕社会信任对乡村旅游发展的作用展开探讨。[⑧] 胡云云分析旅游语境下的乡村社会关系重构过程、方式与机

---

① 陶长江，等．旅游发展下客家妇女的地位变迁研究——成都龙泉洛带古镇的个案调查［J］．旅游学刊，2016，31（10）：94 - 104.

② 郭凌．乡村旅游发展与乡土文化自觉——旅游人类学视野中的文化结构与解构［J］．贵州民族研究，2008，28（1）：44 - 50.

③ 何鑫，单铭磊．乡村旅游开发中青少年社区文化认同对社区满意度的影响研究［J］．山东青年政治学院学报，2016（1）：35 - 40.

④ 王瑀，蒲姝．真实性视角下民族地区旅游扶贫开发与文化失忆的解决策略研究——以四川省为例［J］．南京师大学报（社会科学版），2014（A01）：353 - 356.

⑤ Hollinshead K. Tourism and the social production of culture and place：Critical conceptualizations on the projection of location［J］. Tourism Analysis，2008，13（5）：639 - 660.

⑥ Hsu C. Residents' perceptions of social and cultural impacts of tourism In Lan - Yu，Taiwan［J］. Event Management，2006，15（2）：97 - 105.

⑦ 陈佳，等．乡村旅游社会 - 生态系统脆弱性及影响机理——基于秦岭景区农户调查数据的分析［J］．旅游学刊，2015，30（3）：64 - 75.

⑧ Kelliher F，et al. The role of trust in building rural tourism micro firm network engagement：A multi - case study［J］. Tourism Management，2018，68：1 - 12.

制。[①] 二是，呈现于乡村旅游消费行为的社会意义。Jeuring 探讨乡村居民在旅游发展中的生产和消费的双重角色。[②] 谢新丽和吕群超对乡村旅游中“乡愁”记忆、重游意愿与旅游消费意愿之间的关系进行了研究。[③] 此外，也有文献关注社会转型等宏观层面。如吉根宝和郭凌发现乡村旅游通过优化空间结构、促进居民职业转型等，推动城郊乡村社会转型。[④] 然而，由于导致宏观社会现象的原因复杂，乡村旅游推动宏观社会变迁的研究，往往难以量化实证，大多是理论推导。

第二，就理论视角和框架而言，社会学提供了重要理论支撑。社会学家把乡村旅游的社会影响视为旅游发展中引发的社会现象总和。Lee 等基于社会网络视角，分析了乡村旅游发展中居民、游客、投资者等之间的相互关系。[⑤] 欧阳文婷和吴必虎基于列斐伏尔空间生产理论建立旅游发展对乡村社会空间产生影响的分析框架，并提出村集体主导模式下社会关系网络与经济效益得到较好发展。[⑥] 伴随旅游社会学作为研究领域的兴起，王宁等引入社会学传统理论，系统审视乡村旅游发展中的社会现象。[⑦] 乡村旅游的社会影响研究，也必定会伴随旅游社会学的丰富发展而涌现出更多的成果。

（5）乡村旅游的政治影响研究。Sofield 曾指出，政策制定需要政

---

① 胡云云．旅游语境下的乡村社会关系重构过程、方式与机制研究［D］．安徽师范大学，2018.

② Jeuring J H G. Pluralising touristic production and consumption roles of residents? An SME perspective on proximity tourism［J］. Taylor & Francis，2017，31：147－160.

③ 谢新丽，吕群超．乡村旅游中“乡愁”记忆、重游意愿与旅游消费意愿关系研究［J］．温州大学学报（自然科学版），2017，38（2）：52－62.

④ 吉根宝，郭凌．乡村旅游对城郊乡村社会转型的影响研究［J］．改革与战略，2015，31（7）：102－105.

⑤ Lee J Y，et al. An alternative methodology for stakeholder analysis in rural tourism development—A case study of social network analysis［J］. Nippon Daicho Komonbyo Gakkai Zasshi，2005，63（2）：61－67.

⑥ 欧阳文婷，吴必虎．旅游发展对乡村社会空间生产的影响——基于开发商主导模式与村集体主导模式的对比研究［J］．社会科学家，2017（4）：96－102.

⑦ 王宁，等．旅游社会学［M］．南开大学出版社，2008.

治与技术结合，对旅游的理论研究要包含对政治和权力的关注。[①] 这一观点被引入乡村旅游的影响研究，“政治”“权力”“增权”“赋能”等术语和旅游发展中的“社区参与”问题相互交织，涌现出丰富成果。

第一，乡村旅游与权力结构的相互关系。乡村旅游带来利益主体间的权力结构变化，导致利益主体间权力关系的改变。时少华指出权力结构直接导致乡村居民与其他主体的矛盾，影响乡村旅游可持续发展。[②] 对此，王维艳提出，乡村居民权力的失败，很大程度上源于制度缺陷。[③] 左冰和保继刚从西方引入增权理论对中国旅游进行研究，为探索社区参与旅游发展的途径、实现相对平等的权力结构提供了理论与视角突破点。[④]

第二，乡村旅游社区治理。21 世纪初期，“治理”（governance）、“善治”（good governance）风靡于西方政治学、公共管理研究领域。“治理”和“善治”也被引入中国，且被迅速用于旅游研究领域。国内研究始于微观视角，郭凌发现乡村旅游让居民提出更高民主参与要求，推动乡村治理向现代公民治理发展[⑤]。另外，宏观视角更多关注治理体系改革。张辉等提出从强化社会公共治理机制、强化行业协会协理职能、转变部门治理方式等路径，实现中国乡村旅游治理体系的更好发展。[⑥]

3. 关于乡村旅游开发与农业可持续发展的协同研究

（1）国外研究。由于农业可持续发展的内涵和外延处于持续丰富

---

① Sofield T H B. Empowerment for Sustainable Tourism Development [M]. Pergamon, 2003: 35 - 41.

② 时少华．乡村旅游社区参与中的权力结构、运作策略及其影响研究——以京郊 BS 村景区并购事件为例 [J]. 北京第二外国语学院学报，2012，34（11）：73 - 83.

③ 王维艳．社区参与旅游发展制度增权二元分野比较研究 [J]. 旅游学刊，2018，33（8）：58 - 67.

④ 左冰，保继刚．从“社区参与”走向“社区增权”——西方“旅游增权”理论研究述评 [J]. 旅游学刊，2008（4）：58 - 63.

⑤ 郭凌．重构与互动：乡村旅游发展背景下的乡村治理 [J]. 四川师范大学学报（社会科学版），2008（3）：16 - 22.

⑥ 张辉，范梦余，王佳莹．中国旅游 40 年治理体系的演变与再认识 [J]. 旅游学刊，2019，34（2）：7 - 8.

状态，西方旅游研究者对乡村旅游开发与农业可持续发展的协同予以关注，并把对这一问题的研究纳入乡村旅游影响研究的框架，涌现出一些成果。

第一，提出乡村旅游开发与农业可持续发展的目标契合。Suntikul 等认为乡村旅游有经济、生活、无形福利等价值；其中，文化价值属于生活价值，乡村传统文化通过旅游发展得到合理利用、传承保护，无形福利价值在于乡村旅游改善农村地区生态环境、为居民创造更美好生活。[①] 而这些价值无疑与农业可持续发展的价值目标具有一致性。Bae 和 Kim 提出乡村旅游开发为自然资源、自然景观、自然栖息地等提供了保护途径，实现了农村区域的可持续发展。[②] Fons 等指出乡村地区应该在可持续发展的框架内发展乡村旅游，使农业以及旅游业向着良性互动的方向稳定发展。[③] Azlan 等直接指出发展乡村旅游有助于社区的农业生态系统向好的方向演进。[④] Taylor 等基于可持续性视角，发现牙买加贫困地区乡村居民通过旅游发展实现旅游经济增长、文化传承、农业发展的可持续性。[⑤]

第二，探索乡村旅游开发与农业可持续发展的协同路径。Sofield 等认为，乡村地区旅游发展的路径选择与地区农业资源背景密切相关。[⑥] 依托生态农业产业、农业文化遗产、自然生态环境等资源，发展乡村文化旅游、农业遗产旅游、农业生态旅游，是乡村旅游开发和农业可持续

① Suntikul W, et al. Pro - poor tourism development in Viengxay, Laos: Current state and future prospects [J]. Asia Pacific Journal of Tourism Research, 2009, 14 (2): 153 - 168.

② Bae S E, Kim J T. A study on rural tourism for sustainable rural development: The Mundangri case [J]. Korean Journal of Agricultural Extension, 2003: 77 - 85.

③ Fons M V S, et al. Rural tourism: A sustainable alternative [J]. Applied Energy, 2011, 88 (2): 551 - 557.

④ Azlan M A, et al. Dimensionality of communities' belief attitude toward rural tourism development: The case of Bario [J]. British Journal of Arts and Social Sciences, 2012 (2): 245 - 254.

⑤ Taylor E, et al. Exploring cultural connectedness in the sustainability of rural community tourism development in Jamaica [J]. Pasos Revista De Turismo Y Patrimonio Cultural, 2014, 12 (3): 525 - 538.

⑥ Sofield T, et al. Pro - poor tourism sustainable tourism—Eliminating poverty [J]. Research, 2003, 30 (2): 17 - 19.

发展的重要协同路径。George 通过研究加拿大 Grand Pré 和 Nova Scotia 案例，对依托全球重要农业遗产发展乡村旅游、实现农业可持续发展抱有较高期望。① Matei 发现罗马尼亚东北部贫困地区的传统乡村，依托地方农业产业、农业遗址发展乡村旅游，获得了旅游经济发展与农业可持续发展的多重效益。② 然而，也有研究者提醒要警惕村落在旅游发展中，单方面追求经济增长而牺牲农业发展的可持续性目标。基于可持续发展理论，Torre 采用 SWOT 分析方法，分析了乡村旅游开发和农业可持续发展协同路径的优势、劣势、机遇和挑战。③

第三，构建乡村旅游开发与农业可持续发展协同路径的保障机制。国外文献提出从财政、法律、组织、社区等方面，构建乡村旅游开发与农业可持续发展协同路径的保障机制。Hackl 指出对参与旅游的农民进行经济补贴以促进农村生态环境的改善④；Karlaganis 和 Narayanan 提出发展乡村旅游要遵守当地环境保护法，以实现旅游开发与农业生态环境保护双赢⑤；Winter 提出政策的制定对实现乡村旅游开发与农业生态环境保护有着重要意义⑥；Reimer 和 Walter 认为乡村旅游开发中社区参与在保障农业生态发展方面发挥着重要作用⑦。

（2）国内研究。延续西方学术界的框架视角，国内学术研究也把

---

① George E W. World heritage, tourism destination and agricultural heritage landscape: The Case of Grand Pré, Nova Scotia, Canada [J]. Journal of Resources and Ecology, 2013, 4 (3): 275 - 284.

② Matei (Titilina) F D. Cultural tourism potential, as part of rural tourism development in the north - east of Romania [J]. Procedia Economics and Finance, 2015, 23: 453 - 460.

③ Torre G, et al. Sustainable rural tourism in Andalusia: A SWOT analysis [J]. Social Science Electronic Publishing, 2014, 2 (1): 123 - 136.

④ Hackl F. A passive economic policy to farm tourism development [J]. Annals of Tourism Research, 2002, 6 (3): 245 - 272.

⑤ Karlaganis C, Narayanan N C. Governance challenges in linking environmental sustainability to tourism: Where is the houseboat industry in Kerala, India headed? [J]. Papers, 2013 (9): 1 - 46.

⑥ Winter M. Rural Politics: Policies for Agriculture, Forestry and the Environment [M]. Routledge, 2013.

⑦ Reimer J K, Walter P. Community - based ecotourism in the Cardamom Mountains of southwestern Cambodia [J]. Tourism Management, 2013 (34): 122 - 132.

乡村旅游开发与农业可持续发展的协同问题，纳入乡村旅游影响研究的理论视野，在以下三个方面呈现研究成果。

第一，提出乡村旅游开发与农业可持续发展在价值目标上的契合。总体而言，国内文献认可乡村旅游开发对农业可持续发展的积极贡献。席建超强调“发挥乡村旅游在促进农村生态环境改善中的重大作用”。①具体而言，赵承华提出乡村旅游发展，能够促进农业技术推广，提高农业科技水平，增加农民收入，改善农业生态环境，推动农业经济增长方式的转变，推进农村经济体制的改革等。②

第二，探索乡村旅游开发与农业可持续发展的协同路径。国内研究大致从三个方面关注乡村旅游开发与农业可持续发展的协同路径。一是，总结对国外乡村旅游开发与农业可持续发展的协同经验。陈碧霞和邱振勉的《日本绿色乡村旅游发展综述及农业遗产地绿色乡村旅游模式的初步探讨》、徐克帅和朱海森的《日本绿色旅游发展及其对我国乡村旅游的启示》就是这一领域的代表。陈碧霞和邱振勉通过案例研究，发现日本能登里山里海景，依托“全球重要农业文化遗产”发展乡村旅游，实现乡村经济增长、生态农业的可持续发展。③二是，测度乡村旅游开发与农业可持续发展的协同水平。孙根紧等以中国省域为单位，现状测评各省份生态友好型农业发展水平。④三是，剖析乡村旅游开发和农业可持续发展的协同影响因素。马宝霞以产业融合为出发点，提出通过落实结构分明的多边产业融合模式、构建线上线下同步的生态旅游平台、发展绿色生态旅游农业等途径，实现两者的协同。⑤

① 席建超．旅游诱导下乡村能源消费模式转型与综合效益评估［J］．自然资源学报，2013（6）：898－909.

② 赵承华．乡村旅游发展与农业经济增长方式转变［J］．沈阳农业大学学报（社会科学版），2011，13（5）：525－527.

③ 陈碧霞，邱振勉．日本绿色乡村旅游发展综述及农业遗产地绿色乡村旅游模式的初步探讨［J］．资源与生态学报，2012（9）：285－292.

④ 孙根紧，等．我国生态友好型农业发展水平区域差异分析［J］．山东社会科学，2017（1）：109－115.

⑤ 马宝霞．村寨旅游产业与生态农业融合契机及其协同发展研究［J］．农业经济，2016（7）：14－16.

第三，构建乡村旅游开发与农业可持续发展协同路径的保障机制。延续协同路径影响因素的视角，政府、社区、居民、市场等齐心合力，才能较好构建协同路径的保障机制。童云分析生态养殖特色农业与乡村旅游之间的融合空间，提出通过科学规划布局、政策扶持引导、技术体系创新、塑造品牌效应等途径实现农业与旅游业更好地融合与协调发展。① 许欢科和滕俊磊以广西大新县为例，提出从人才建设、政策扶持等方面实现民族村寨文化振兴与旅游脱贫。② 张进伟认为农业、乡村旅游在市场需求、供给作用下相互作用，产生经济、社会、生态效益；通过农业文化旅游创意、农业文化遗产游览、农业科技科普、农业生态养生等模式可实现两者融合发展。③

（二）研究评述

“生态友好型农业”作为独立术语，在党的十八届三中全会后由中央政治局首次提出，尽管提出时间较晚，但国内外研究对乡村旅游、农业可持续发展的关注从未间断。然而，国内外研究存在以下不足之处。第一，未能构建出理论框架，系统探索乡村旅游与生态友好型农业协同发展的理论关联，理论体系也还不成熟。第二，现有成果多数以农业可持续发展为价值理念、以乡村旅游影响研究为理论视角进行探索，实证案例研究相对较少。第三，基于乡村旅游影响研究视角总结的乡村旅游开发与农业可持续发展的协同路径，是否具有生态友好型农业的发展特色，有待深入研究。

中国作为拥有美丽乡村资源的大国，乡村旅游与生态友好型农业的协同发展，不仅可以提升农村地区人民的生活质量和水平，而且有助于

---

① 童云．生态养殖特色农业与乡村旅游的融合模式研究［J］．湖南社会科学，2016（5）：125－128.

② 许欢科，滕俊磊．乡村振兴战略背景下广西边境地区旅游扶贫研究——以大新县为例［J］．广西师范学院学报（哲学社会科学版），2019，40（1）：9－12.

③ 张进伟．基于产业融合的传统农业与乡村旅游互动发展模式［J］．农业经济，2016（2）：101－102.

中国特色社会主义“五位一体”总体布局的实现。乡村旅游和生态友好型农业协同发展的关键在于乡村，探索协同发展路径需要构建符合中国国情的理论框架，如此构建出的协同发展路径才能够指导中国乡村更好、更美丽地发展。分析乡村旅游与生态友好型农业协同发展的国内外相关前期成果，有利于构建系统理论框架、夯实理论基础，为理论指导实践调查、实践调查反哺理论发展提供更强的支撑。

三 概念界定

（一）乡村旅游

出于学术探讨目的，国内外不同学者以不同的学科视野、不同的研究对象、不同的研究角度对“乡村旅游”做出描述，导致概念之间的不一致。加之学术概念本身具有的抽象性，每个“乡村旅游”概念难以涵盖每个研究对象的独有特性。但从研究强调的地域范围和活动形式来看，可分为广义和狭义两类。广义的乡村旅游是位于乡村区域的旅游活动；狭义的乡村旅游仅指发生在乡村地域范围内，以农业生产生活、农村民俗文化、农村田园风情等自然和人文景观为旅游吸引物的休闲、观光、游览及度假活动。

广义和狭义的“乡村旅游”有如下共性：第一，“乡村”始终被视为与“城市”相对的地域概念；第二，“乡村性”是“乡村旅游”主要吸引物的核心特性。乡村性的评判标准包括：首先，地域特征，地域辽阔、人口密度与居民人口规模较小；其次，用地特征，土地类型以农业、林业、牧业、渔业用地等农业和自然用地为主；再次，社会特征，社会文化和社会结构具有传统性，旅游活动常常与当地家庭相联系，很大程度上受当地控制；最后，活动特征，活动开展是乡村的，主要依托乡村的自然景观和人文景观。

（二）生态友好型农业

基于国家的政策思路、理念基础、实践目的，借鉴国内研究者的界定，瞄准研究目标，本书从四个要点出发界定“生态友好型农业”。第一，发展方式，生态友好型农业是一种现代农业发展方式。第二，技术条件，生态友好型农业要有现代科学技术和现代管理技术的支撑。第三，资源基础，生态友好型农业受到资源条件和生态环境制约。第四，价值目标，根据国家“五位一体”总体布局，生态友好型农业需要实现政治生态、经济生态、社会生态、文化生态、自然生态的有机统一。

本书把“生态友好型农业”表述为“基于生态伦理观和协同发展理念而产生的新型农业发展模式”，通过农业资源合理利用、农业生态系统保护优化、农业多功能性发挥，实现农业综合效益提高，农业可持续发展与自然生态、经济生态、社会生态、政治生态、文化生态有机统一和协同发展。

（三）协同发展

从系统视角出发，协同发展指“在外界提供的物质、能量、信息等支持下，系统内各子系统、各要素为实现系统目标而相互配合、相互依存、相互协作、相互促进而形成的动态发展过程”。①

乡村旅游和生态友好型农业是两个独立的子系统，有各自的发展特征和发展规律。根据协同发展的界定，乡村旅游与生态友好型农业协同发展，指乡村旅游子系统与生态友好型农业子系统在特定环境下，通过相互作用实现相互促进、互利共赢的动态演化过程。第一，从本质来看，乡村旅游、生态友好型农业相互作用，从而形成新的发展系统。第二，从过程来看，乡村旅游、生态友好型农业均要实现自身发展。第

① 穆东，杜志平．资源型区域协同发展评价研究［J］．中国软科学，2005（5）：106－113.

三，从目标来看，乡村旅游、生态友好型农业相互促进、互利共赢。乡村旅游依托农业资源优势，有助于缓解农业发展中的生态环境问题，增强农业多功能性，转变农业增长方式，促进农业生态可持续发展；生态友好型农业创造出的特色农业资源、农耕文化、生产条件、自然景观，也为农村地区选择具有地域特色的乡村旅游发展路径创造了条件。

第二章　乡村旅游与生态友好型农业协同发展的理论框架

一　生态友好型农业的理论溯源

（一）人类生态学理论

生态学是指“研究动物与有机物及无机环境相互关系的科学”。从德国学者海克尔（Ernst Heinrich Haeckel）的研究至今，生态学理论的发展大致经历了三个阶段（见表 2－1）。

表 2－1　生态学理论发展阶段

序号	时间	内容
1	20 世纪 20 年代到 30 年代	人类生态学：人和所处生态系统的相互关系
		社会生态学：人类社会和自然环境相互作用
		政治生态学：社会生态的政治问题及其影响
2	20 世纪 40 年代到 50 年代	生态心理学：个体内在因素与外在环境的作用
		文化生态学：自然环境和社会环境的各种因素交互作用
3	20 世纪 60 年代至今	生态经济学：生态学和经济学的融合和相互作用催生的分支学科

注：笔者根据相关文献整理。

（二）可持续发展理论

20世纪后半期，伴随产业革命推进，高生产、高消耗、高污染的传统发展模式导致能源危机、环境污染、人口爆炸、粮食短缺等灾难性后果，人类开始反思如何更好地实现自我发展。1987年，联合国世界环境与发展委员会（WECD）把“可持续发展”界定为一种“满足当代经济社会发展的需要，同时又不能危及未来人发展对资源的需求”的发展方式。20世纪末，可持续发展在实际应用中演变为包括社会、经济、技术、文化和自然环境在内的综合动态发展的概念，并被经济学、社会学、政治学等领域广泛采纳。例如，经济学家爱德华·B. 巴比尔（Edward B. Barbier）从经济属性出发把可持续发展视为“在保持自然资源的质量和所提供服务前提下的，一种谋求经济净利益最大化的发展方式”。[①] Speth基于技术选择提出采用清洁和有效的技术能够减少资源消耗，从而实现可持续发展的目标。[②] Robinson和Tinker则注重社会属性，赋予可持续发展以“生态、政治、社会、和谐发展”的社会和政治意义。[③]

（三）两型社会理论

2005年10月，党的十六届五中全会提出“把节约资源作为基本国策，发展循环经济，保护生态环境，加快建设资源节约型、环境友好型社会（以下简称“两型社会”）”[④]。2006年3月，十届全国人大四次会

① Chipman R. Natural resources and economic development by Edward B. Barbier [J]. Development & Change, 2007, 38 (2): 354 -355.

② Speth J. The global environmental agenda [J]. Environmental Science & Technology, 1989, 23 (7): 793.

③ Robinson J, Tinker J. Reconciling ecological, economic, and social imperatives [R]. International Development Research Center, 1998: 9 -44.

④ 中共中央关于制定国民经济和社会发展第十一个五年规划的建议 [EB/OL]. http://news.xinhuanet.com/politics/2005 -10/18/content_3640318.htm.

议把建设“两型社会”确定为国民经济和社会发展中长期规划的重要内容和战略目标。[①] 2007 年，国家正式批准武汉城市圈和长株潭城市群为两型社会建设综合配套改革试验区。2009 年《长株潭资源节约型与环境友好型社会建设综合配套改革试验总体方案》出台，预示着启动探索两型社会的建设道路。

资源节约型社会要求社会经济建立在节约资源的基础上；环境友好型社会提倡社会生产和消费不破坏自然生态和环境。[②] 节约资源是建设和发展资源节约型社会的核心要求，生产与消费协调于自然生态系统是建设环境友好型社会的核心要求；技术手段和管理手段的应用是建设两型社会的关键。两型社会的理论基础明确而广泛，包括可持续发展理论、生态经济理论、循环经济理论、科学发展观等。

在理论关系上，第一，可持续发展理论强调社会发展要满足现代和后代的发展需要；两型社会理论强调重视经济增长数量和质量。在实现资源的循环利用、生态环境的持续良好、社会的全面进步方面，两个理论有着相似的价值目标。第二，生态经济理论关注经济系统和生态系统之间的关系，强调在生态系统承载范围内人类与自然和谐统一；两型社会理论在资源配置中重视生态需求、遵循生态规律，提倡关注生产和消费的生态后果。因此，两型社会是实现经济生态发展的必然要求。第三，循环经济是对物质闭环流动型经济的简称，建设两型社会涵盖生产、流通、消费等环节，是循环经济流动的全面体现。由此，构建循环经济系统是两型社会在资源节约和生态建设上的路径选择。第四，科学发展观以人为核心，追求社会、经济、人的全面协调、可持续发展；这也是两型社会的发展目标。因此，两型社会是党和国家针对中国社会经济现实情况，提出的具有中国特色的社会发展目标。

---

① 吴敬琏．十一五规划与中国经济增长模式的转变［J］．上海交通大学学报（哲学社会科学版），2006，14（3）：5－11.

② 乔琼．“两型社会”建设的理论与体制机制创新研究［D］．武汉大学，2010：5.

（四）生态文明理论

2012年11月，中国共产党第十八次全国代表大会，把生态文明与经济、政治、文化、社会建设纳入中国特色社会主义事业总体布局。党和国家高度重视推进生态文明建设，做出多项重大决策部署，取得了重大进展和积极成效。在理论渊源上，西方学者提出，生态文明以生态现代化、生态马克思主义、生态中心论为理论渊源，均遵循可持续发展"人与自然关系"的基点和脉络，是对现代工业社会的现代化进程的反省。[①] 生态文明理论的创建应当基于国情，满足中国自然生态、社会政治、经济文化、人口素质的发展要求。

在理论内涵上，生态文明的概念基于人和自然的关系而界定。首先，生态文明理论萌发于人类对人和自然关系的反思。[②] 其次，生态文明的价值目标，是人类改造自然和造福自身，是追求人与自然和谐发展而做出努力和取得成果。[③] 最后，李良美把生态文明定义为"在生态自然平衡基础上，依赖社会信息资源和人类知识智力，所实现的生态环境、经济社会与全球化协调发展的文明"。[④]

（五）生态友好型农业理论

1. 理论范式

范式（paradigm）是研究者开展某一科学领域研究，所共同遵从的世界观和行为方式。[⑤] 无论是政治领域还是学术研究，"生态友好型农业"提出时间均较短，至今未形成统一的理论范式。由于真正意义的科

---

① 宋林飞．生态文明理论与实践［J］．南京社会科学，2007（12）：3－9.

② 白光润．论生态文化与生态文明［J］．人文地理，2003，18（2）：75－78.

③ 俞可平．科学发展观与生态文明［J］．马克思主义与现实，2005（4）：4－5.

④ 李良美．生态文明的科学内涵及其理论意义［J］．毛泽东邓小平理论研究，2005（2）：23－25.

⑤ Kuhn T S. In the structure of scientific revolutions［J］. American Journal of Physics，1970（7）：14－16.

学范式是完整的体系，是在“形而上”层次的哲学理念指导下的“形而下”层次的实证理论、方法、实践行为总和。[①] 因此，建立生态友好型农业的理论范式，对本书研究的开展有非常重要的意义。

（1）哲学理念。生态友好型农业既古老又新颖。言其新，是它作为政策对象始于2014年的中央一号文件；言其老，是我们在漫长的历史进程中，始终有意无意地遵从农业可持续发展的实践需求。早在春秋战国时期，《管子》就主张遵循自然规律进行农业生产，“取之有度”地利用农业自然资源；从古老的自然崇拜、天命论、天人合一论[②]，到近代的地理环境决定论，再到近代的马克思生态农业发展思想和可持续发展论，体现着生态友好型农业世界观的演进过程。[③]

（2）理论渊源。包括“人类生态学理论”“可持续发展理论”“两型社会理论”“生态文明理论”等。第一，人类生态学理论经历了从“人类的生态学”向“社会生态学”“政治生态学”“文化生态学”“生态经济学”的丰富过程。第二，可持续发展理论是对人类社会发展问题的反思，强调既满足当代经济社会发展的需要，又不能危及未来人发展对资源的需求。第三，两型社会理论基于生态经济理论、可持续发展理论、科学发展观等提出，是农业现代化发展、社会发展的重要背景。第四，生态文明理论重视人类可持续发展，被纳入中国特色社会主义事业的“五位一体”总体布局，既是对人类生态学理论的继承，又是基于中国国情对两型社会、中国特色社会主义等理论的丰富发展。第五，生态友好型农业作为基于生态观、协同发展观而产生的现代农业模式，目的是提高农业综合效益、增强农业多功能性，实现农业生产、生态系统的优化统一，即实现农业生产与经济、自然、社会、政治、文化的生态协同。

---

① 赵有翼．两型社会理论体系构建与应用［D］．甘肃农业大学，2012：85.

② 曹玉华．中国古代朴素农业可持续发展思想探讨［J］．成都教育学院学报，2004，18（1）：24－25.

③ 华启和．解读马克思的生态农业思想［J］．前沿，2009（9）：114－116.

（3）方法视角。在中国的历史长河中，古老的自然崇拜、天人合一思想等，或多或少夹杂封建迷信成分，带有巫术的思维方式。伴随近现代自然科学的发展，无论是生态学研究领域，还是人类生态学理论，以定量为主流的科学研究方法得到应用。这并非代表定性研究方法的“不适用”，恰恰相反，定性研究以“概念性”而非“技术性”特性，更适合于理论的探索与构建。在生态友好型农业研究领域，定性研究、定量研究并举，充分体现国内学术界对构建概念、技术等均“可识别的”生态友好型农业理论的“认识探索”。

据此，本书依据构建范式的“理念、理论、方法”三个维度，对生态友好型农业的哲学理念、理论渊源、方法视角进行溯源，形成生态友好型农业理论的演替“图谱”（见图2－1），为构建生态友好型农业研究范式提供了理论依托。

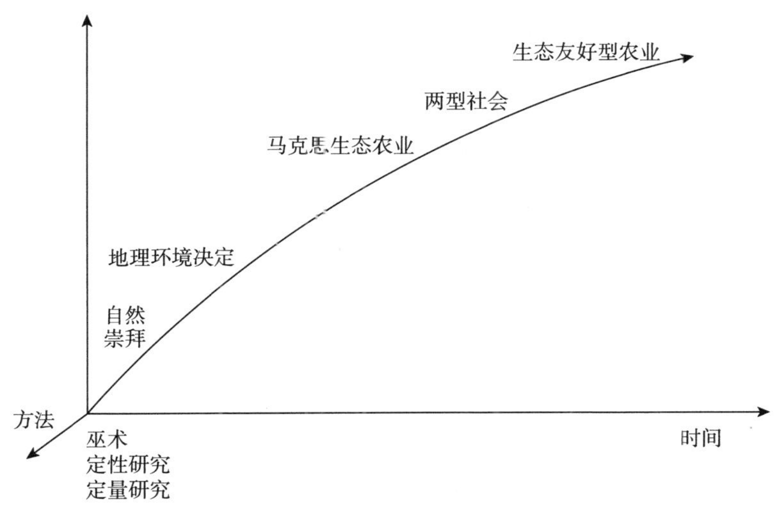

图2－1　生态友好型农业理论的演替

根据生态友好型农业理论演替图谱所确立的观念维度、理论维度、方法维度，从基础理论、研究方法和适用范围三个层次构建生态友好型农业研究的范式体系（见图2－2）。

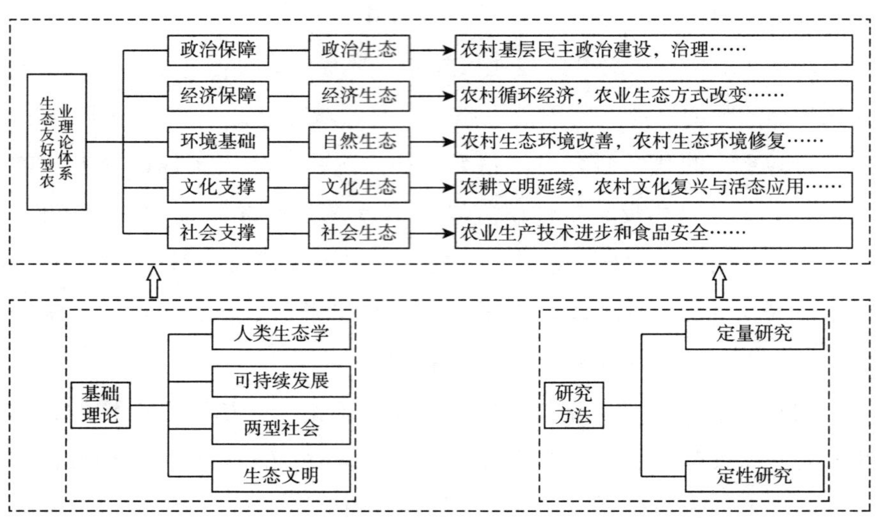

图 2－2　生态友好型农业研究的范式体系

2. 理论体系

如生态友好型农业研究范式体系所呈现的，生态友好型农业理论与人类生态学、可持续发展、两型社会、生态文明等理论存在理论承接与丰富发展关系。在理论层面，继承“合理利用农业资源”、妥善处理“人与自然之间关系”的重要理念，既是中国特色社会主义理论体系的重要组成，也是对该理论体系的丰富发展。在政策层面，发展生态友好型农业作为党和国家的政策思路、战略部署，是党和国家探索中国特色农业发展道路、建设社会主义生态文明的建设实践。因此，构建生态友好型农业的理论体系，要考虑生态文明的理论实践背景，与党和国家的“五位一体”总体布局。把生态友好型农业理论嵌入“五位一体”的国家建设中，赋予自然生态、经济生态、社会生态、政治生态、文化生态内容与意义；不仅解决农业发展的问题，还通过农业发展实现旅游产业与农业产业的生态效应、经济效应、政治效应、社会效应、文化效应（见表 2－2）。

表 2-2 生态友好型农业的五大效应

序号	效应类型	内容
1	生态效应	自然生态系统对经济社会发展排放物的自净功能，有助于保持生物多样性、减少自然灾害
2	经济效应	农业多功能性孕育了生态友好型农业的内涵与外延，乡村旅游是农业产业多功能性的重要载体；国民经济基础性产业，为社会提供农副产品，发挥国民经济协调与可持续发展的基础作用
2	社会效应	优化劳动环境，影响农业劳动者的社会福利，农副产品数量、质量、安全影响国民生活质量；农业生产影响社会秩序、社会生态平衡
4	政治效应	影响社会组织制度样式，农业发展水平事关民众切身利益而影响其政治选择，推进农村生产管理“善治”，实现农村政治生态发展
5	文化效应	延续农耕文明、传承保护农业文化，活态性地传承发展农村文化资源、保护农业文化多样性；发挥农业在教育、审美和休闲等方面的积极作用，推动社会文化生态和谐发展

在此基础上，依托“五位一体”国家建设战略与建设框架，梳理生态友好型农业与其他理论之间的相互关系，发挥各理论基础、研究方法的已有作用，构建生态友好型农业理论体系，从技术、社会、环境、生产生活、理念等方面为建设中国特色社会主义提供理论支持。

二 乡村旅游影响研究的理论溯源

（一）旅游地生命周期

作为生物学领域的重要术语，“生命周期”最早用于描述生物从出现到灭亡的演化过程。此后，“生命周期”被引入许多学科，用于描述相类似的演变过程。[①] 1980 年，加拿大学者巴特勒（Bulter）把生命周期引入旅游研究，提出“旅游地生命周期理论”。根据旅游地生命

① 邵晓兰，高峻．旅游地生命周期研究现状和展望［J］．旅游学刊，2006，21（6）：76-82.

周期理论，旅游地的发展需要经历 6 个阶段，分别是探索（exploration）、起步（involvement）、发展（development）、稳固（consolidation）、停滞（stagnation）、衰落（decline）或复兴（rejuvenation）。[①] 通过再开发，停滞阶段的旅游地可产生 5 种结果，从衰退、稳固到振兴，但就长期趋势，旅游地会走向衰落。多年以来，旅游地生命周期理论作为描述工具[②]，被广泛应用于旅游地的解释模型、指导市场营销规划等方面的研究。[③]

学术界对旅游地生命周期理论的探讨，与旅游影响的研究紧密相连。可以说，自产生之日起，对该理论的探索，就被纳入旅游影响研究的基本框架。[④] 通过理论的探索发现，以系统科学为指导、以供求关系为主线，构建旅游地生命周期的演化模型，能诠释旅游地复杂生命系统的演化机制和演化规律。[⑤] 旅游影响研究所拥有的政治、经济、文化、社会、环境等分析维度，能为探讨旅游地生命周期演化机制和规律，分析旅游地生命周期发展过程提供框架支持。[⑥] 同时，由于旅游发展对旅游地的影响，旅游地在经历生命周期的过程中，不同生命阶段的政治、经济、环境、社会、文化等方面，也会发生相应的变迁。[⑦] 尤其是，旅游地突然启动旅游、推动旅游开发，会让本地的政治、经济、社会、文化、环境遭受巨大冲击；并且，这类冲击所导致的负面影响有着滞后

---

① Butler, S. The concept of a tourism area cycle of evolution: Implication for management of resources [J]. Canadian Geographer, 1980, 24 (1): 5 - 12

② Smith S L. Dictionary of Concepts in Recreation and Leisure Studies [M]. Dictionary of Concepts in Recreation and Leisure Studies, 1990.

③ Cooper C, et al. Tourism Principles and Practice [M] Tourism: Principles and Practices, 1993.

④ 张立生. 旅游地生命周期理论的主要争议辨析 [J]. 地理与地理信息科学, 2013, 29 (1): 100 - 104.

⑤ 杨春宇，等. 基于系统科学的旅游地复杂系统演化机制及规律性初探 [C]. 中国地理学会 2007 年学术年会, 2007: 19 - 33.

⑥ Haywood K M. Can the tourist - area life cycle be made operational? [J]. Tourism Management, 1986, 7 (3): 154 - 167.

⑦ Johnson J D, Snepenger, David J. Application of the tourism life cycle concept in the greater Yellowstone region [J]. Society & Natural Resources, 1993, 6 (2): 127 - 148.

性，会在旅游地发展后期才逐渐呈现出来。[①] 而旅游的开发程度与居民的旅游感知，与旅游开发带来的经济、社会、文化、环境的负面影响正相关。[②] 这些负面影响，会导致旅游地对游客的吸引力下降，相应推动旅游地走向生命周期的停滞或衰落阶段。[③]

尽管在现阶段，把旅游地生命周期理论运用到预测旅游地生命周期的困难之一，在于“旅游地充满不确定的自然因素”[④]；旅游地政治、经济、文化、社会、环境等方面的特性，增加着预测的不确定性[⑤]。然而，旅游地生命周期理论与旅游影响研究之间的理论关联，已经在理论探索中得以论证和建立。作为发生在乡村地区的一类旅游活动，乡村旅游是旅游发展的特殊类型。探索乡村旅游对旅游地的影响，也是验证和运用旅游地生命周期理论的重要“场所”。[⑥] 不仅乡村旅游影响研究中的政治、经济、社会、文化、环境维度，为旅游地生命周期理论研究提供了系统框架；相应的，旅游地生命周期理论也被视为乡村旅游影响研究的重要理论渊源之一。

（二）旅游社区参与

经济学家墨菲把“社区旅游”界定为“一种将社区作为资源加以利用的产业，它将社区作为产品销售，并从这一过程中影响到每个人的生活”。[⑦] 他还在著作《旅游：社区方法》（*Tourism：A Community Ap-*

① Weaver，D B. Grand Cayman Island and the resort cycle concept［J］. Journal of Travel Research，1990，29（2）：9－15.

② Akama J S. Western environmental values and nature－based tourism in Kenya［J］. Tourism Management，1996，17（8）：567－574.

③ 阎友兵，蒋晟．旅游地生命周期衡量标准创新研究［J］．湖南财政经济学院学报，2006，22（5）：89－92.

④ Cooper C. Destination life cycle：The isle of Man case study［J］. Annals of Tourism Research，1989，16（3）：377－398.

⑤ Debbage K G. Oligopoly and the resort cycle in the Bahamas［J］. Annals of Tourism Research，1990，17（4）：513－527.

⑥ 孟凯，等．乡村旅游地发展过程中“公地悲剧”的演化与治理［J］．旅游学刊，2018（8）：19－28.

⑦ 张骁鸣．西方社区旅游概念：误读与反思［J］．旅游科学，2007（1）：1－6.

proach）中提出“从社区角度来研究旅游发展过程中的居民参与问题”①，从而推动“旅游社区参与”术语的诞生。

旅游社区参与强调民主的参与模式，注重维护民主的意识。旅游社区参与关注乡村居民在旅游决策制定、实施等过程的“主人意识”。近年来，伴随研究的深入，旅游社区参与的主体，从居民扩展到以旅游为共同发展目标的对象，同时旅游社区参与被广泛应用于分析政府、企业、居民、社会组织等主体，为了旅游发展的共同目标，而制定、实施决策过程中的相互关系。

旅游活动会对乡村社区产生重要影响，这需要居民参与旅游决策的制定与实施，也推动研究者搭建起旅游影响研究与旅游社区参与的理论关联。一方面，旅游引发的经济、社会、文化、环境等效应，对乡村居民参与旅游意愿有显著影响。② 环境资源、社会状况、文化传统、经济基础、政策制度等因素，是导致乡村居民旅游参与度存在差异的主要原因。③ 另一方面，乡村旅游的适度开发与有效控制，有助于削弱旅游的消极影响。充分参与旅游发展，能够强化居民的主体意识，从而对乡村社会治理、经济发展、文化传承、社会转型、环境保护等方面，产生积极影响。④

（三）利益相关者

20 世纪 60 年代，斯坦福大学研究所首次提出“利益相关者”（stakeholder），指代支持企业生存发展的利益群体。1984 年，弗里曼在

---

① Murphy P E. Tourism: A Community Approach [M]. New York: Routledge, 1985.

② 钟晟，樊志勇．旅游影响与社区参与旅游意愿实证研究——以庐山牯岭镇为例［J］．珞珈管理评论，2009，3（1）：228－234.

③ 侯国林，黄震方．旅游地社区参与度熵权层次分析评价模型与应用［J］．地理研究，2010，29（10）：1802－1813.

④ 孙九霞．社区参与旅游对民族传统文化保护的正效应［J］．广西民族学院学报（哲学社会科学版），2005，27（4）：35－39；王耀斌，等．多维贫困视角下民族地区乡村旅游精准扶贫效应评价研究——以扎尕那村为例［J］．干旱区资源与环境，2018，32（12）：192－198；王维艳，明庆忠．社区响应乡村旅游发展的实践逻辑与治理路径——基于布尔迪厄的场域分析视角［J］．云南师范大学学报（哲学社会科学版），2013，45（1）：33－39.

《战略管理：利益相关者方法》中提出利益相关者管理理论，认为利益相关者管理是企业经营管理者为平衡利益相关者需求所展开的系列管理活动。① 20 世纪 80 年代，西方学者把这一理论引入旅游研究与产业实践。世界旅游组织（UNWTO）、世界旅游业理事会（WTTC）、地球理事会（Earth Council）携手制定《关于旅游业的 21 世纪议程》，把利益相关者与旅游社区紧密相连，将“当代人”“后代人”“今天的主人”“今天的客人”纳入旅游社区的利益相关者范围。② 这也预示着，伴随旅游发展，乡村旅游社区主体关系将朝着多元化、复杂化的方向演进。③

乡村旅游的影响研究不仅把利益相关者理论作为理论视角，也把乡村旅游影响研究中的政治、经济、社会、文化、环境等维度，嵌入利益相关者理论的应用中，取得了丰富成果。首先，把利益相关者与乡村旅游的影响感知研究相联系，建立环境、经济、文化、社会、政治等维度，探索居民、政府、企业、社会组织等利益群体，对旅游的政治、经济、文化、社会、环境影响的感知差异，并提出乡村旅游发展的模式、对策、建议。④ 其次，将利益相关者理论与旅游负面影响的治理研究关联，分析从社会影响控制、居民增权赋能、文化传承保护、生态环境治理等方面，减少负面影响、实现可持续发展的路径。⑤ 最后，把利益相关者的相互关系，视为影响乡村旅游地社会稳定、经济发展、文化传承、环境保护的关键因素。在居民利益诉求与乡村旅游地社会冲突之

① R. 爱德华·弗里曼．战略管理：利益相关者方法［M］．王彦华，梁豪，译．上海译文出版社，2006.

② 张广瑞．关于旅游业的 21 世纪议程（一）——实现与环境相适应的可持续发展［J］．旅游学刊，1998，13（2）：50－54.

③ 唐玲萍．可持续旅游发展语境下的利益相关者［J］．商场现代化，2009（13）：273－274.

④ 刘姗姗．旅游利益相关者对乡村旅游环境影响感知的差异研究［D］．浙江工商大学，2016；谭申，等．基于利益相关者视角的国外文化旅游地发展模式分析及其启示［J］．北京第二外国语学院学报，2010（3）：20－29；王波，章仁俊．基于利益相关者行为的旅游地发展影响研究［J］．特区经济，2008（9）：155－156.

⑤ 王婉飞，等．乡村旅游发展中地方政府生态管理的驱动因素研究［J］．旅游学刊，2018，33（8）：37－47；方怀龙，等．林业自然保护区生态旅游利益相关者的利益矛盾起因及对策［J］．西北林学院学报，2012，27（4）：252－257.

间，建立起理论关联。[①] 提出利益主体之间利益诉求的差异会导致社会冲突的发生，影响乡村旅游目的地的可持续发展。[②]

（四）可持续旅游发展

1987 年，世界环境与发展委员会将“可持续发展”描述为“既满足当代人需求，同时不危及后代满足其需求”的一种发展方式。可持续发展理论对旅游研究与实践产生了深远影响。响应联合国环境规划署（UNEP）技术、工业与经济司（DPIE）的工作要求，世界自然保护联盟（IUCN）主持完成了一项旨在确定由地方职能部门草拟并贯彻的 21 世纪旅游所处地位的调查研究。[③] 在此基础上，1997 年 6 月，联合国大会第九次特别会议正式发布《关于旅游业的 21 世纪议程》，明确提出了成员国政府部门、旅游管理机构、行业组织、企业，应当为实现可持续旅游发展担负的义务、采取的行动[④]，这也代表着世界旅游业对人类赖以生存与发展的环境做出的应有承诺[⑤]。

可持续旅游发展指在保护和增强未来机会的同时，满足现时旅游者和东道区域的需要。[⑥] 核心理念在于旅游发展应当满足文化完整、生态进程、生物多样化等基本要求，从而实现环境、经济、社会、文化等方面的全面协调发展。可持续旅游发展，把旅游发展目标视为政治、经济、社会、文化、环境的有机统一，由此在理念和框架上与旅游影响研

---

① 时少华，孙业红．社会网络分析视角下世界文化遗产地旅游发展中的利益协调研究——以云南元阳哈尼梯田为例［J］．旅游学刊，2016（7）：52－64.

② 翁钢民，李凌雁．旅游社会责任利益相关者的三群体演化博弈分析［J］．生态经济，2017（4）：133－138；王兆峰，腾飞．西部民族地区旅游利益相关者冲突及协调机制研究［J］．江西社会科学，2012（1）：196－201.

③ Ceballos－Lascuráin H. Tourism，Ecotourism，and Protected Areas：The State of Nature－based Tourism around the World and Guidelines for Its Development［M］. Gland：IUCN，1996：349.

④ Vouréh，A. 旅游与 21 世纪地方议程［J］．李弗兰，译．生态毒理学报，2002，24（3）：40－41.

⑤ 李文华．用生态学视角来研究规范旅游业［J］．人与生物圈，2011（2）：1.

⑥ 张广瑞．关于旅游业的 21 世纪议程（二）——实现与环境相适应的可持续发展［J］．旅游学刊，1998，13（3）：52－56.

究较好对接。同时，旅游研究者把可持续旅游发展引入乡村旅游规划、生态旅游开发、文化旅游发展、社区治理等研究领域，开展理论探讨、实证调研、路径探索。无疑极大地丰富了乡村旅游影响研究的对象、视角、理论、方法，也让可持续旅游从抽象的发展目标“落地”成为指导乡村旅游影响研究、探索乡村旅游又快又好发展的理论工具。

（五）乡村旅游的影响

旅游影响又称旅游效应（tourism impact），指由旅游活动所引发的种种作用。一直以来，“旅游影响”都被界定为旅游研究的重要领域、关注对象、研究视角、系统框架。按照影响的价值，旅游影响分为旅游的积极影响、旅游的消极影响；按照内容结构，包括经济影响、社会影响、文化影响、政治影响、环境影响，它们相应地构成乡村旅游影响研究的五个维度。

1. 理论范式

（1）研究本质。旅游的本质是旅游作为社会现象本身固有的，决定旅游的性质、面貌和发展的根本属性。理解旅游的本质有三个要点。第一，是异地身心自由体验；第二，决定着旅游活动拥有经济、社会、文化、政治、环境等多重属性[①]；第三，是旅游活动产生变化的基本依据，游客获取旅游体验过程中与旅游目的地发生双向互动。在关注旅游者需求的同时，要求旅游目的地通过旅游发展获得社会、经济、文化、环境、政治的可持续性。根据旅游本质的三个要点，乡村旅游影响研究关注旅游者到乡村从事旅游活动获得的心理愉悦、精神自由等身心体验。乡村旅游影响研究的本质，奠定了旅游影响研究的理论框架。由于旅游体验决定着旅游活动的多重属性，旅游的经济影响、社会影响、文

① 樊友猛，谢彦君．“体验”的内涵与旅游体验属性新探［J］．旅游学刊，2017，32（11）：16－25.

化影响、环境影响、政治影响，是旅游影响研究本质的系统组部分①，更成为分析评价乡村旅游者、旅游目的地之间双向关系的重要维度。

（2）理论渊源。包括旅游地生命周期、旅游社区参与、利益相关者、可持续旅游发展等理论。这些理论作为旅游影响研究的理论渊源，产生顺序没有先后之分。然而，可持续发展理论对旅游地生命周期、旅游社区参与、利益相关者、可持续旅游发展等理论的产生和应用有着深远的影响，可持续发展成为旅游影响研究的价值目标，这与旅游影响研究中的政治、经济、社会、文化、环境影响的内容与维度相互吻合。此外，可持续发展的理论基础、发展目标，让旅游影响研究、生态友好型农业研究这两个独立的研究领域在理论基础、发展目标与研究框架上形成理论关联。

（3）方法视角。旅游的影响研究关注旅游者、旅游目的地的双向互动，这也是旅游本质研究的要点。因此，旅游的影响研究视角分属于游客感知、居民感知两个方面。游客感知视角关注游客感知价值，把政治、经济、社会、文化、环境等感知价值的维度置于同一系统②，建立关系模型、展开微观测度、提出提升策略③。而居民感知角度则把居民感知、态度和旅游体验质量、旅游目的地可持续发展相联系，聚焦居民对乡村旅游政治、经济、社会、文化、环境影响的感知态度及差异，希望找出影响居民感知的因素，获取居民对乡村旅游的支持，增加游客体

---

① 马耀峰，白凯．基于人学和系统论的旅游本质的探讨［J］. 旅游科学，2007（3）：27－31.

② 张宏梅，等．旅游目的地游客感知价值的层次关系模型［J］. 人文地理，2012（4）：125－130；殷红卫．游客感知对乡村旅游地地方依恋的影响——以南京江心洲为例［J］. 技术经济与管理研究，2016（2）：124－128；陈慧，马丽卿．基于游客感知的海岛乡村旅游产品开发研究——以舟山群岛为例［J］. 农村经济与科技，2017，28（5）：113－116；黄源财．基于游客感知的乡村旅游区生态环境质量评价研究［D］. 福建农林大学，2011.

③ 姚娟，等．少数民族地区游客乡村旅游质量感知研究——以新疆昌吉州杜氏农庄为例［J］. 旅游学刊，2008，23（11）：75－81；林水富，等．乡村旅游社区农户福利感知实证研究——以宁德世界地质公园周边 5 个乡村旅游社区为例［J］. 福建农林大学学报（哲学社会科学版），2017，20（3）：86－93.

验质量。[①] 社会统计分析、结构方程模型等定量研究法，文献研究、半结构访谈、焦点访谈等定性分析法，在旅游影响研究中得到广泛应用。

2. 理论体系

根据“乡村旅游影响研究的理论渊源”，乡村旅游的影响与旅游地生命周期、旅游社区参与、利益相关者、可持续旅游发展等理论存在交织。在理论层面统一于可持续发展的理论目标、价值理念，在研究层面共同被纳入可持续发展的研究内容，呈现于乡村旅游影响研究的政治、经济、社会、文化、环境五个维度。这与中国进行“五位一体”国家建设，形成天然的契合。把乡村旅游影响研究嵌入“五位一体”国家建设中，明确、丰富、完善乡村旅游经济、社会、政治、文化、环境影响的内容与意义（见表2－3），探索实现乡村旅游积极影响的路径，也是学术研究为乡村旅游发展贡献的“中国智慧”与“中国经验”。

表2－3　乡村旅游的五大影响

序号	影响	内容
1	经济影响	乡村旅游对经济增长、产业结构调整，居民就业增收，缩小城乡经济差距等方面的影响
2	社会影响	乡村旅游对提高居民素质、科学技术交流、不同地区相互了解等方面的影响
2	政治影响	乡村旅游对乡村社区治理、社区参与旅游、居民增权赋能等方面的影响
4	文化影响	乡村旅游对文化保护、文化传承、文化振兴、文化活态利用等方面的影响
5	环境影响	乡村旅游对自然生态环境、居民生活环境、基础设施建设、公共服务提升等方面的影响

① 孙羽佳．基于居民感知和期望的乡村旅游影响研究［D］．西北师范大学，2015；王小辉．旅游社区居民对乡村旅游社会文化影响研究——以焦作云台山景区居民感知分析为例［J］．西安邮电大学学报，2011，16（6）：99－102；刘红霞，等．基于居民感知的景区边缘型乡村旅游地环境满意度综合评价——以南岳古镇为例［J］．衡阳师范学院学报，2014，35（6）：167－171.

三　乡村旅游与生态友好型农业协同发展的理论框架

（一）框架思路

在研究内容上，把乡村旅游开发、生态友好型农业发展两个独立的对象，纳入系统的理论研究中。因此，需要打破各自独立的研究领域界限，建立系统的理论框架。通过第一章对文献的梳理发现，国内外现有的乡村旅游研究文献，把对乡村旅游开发与生态友好型农业发展的协同路径的关注，纳入乡村旅游影响的研究领域。生态友好型农业则是党的十八届三中全会后出现的新名词，国内学界对它并未形成统一的理论体系，这为适用本书“生态友好型农业理论体系”、建立协同发展的理论框架，留下了足够空间。

因此，最终基于乡村旅游影响研究的理论体系、构建的生态友好型农业研究理论体系，建立研究需要的“乡村旅游开发与生态友好型农业发展协同的理论框架”。通过建立理论框架，把乡村旅游影响研究理论体系、生态友好型农业研究理论体系在理论层面进行多层面、多维度的嵌合，寻找两者之间的内在联系，为探索乡村旅游开发与生态友好型农业发展的协同路径奠定了理论基础。

（二）理论视角

1. 理论框架符合“五位一体”的可能性

中国共产党第十八次全国代表大会报告提出“五位一体”的中国特色社会主义事业总体布局。本书构建“乡村旅游与生态友好型农业协同发展的理论体系”，应当依托我国国情，反映并满足我国特殊自然生态环境、社会政治条件、经济文化发展水平与人口素质状况等的发展要求；符合“五位一体”总体布局，服务于“五位一体”国家建设目标，具有“中国特色”、凝聚“中国智慧”。

2. 理论框架符合“五位一体”的必要性

（1）在乡村旅游领域的必要性。第一，经济效应层面。聚焦乡村旅游的产业功能，认可它在农村地区经济增长、产业结构调整，农民增收致富、实现脱贫等方面的正面功能；在乡村旅游目的地，乡村旅游产业水平、发展阶段等，很大程度上影响乡村地区的经济生态。

第二，政治效应层面。认同乡村旅游与农村社会组织制度样式相互影响，旅游发展直接关系居民经济状况，事关民众切身利益而影响其政治选择；乡村旅游作为生产经营过程，能够促进农村社会管理中“善治”不断推进，实现农村社会政治生态的健康发展。

第三，文化效应层面。乡村旅游有助于乡村传统文化的传承保护、活态利用，增强农村地区居民对传统文化的自信心、自豪感，有利于乡村地区文化生态平衡。

第四，社会效应层面。旅游活动影响乡村社会秩序，推动乡村社会进步；通过为游客提供丰富的产品，影响旅游者民生福利，影响社会整体生态的平衡。

第五，生态效应层面。乡村旅游将农业、农村、农民转化为创造价值利润的旅游资源，通过科学合理的游客管理、旅游规划、环境保护等，对乡村生态环境产生正面效应。

（2）在生态友好型农业领域的必要性。本书的生态友好型农业理论框架，就把生态友好型农业理论嵌入“五位一体”总体布局，不仅赋予自然生态的意义，也包括经济生态、社会生态、政治生态和文化生态；不仅解决农业发展的问题，还通过农业发展实现经济、政治、生态、社会、文化等效应。

第一，经济效应层面。认同农业是国民经济的基础产业，为社会提供农副产品，对国民经济协调与可持续发展起基础性支撑作用。

第二，政治效应层面。生态友好型农业的生产经营过程，促进农村社会管理中“善治”的推进，实现农村社会政治生态发展。

第三，文化效应层面。生态友好型农业有助于活态性地传承和发展农村文化资源、保护农业文化多样性；有助于发挥农业在教育、审美和休闲等方面的积极作用，推动社会文化生态和谐发展。

第四，社会效应层面。生态友好型农业优化劳动环境，影响农业劳动者的社会福利；农副产品数量、质量、安全，影响国民生活质量；农业生产的过程与状况，影响社会秩序、社会生态平衡。

第五，生态效应层面。生态友好型农业经营过程中的自然属性，有助于强化自然生态系统对经济社会发展排放物的自净功能，减少自然灾害发生和保持生物多样性。

因此，本书在“五位一体”的国家建设理念下，从经济、政治、社会、文化、生态五个维度，建立乡村旅游与生态友好型农业的理论关联，构建协同发展的理论框架，符合我国“五位一体”建设中国特色社会主义的要求，是对生态友好型农业发展符合中国需求的本土化研究。

（三）多维分析

(1) 多维分析内容。多维分析的重点在于通过实地走访、问卷调查、案例研究等多种研究方法，从政治、经济、文化、社会、生态五个维度，剖析政府、居民、企业、经济组织、社会组织等利益主体，在协同发展中的相互关系，探讨乡村旅游与生态友好型农业协同发展路径主体的合作机制、利益分享机制、权利保障机制等问题。

一是政治维度。通过问卷调查，剖析协同发展中利益主体的政治关系，重点探索政府在协同发展中的治理机制。二是经济维度。通过问卷调查，剖析协同发展中利益主体的经济关系，重点探索利益分享、权利保障机制的构建机理。三是文化维度。通过问卷调查，剖析利益主体行为影响文化的机理，重点探索农业文化资源活态利用、传承保护的具体路径。四是社会维度。通过问卷调查，剖析社会组织、经济组织在协同发展中的作用，重点关注此类主体参与协同发展的机理。五是生态维度。通过问卷调查，剖析农村独特自然环境、生态友好型农业资源的保护与开发问题，构建既保护好又开发好旅游资源的机理。

（2）多维分析步骤。一是，从生态、经济、社会、政治、文化五个维度，建立理论框架，并阐释构建机理。二是，根据理论框架，分析我国乡村旅游与生态友好型农业协同发展的现实情况，总结存在的问题、抓住主要矛盾、分析主体关系，为后续研究提出协同发展路径、提出对策建议提供支撑。

（3）多维分析结果应用。多维分析在本书研究中发挥“承上启下”的关键作用。一方面，多维分析结果有助于对我国宏观层面的协同发展水平展开深入的理论分析，透过现状测评的数据，发现数据背后所隐藏的乡村旅游与生态友好型农业协同发展存在的关键性问题、运作机理以及路径优化的可能突破口等。另一方面，多维理论分析结果为后续的案例研究和调查研究，提供了方向指引和理论指导。

（四）实证研究

根据相关理论渊源追溯、协同发展理论框架构建，本书研究总体遵循社会学研究范式，围绕研究的核心问题，从三个方面进行实证研究。

1. 现状测评：面板数据

（1）现状测评设定标准。围绕探索乡村旅游、生态友好型农业两个独立产业的协同发展路径这一核心问题，根据构建的理论框架，从省域层面对各省份乡村旅游与生态友好型农业的协同发展水平进行现状测评。

现状测评的重点在于通过省域层面乡村旅游开发与生态友好型农业发展的宏观数据指标，从宏观层面判断我国各省份乡村旅游、生态友好型农业的发展水平，以及乡村旅游与生态友好型农业两个独立产业的协同发展水平。由于指标涉及面比较广泛，所以基础数据的来源广泛。由于乡村旅游统计工作相对滞后，研究数据部分源自统计部门对农业、旅游业等行业领域的统计资料，部分来自文化与旅游部等官方网站的公开数据。在数据统计中，把新疆生产建设兵团数据归入新疆维吾尔自治区，将副省级城市数据归入所在省份进行统计。由于宏观数据收集的滞后性，本书研究选取的数据均截至 2018 年 5 月，实际统计分析数据为 2016 年的面板数据。

根据理论框架，考量生态友好型农业、乡村旅游内涵，建立涵盖“目标层—系统层—指标层—基础指标”的评价指标体系，分别定量分析我国省级层面生态友好型农业发展水平、乡村旅游发展水平，以及乡村旅游与生态友好型农业的协同发展水平。

（2）现状测评实施步骤。第一，挑选和梳理《中国统计年鉴（2017）》中有关旅游产业、农业发展的各项面板数据。第二，在我国生态友好型农业发展水平的测评过程中，从自然生态、经济生态、社会生态、政治生态、文化生态维度，对我国各省份、三大地区的生态友好型农业发展水平进行测评。第三，在我国乡村旅游发展水平的测评过程中，根据自然生态、经济生态、社会生态、政治生态、文化生态五个维度，通过主成分分析法测评各省份、三大地区乡村旅游发展水平。第四，在乡村旅游与生态友好型农业协同水平的测评过程中，选择耦合协调度模型来考察两者的协同发展水平，并对我国省域乡村旅游与生态友好型农业协同发展水平做归类分析。

（3）现状测评结果应用。现状测评结果，对于总体把握我国乡村旅游与生态友好型农业的协同发展水平，深入认识二者协同发展现状有着重要意义，也为后续研究提供了基础数据。现状测评结果一方面构成了本书研究的重要内容，另一方面为后续的多维分析和案例研究、调查研究等提供了基础支撑。

2. 案例研究：国内国外

（1）案例研究内容。本书根据构建的理论框架，对国内外乡村旅游与生态友好型农业协同发展的具体情况展开案例研究。选择法国、日本两个国外典型案例地和四川省、江西省两个国内典型案例地，从协同发展的经验、协同发展的主要路径等方面展开案例分析。

（2）案例研究步骤。一是典型案例地的选择。基于典型性与可比性的原则，在国外选择法国和日本这两个发达国家的协同发展典型案例，在国内选择四川省、江西省这两个不同地区的典型案例。二是案例研究资料的收集。通过中英文相关文献数据库搜索学术研究成果，通过案例地的相关官方网站收集案例地乡村旅游与生态友好型农业发展的产业资料。三是展开协同路径分析。综合已有学术研究成果和行业报道，对案例地乡村旅游与生态友好型农业的协同发展展开路径分析。

（3）案例研究结果应用。案例研究旨在梳理归纳典型案例地的协同发展路径与发展经验，为我国乡村旅游与生态友好型农业的协同发展提出相应的策略建议。

3. 调查研究：三个村子

（1）调查研究内容。调查研究关注微观研究层面。一是，挑选我国中部江西、东部浙江、西部四川，作为乡村旅游与生态友好型农业协同发展的调查研究地点。二是，通过实地走访、问卷调查，探寻我国乡村旅游与生态友好型农业协同发展中存在的关键问题，分析问题原因、抓住问题矛盾。

（2）调查研究步骤。第一，围绕“乡村旅游与生态友好型农业协同发展路径”这一核心问题，制订调查计划，展开调查，采集一手资料。第二，根据本书研究的理论框架、理论假设，设计调查问卷、访谈提纲，搜集问卷数据。第三，运用 SPSS、AMOS 等统计软件工具，对问卷调查数据进行相关统计分析和结构方程验证。第四，针对问卷调查需要解释的数据、呈现的问题，对利益主体进行深度访谈。第五，运用扎根理论分析方法，分析深度访谈内容，提炼访谈资料所蕴含的多方主体的关系机理。第六，综合运用结构方程模型、扎根理论分析等方法的分析结果，探讨协同发展路径的关键问题，为构建保障机制、解决问题提供数据支撑。

（3）调查研究关键环节。主要构建我国乡村旅游和生态友好型农业协同发展路径的理论假设。其中，问卷的设计基于“乡村旅游与生态友好型农业协同发展的理论框架”，依托生态、经济、社会、文化、政治五个维度，依据生态友好型农业与乡村旅游的已有研究文献①，选择自然环境保护、农旅企业发展、政府治理水平、社会组织培育、文化传承利用五个变量，作为微观层面乡村旅游与生态友好型农业协同发展的前因变量。

一般而言，乡村地区的基础设施及公共服务设施在很大程度上影响着乡村旅游和生态友好型农业的发展②，尤其是交通条件的改善对乡村旅游的影响更为显著③。同时，有研究文献指出，相关从业主体的技术采用意愿和采用行为对生态友好型农业发展④，及旅游经济的可持续发展⑤具有显著影响。此外，利益主体的个体能力、综合素质、人力资本、信息与技术的获取等直接影响乡村旅游⑥和生态友好型农业

---

① 由于涉及文献过多，在此不一一列示，备索。

② 李飞，匡远配．基于STIRPAT模型的“两型农业”发展驱动因素研究［J］．湖南农业大学学报（社会科学版），2011，12（6）：10－16；杜江，向萍．关于乡村旅游可持续发展的思考［J］．旅游学刊，1999（1）：15－18．

③ Prideaux B. The role of the transport system in destination development［J］. Tourism Management，2000，21（1）：53－63；Khadaroo J，Seetanah B. Transport infrastructure and tourism development［J］. Annals of Tourism Research，2007，34（4）：1021－1032；苏建军，等．交通巨变对中国旅游业发展的影响及地域类型划分［J］．旅游学刊，2012（6）：41－51；王兆峰．旅游交通对旅游产业发展影响的实证分析——以张家界为例［J］．财经理论与实践，2009（4）：112－116；郭伟，等．高铁联网时代下河北省乡村旅游创新发展研究［J］．农业经济，2019（6）：47－48．

④ 匡远配，唐柳．日本两型农业经验及启示［J］．世界农业，2013（4）：95－99；张灿强，等．生态友好型农业技术采用及其影响因素——基于鄂湘鲁豫355个农户的调查数据［J］．湖北农业科学，2016，55（16）：4322－4326；文长存，等．农户采用不同属性“两型农业”技术的影响因素分析——基于辽宁省农户问卷的调查［J］．农业现代化研究，2016，37（4）：701－708；石长波，武艺．网络技术在旅游景点经营中的应用［J］．商业研究，2005（6）：177－179．

⑤ 李秋艳，明庆忠．旅游循环经济发展的能源高效利用和节约技术——以旅游企业的运用技术为例［J］．资源开发与市场，2008（12）：1067－1070；高玲，郑向敏．科学技术支撑旅游企业发展的相关问题研究［J］．企业活力，2009（3）：65－67．

⑥ 孙九霞．守土与乡村社区旅游参与——农民在社区旅游中的参与状态及成因［J］．思想战线，2006（5）：59－64；孙九霞．赋权理论与旅游发展中的社区能力建设［J］．旅游学刊，2008，23（9）：22－27；牛君仪．乡村旅游转型升级与新型农业经营主体培育［J］．农业经济，2014（9）：43－45．

发展①。因此，基于上述文献分析，本书研究选择公共设施建设、技术应用水平、主体能力建设为微观层面乡村旅游与生态友好型农业协同发展的中介变量。

综上所述，以自然环境保护、农旅企业发展、政府治理水平、社会组织培育、文化传承利用五个潜变量作为前因变量，以公共设施建设、主体能力建设、技术应用水平三个潜变量为中介变量，以乡村旅游与生态友好型农业协同发展为结果变量，提出本书研究微观层面各变量间的假设关系（如表2－4所示）。

表2－4　微观层面研究假设

序号	假设内容
H1	自然环境保护对公共设施建设有正向影响
H2	自然环境保护对技术应用水平有正向影响
H3	自然环境保护对主体能力建设有正向影响
H4	政府治理水平对公共设施建设有正向影响
H5	政府治理水平对技术应用水平有正向影响
H6	政府治理水平对主体能力建设有正向影响
H7	农旅企业发展对公共设施建设有正向影响
H8	农旅企业发展对技术应用水平有正向影响
H9	农旅企业发展对主体能力建设有正向影响
H10	社会组织培育对公共设施建设有正向影响
H11	社会组织培育对技术应用水平有正向影响
H12	社会组织培育对主体能力建设有正向影响
H13	文化传承利用对公共设施建设有正向影响

① Knowler D，Bradshaw B. Farmers' adoption of conservation agriculture：A review and synthesis of recent research［J］. Food Policy，2007，32（1）：25－48；张董敏，等．传统农户与科技示范户两型农业行为差异分析［J］．中国农业大学学报，2014，19（5）：227－235；肖建华，乌东峰．湖南省农户自为从事两型农业生产的实证分析［J］．经济地理，2013，33（8）：142－146；张董敏，等．农户两型农业认知对行为响应的作用机制——基于TPB和多群组SEM的实证研究［J］．资源科学，2015，37（7）：1482－1490；张云华，等．农户采用无公害和绿色农药行为的影响因素分析——对山西、陕西和山东15县（市）的实证分析［J］．中国农村经济，2004（1）：41－49.

续表

序号	假设内容
H14	文化传承利用对技术应用水平有正向影响
H15	文化传承利用对主体能力建设有正向影响
H16	公共设施建设对协同发展有正向影响
H17	技术应用水平对协同发展有正向影响
H18	主体能力建设对协同发展有正向影响

同时，由于乡村旅游与生态友好型农业协同发展的相关变量指标缺乏成熟的测量量表，故本书研究对乡村旅游与生态友好型农业协同发展中的变量进行量表开发与设计。

（4）调查研究结果处理。第一，定量分析。通过 SPSS、AMOS 等统计分析软件对调查研究地点的统计数据进行量化分析，确定乡村旅游与生态友好型农业协同发展的关键指标、各变量的关系，明确调查研究中对乡村旅游与生态友好型农业协同发展路径关键影响因子的把握。

第二，定性分析。调查研究选取扎根理论分析、深度访谈、案例研究等定性方法，对数据资料进行理论分析和阐释，揭示定量数据背后的影响机制和运行机理，总结协同发展中的关键问题，并探索解决方法。

第三章　中国乡村旅游与生态友好型农业协同发展的现状测评

一　中国生态友好型农业发展水平测评

农业生产是生存之本、衣食之源，农业是从古至今实现经济发展、社会安定、民族独立的基础性产业。发展生态友好型农业是促进农业供给侧结构性改革、转变农业发展方式、推动农业绿色发展的现实需要，也是保障粮食安全、促进农业文化传承、推动农村产业融合的根本途径。基于我国乡村旅游与生态友好型农业发展现状，有效评价我国乡村旅游开发与生态友好型农业发展协同水平，对推动我国农旅产业融合发展、纵深实施乡村振兴战略具有重要意义。

本节将根据理论框架，从自然生态、经济生态、社会生态、文化生态和政治生态五个维度，构建完整、合理、科学的生态友好型农业发展水平衡量标准，对中国省域生态友好型农业发展水平进行评价分析。

（一）生态友好型农业发展水平评价指标选取依据

1. 生态友好型农业的五大功能

根据前文所述，生态友好型农业是自然生态、经济生态、社会生态、文化生态、政治生态的统一。

（1）自然生态维度。农业自然生态系统对经济社会发展排放物具有自净功能，是生态友好型农业的自然属性。这在很大程度上保护着生物多样性、避免自然灾害的发生。发展生态友好型农业，有利于保护农村自然生态环境、促进生态改良、实现生态修复、进行生态改建。

（2）经济生态维度。农业是国民经济的基础产业，对经济可持续发展有着支撑作用。生态友好型农业有助于实现农业的多功能性、提高农业产业的综合效益、优化农业对生态系统的维护功能。此外，农业产业的多功能性，还极大程度地孕育了生态友好型农业丰富的内涵和广阔的外延。

（3）社会生态维度。农业是剩余劳动力“蓄水池”，保障着低技能劳动者的生活；农业科技水平的提高，有助于改善劳动环境和生活质量。这说明农业的发达程度影响劳动者福利，进而影响着社会秩序。同时，农副产品丰富程度、安全程度、品质高低，也影响居民的身体素质、生活质量，进而影响社会生态的稳定性。

（4）文化生态维度。生态友好型农业具有保护和传承传统文化的效应。农业生产过程中蕴含的农耕文化、乡村文化是中华文化的瑰宝，有一个很重要的承载物，那就是农业产业。而生态友好型农业以其生态特性，在农耕文化和农业文明的传承与保护方面作用更胜一筹。

（5）政治生态维度。生态友好型农业是产业形态，也是农业发展方式，在很大程度上影响甚至决定社会组织的制度形式。中国是传统的农业大国，农业发展水平通过影响国民切身利益而对国民政治选择产生影响。政治维度，生态友好型农业的生产经营不断推进着农村社会的“善治”。

2. 生态友好型农业发展水平的模型刻画

在此基于生态友好型农业的自然、经济、社会、文化、政治维度，通过“农业发展的生态友好度”（the eco – friendly degree of agricultural development）刻画我国生态友好型农业的发展水平。农业发展的生态友好度涉及自然生态、经济生态、社会生态、政治生态和文化生态五个友好度指标。据此，通过以下函数表示农业发展的生态友好度：

$$EDAD = f(FDNE, FDEE, FDSE, FDPE, FDCE) \tag{3-1}$$

式（3－1）中，农业发展的生态友好度用 ***EDAD*** 表示；自然生态友好度用 ***FDNE*** 表示；经济生态友好度用 ***FDEE*** 表示；社会生态友好度用 ***FDSE*** 表示；政治生态友好度用 ***FDPE*** 表示；文化生态友好度用 ***FDCE*** 表示。

假定函数式（3－1）中的五个变量具备如下性质：

$$FDNE > 0, FDEE > 0, FDSE > 0, FDPE > 0, FDCE > 0 \tag{3-2}$$

且对于以上变量而言，***EDAD*** 的正向提高都可以基于每个变量的正向提高而获得。同时，变量的正向作用具有边际递减的特征。即有：

$$\frac{\partial EDAD}{\partial FDNE} > 0 \qquad \frac{\partial^2 EDAD}{\partial FDNE^2} < 0$$

$$\frac{\partial EDAD}{\partial FDEE} > 0 \qquad \frac{\partial^2 EDAD}{\partial FDEE^2} < 0$$

$$\frac{\partial EDAD}{\partial FDSE} > 0 \qquad \frac{\partial^2 EDAD}{\partial FDSE^2} < 0$$

$$\frac{\partial EDAD}{\partial FDPE} > 0 \qquad \frac{\partial^2 EDAD}{\partial FDPE^2} < 0$$

$$\frac{\partial EDAD}{\partial FDCE} > 0 \qquad \frac{\partial^2 EDAD}{\partial FDNE^2} < 0$$

此外，假设函数式（3－1）的形式为 C－D 型，则对函数式（3－1）全微分可得：

$$\mathrm{d}EDAD = \frac{\partial EDAD}{\partial FDNE} \cdot \mathrm{d}FDNE + \frac{\partial EDAD}{\partial FDEE} \cdot \mathrm{d}FDEE + \frac{\partial EDAD}{\partial FDSE} \cdot \mathrm{d}FDSE + \frac{\partial EDAD}{\partial FDPE} \cdot \mathrm{d}FDPE + \frac{\partial EDAD}{\partial FDCE} \cdot \mathrm{d}FDCE \tag{3-3}$$

对式（3－3）两边同时乘以$\frac{1}{EDAD}$，同时对等式右端各项分别乘以1，且分别用$\frac{FDNE}{FDNE}$、$\frac{FDEE}{FDEE}$、$\frac{FDSE}{FDSE}$、$\frac{FDPE}{FDPE}$、$\frac{FDCE}{FDCE}$表示，则有：

$$f = \alpha_1 \cdot f_1 + \alpha_2 \cdot f_2 + \alpha_3 \cdot f_3 + \alpha_4 \cdot f_4 + \alpha_5 \cdot f_5 \quad (3-4)$$

其中，$f=\frac{\mathrm{d}EDAD}{EDAD}$；$\alpha_1=\frac{\partial EDAD}{\partial FDNE}\cdot\frac{FDNE}{EDAD}$，$\alpha_2=\frac{\partial EDAD}{\partial FDEE}\cdot\frac{FDEE}{EDAD}$，$\alpha_3=\frac{\partial EDAD}{\partial FDSE}\cdot\frac{FDSE}{EDAD}$，$\alpha_4=\frac{\partial EDAD}{\partial FDPE}\cdot\frac{FDPE}{EDAD}$，$\alpha_5=\frac{\partial EDAD}{\partial FDCE}\cdot\frac{FDCE}{EDAD}$；$f_1=\frac{\mathrm{d}FDNE}{FDNE}$，$f_2=\frac{\mathrm{d}FDEE}{FDEE}$，$f_3=\frac{\mathrm{d}FDSE}{FDSE}$，$f_4=\frac{\mathrm{d}FDPE}{FDPE}$，$f_5=\frac{\mathrm{d}FDCE}{FDCE}$。$\alpha_i$（$i=1$，2，3，4，5）代表各个维度的发展弹性，$f_i$（$i=1$，2，3，4，5）代表各个维度的变化率。

由式（3－4）可知，农业发展在自然生态、经济生态、社会生态、政治生态、文化生态五个方面的友好度，影响着生态友好型农业的发展水平。此外，任何一个维度变化率的提高、发展弹性的增强，都会提升农业发展的生态友好度。

（二）生态友好型农业发展水平评价指标体系构建

1. 指标体系构建

本书把生态友好型农业划分为自然生态、经济生态、社会生态、政治生态、文化生态五个维度来考察，因此需要从系统论视角审视生态友好型农业，保证理论的系统性。同时，要求评价过程具有定量性和可操作性。然而，生态友好型农业概念内涵丰富、外延广泛，要把生态友好型农业发展水平的评价指标体系逐一列举不现实，要涵盖生态友好型农业发展的所有细微方面更是艰难。鉴于此，在此建立的生态友好型农业发展水平评价指标体系重点涵盖生态友好型农业五个维度的核心内容、重要方面，希望对我国各省份生态友好型农业发展水平做出基本的测评。

本书采用“目标层—系统层—指标层—基础指标”的评价指标体系。目标层指农业发展的生态友好度；系统层包括自然生态友好度、经济生态友好度、社会生态友好度、政治生态友好度和文化生态友好度五个指标；指标层设 15 个方面，每 1 个系统层对应 3 个指标层。最后，选取 44 个基础指标构建基础指标体系。指标值的计量单位根据基础指标的特性而定，指标属性根据基础指标属性设立“正”或“逆”（如表 3－1 所示）。

表 3－1　生态友好型农业发展水平评价指标体系

系统层	指标层	基础指标	计量单位	指标属性
自然生态友好度	生态改建	造林面积增长率	%	正
		草原面积增长率	%	正
		水土流失治理度	%	正
		湿地覆盖率	%	正
		自然保护区覆盖率	%	正
	生态修复	农田有效灌溉率	%	正
		农田除涝率	%	正
		森林病虫鼠害防治率	%	正
		单位面积农药施用量	吨/万公顷	逆
		单位面积化肥施用量	吨/万公顷	逆
		单位面积农用塑料薄膜施用量	吨/万公顷	逆
	生态改良	森林覆盖率	%	正
		农地植被覆盖率	%	正
		草原覆盖率	%	正
经济生态友好度	要素投入	万元农业 GDP 用水量	立方米/万元	逆
		万元农业 GDP 柴油用量	千克/万元	逆
		万元农业 GDP 劳动力投入量	人/万元	逆
		户均农业生产性固定资产原值	元/户	正
		农业机械化水平	万千瓦/万公顷	正
	经济产出	农业经营人均纯收入	元	正
		农业增加值	亿元	正
		农业经济贡献率	%	正
	生产效率	土地综合产出率	亿元/万公顷	正
		农业劳动生产率	万元/人	正

续表

系统层	指标层	基础指标	计量单位	指标属性
社会生态友好度	粮食供给	粮食自给率	—	正
		旱涝保收率	%	正
		受灾面积比率	%	逆
	食品安全	地理标志农产品数量全国占比	%	正
		绿色食品数量全国占比	%	正
		无公害食品数量全国占比	%	正
	就业吸纳	农林牧渔从业人员数/乡村从业人员数	%	正
政治生态友好度	农民组织化	农业经济合作组织发展水平	个	正
		农业经济合作组织覆盖率	个	正
	基层社区自治	万人村民委员会数	个	正
	社会保障	千人农村人口医疗机构床位数	张	正
		农村居民最低生活保障率	%	正
		基本医疗保险覆盖率	%	正
		养老保险覆盖率	%	正
文化生态友好度	农耕文明传承	农业文化遗产数量	个	正
		中国最美休闲乡村数量	个	正
	农业科学教育	现代农业示范区数量	个	正
	观光休闲服务	休闲农业示范点数量	个	正
		休闲农业星级企业数	个	正
		休闲农业精品线路数	个	正

2. 基础指标说明

（1）“自然生态友好度”系统层。包括“生态改建”“生态修复”“生态改良”三个指标层，是衡量农村资源环境可持续发展的重要指标。第一，生态改建。生态友好型农业通过优化生态系统，实现生态改建功能，选取水土流失治理度、草原面积增长率、造林总面积增长率、湿地覆盖率与自然保护区覆盖率五个基础指标。第二，生态修复。生态修复途径有土地利用、土地生产、土地治理等，下设农田有效灌溉率、农田除涝率、森林病虫鼠害防治率、单位面积农药使用量、单位面积化肥施用量、单位面积农用塑料薄膜施用量六个基础指标。第三，生态改良。农业生态环境可以通过调整农业发展模式、发展战略改善，下设森林覆盖率、农地植被覆盖率和草原覆盖率三个基础指标。

（2）“经济生态友好度”系统层。包括“要素投入”“经济产出”“生产效率”三个指标层，是衡量农业经济增长的重要因素。第一，要素投入。衡量生态友好型农业使用资源能源等生产要素的情况，把农业生产的用水、用油、用人，农业生产性固定资产以及农业机械化，纳入考量范围。第二，经济产出。统计口径差异会影响评价指标体系的测度结果，用农业生产的“收入性指标”替代产量指标，描述经济产出，具体包括农业经营人均纯收入、农业增加值、农业经济贡献率三个基础指标。第三，生产效率。选取农业劳动生产率、土地综合产出率两个指标。

（3）“社会生态友好度”系统层。生态友好型农业通过供给粮食、保障食品安全、增加就业岗位，对社会生态产生重要的影响，是实现农村社会治理良好格局的重要影响因素。“社会生态友好度”系统层，包括“粮食供给”“食品安全”“就业吸纳”三个指标层。第一，粮食供给。影响粮食供给的核心要素，包括粮食自给率、旱涝保收率、受灾面积比率三个基础指标，其中粮食自给率以区域人均粮食产量较平均水平偏离程度衡量。第二，食品安全。根据食品安全的衡量维度，选取无公害食品数量全国占比、绿色食品数量全国占比、地理标志农产品数量全国占比三个基础指标。第三，就业吸纳情况。考虑到生态友好型农业从业人员在乡村旅游中的就业途径和方式，通过农林牧渔从业人员数在乡村从业人员数中的占比测度。

（4）“政治生态友好度”系统层。包括“社会保障”“农民组织化”“基层社区自治”三个指标层，这些是实现社区善治的重要手段。第一，社会保障。考虑到指标数据的可获取性，采用“农村居民最低生活保障率”“基本医疗保险覆盖率”“养老保险覆盖率”“千人农村人口医疗机构床位数”四个基础指标。第二，农民组织化。根据“农民组织化”的内涵，选取农业经济合作组织发展水平（以全国农民合作社加工示范单位数衡量）、农业经济合作组织覆盖率（以全国农民合作社示范社数衡量）作为基础指标。第三，基层社区自治。选择万人村民委员会数作为基础指标。

（5）“文化生态友好度”系统层。依托农业文化功能和利用方式，结合指标可获取性，设“农耕文明传承”“农业科学教育”“观光休闲服务”三个指标层，它们是实现农村传统文化包容性发展的重要影响因素。第一，农耕文明传承。根据文化与旅游部、农业部对农耕文明传承的可量化数据，选取“中国最美休闲乡村数量”“农业文化遗产数量”两个基础指标。第二，农业科学教育。根据农业科学教育功能的评价，选取“现代农业示范区数量”作为基础指标。第三，观光休闲服务。根据农业观光休闲的类型、指标的可获取性，挑选“休闲农业精品线路数”“休闲农业星级企业数”“休闲农业示范点数量”作为基础指标。

（三）数据来源与指标数据处理

本节旨在考察中国各省份农业发展的友好度，因此根据构建的指标体系，从《中国统计年鉴》，以及相关部门发布的公示公告中收集整理数据资料，获取省级层面生态友好型农业发展水平评价的原始数据。

其中，造林面积增长率、草原面积增长率、水土流失治理度、湿地覆盖率、自然保护区覆盖率、农田有效灌溉率、农田除涝率、森林病虫鼠害防治率、单位面积农药施用量、单位面积化肥施用量、单位面积农用塑料薄膜施用量、森林覆盖率、农地植被覆盖率、草原覆盖率、万元农业 GDP 用水量、万元农业 GDP 柴油用量、万元农业 GDP 劳动力投入量、户均农业生产性固定资产原值、农业机械化水平、农业经营人均纯收入、农业增加值、农业经济贡献率、土地综合产出率、农业劳动生产率、粮食自给率、旱涝保收率、受灾面积比率、农林牧渔从业人员占比、万人村民委员会数、农业经济合作组织发展水平、农业经济合作组织覆盖率、千人农村人口医疗机构床位数、农村居民最低生活保障率、基本医疗保险覆盖率、养老保险覆盖率等基础指标的原始数据均来源于国家统计局发布的《中国统计年鉴（2017）》；中国最美休闲乡村数量、现代农业示范区数量、休闲农业示范点数量、休闲农业星级企业数、休闲农业精品线路数等基础指标的原始数据均来源于文化和旅游部网站；绿色食品数量全国占比与无公害食品数量全国占比等基础指标的原始数据来源于中国绿色食品发展中心网站；地理标志农产品数量全国占比的原始数据来源于全国农产品地理标志查询系统；农业文化遗产数量的原始数据来源于中国重要农业文化遗产网站。

通过对基础指标中的逆指标数据进行取倒数处理，实现指标属性的一致性；对所有基础指标数据进行无量纲化处理，实现指标量纲量级的一致性。

（四）省域生态友好型农业发展水平系统层评价分析

利用 SPSS 19.0 统计分析软件，分别从自然生态友好度、经济生态友好度、社会生态友好度、政治生态友好度和文化生态友好度五个系统层对中国省域生态友好型农业发展水平进行主成分分析。根据主成分分析特征值大于 1 和累计方差贡献率大于 80% 的原则，自然生态友好度、经济生态友好度和政治生态友好度分别选取 4 个主成分，社会生态友好度和文化生态友好度分别选取 3 个主成分。通过累计方差贡献率做归一化处理获取指标权重，以各主成分数值作为评分数值，通过加权平均获得省域生态友好型农业在各系统层的发展水平评分值。

为了便于比较和分析，在此采用百分制表述系统层评价分值①，系统层评价得分具体如表 3－2 所示。

① 张欢，等．中国省域生态文明建设差异分析［J］．中国人口·资源与环境，2014，24（6）：22－29.

表 3－2　中国省域农业发展的生态友好度系统层评价（2016 年）

地区	省域	自然生态友好度	经济生态友好度	社会生态友好度	政治生态友好度	文化生态友好度
东部地区	北京	89.49	44.66	55.18	69.56	57.70
	天津	73.11	69.32	69.62	63.83	52.73
	河北	63.77	77.00	65.32	60.68	61.25
	山东	73.16	84.78	83.57	81.48	82.32
	辽宁	62.33	66.84	58.90	60.76	72.21
	上海	86.80	51.98	61.23	66.89	55.17
	江苏	78.00	79.58	87.41	72.76	71.47
	福建	58.68	71.55	62.42	74.61	77.56
	浙江	58.63	62.60	53.31	60.23	72.23
	广东	60.88	57.35	53.21	54.56	57.27
	海南	61.06	63.43	49.35	44.86	51.43
中部地区	吉林	58.33	65.70	63.50	57.45	56.45
	黑龙江	59.43	72.29	77.68	42.77	56.97
	山西	55.86	50.21	56.61	65.78	55.24
	安徽	67.95	62.82	69.12	56.90	61.55
	江西	58.15	54.61	57.45	56.88	64.25
	河南	68.30	75.91	66.66	66.13	63.64
	湖北	60.45	66.10	66.75	63.57	62.45
	湖南	59.21	60.82	59.78	73.78	61.59
西部地区	内蒙古	49.48	60.24	58.87	56.45	55.56
	广西	55.79	57.32	52.54	47.67	60.77
	重庆	56.91	50.78	57.75	65.75	55.68
	四川	53.50	55.42	58.74	66.67	62.85
	贵州	54.28	43.88	51.56	49.87	56.86
	云南	54.48	54.12	54.03	45.43	60.82
	西藏	50.66	52.90	47.70	61.56	42.56
	陕西	55.85	51.79	52.34	63.98	54.74
	甘肃	54.13	48.23	54.48	48.70	52.67
	青海	51.39	45.96	47.12	63.50	50.45

续表

地区	省域	自然生态友好度	经济生态友好度	社会生态友好度	政治生态友好度	文化生态友好度
西部地区	宁夏	51.10	55.71	56.82	45.38	44.69
	新疆	52.78	64.53	54.70	59.67	68.39
均值		61.09	60.59	60.12	60.26	59.98
标准差		9.98	10.60	9.65	9.61	8.80

注：东部、中部和西部的划分，采用“三分法”，相比于“四分法”，将辽宁归为东部，将吉林和黑龙江归为中部。

通过分析发现，我国各省域生态友好型农业在不同维度的系统评价情况存在差异。比如，山东生态友好型农业在各个维度表现优异，而甘肃在各个维度的表现都较差。从标准差发现，中国省域生态友好型农业发展水平在经济生态维度差异性较大，而在文化生态维度差异较小。

（五）省域生态友好型农业发展水平综合评价分析

运用上述主成分分析法，将系统层得分作为指标数据，对中国省域生态友好型农业发展水平进行综合评价，具体结果如表 3－3 所示。根据表 3－3，中国生态友好型农业发展水平在东、中、西部整体呈现依次下降趋势。东部地区农业发展的生态友好度均值为 66.85，中部为 62.30，西部为 52.18，三大区域比例分别为 1.28∶1.19∶1。根据标准差，就全国层面而言，我国生态友好型农业发展水平在三大地区内部存在明显差异，呈现东部地区内部相对差异较大、中部和西部地区内部相对差异较小的现象。

表 3－3　中国省域农业发展的生态友好度评价（2016 年）

东部	生态友好度	中部	生态友好度	西部	生态友好度
山东	87.41	河南	70.24	新疆	59.60
江苏	83.55	安徽	64.94	四川	58.68
福建	71.15	湖北	64.66	重庆	55.93
天津	67.17	黑龙江	63.52	内蒙古	54.45

续表

东部	生态友好度	中部	生态友好度	西部	生态友好度
河北	66.97	湖南	63.08	陕西	53.33
辽宁	64.92	吉林	60.06	广西	53.07
上海	64.48	江西	57.10	云南	51.44
北京	62.69	山西	54.84	甘肃	48.58
浙江	61.01			贵州	48.20
广东	54.76			宁夏	47.86
海南	51.24			青海	47.58
				西藏	47.41
均值	66.85	均值	62.30	均值	52.18
标准差	10.82	标准差	4.86	标准差	4.37

二　中国乡村旅游发展水平测评

（一）乡村旅游发展水平评价指标选取依据

从产业角度来看，作为一个关联性强和包容面广的国民经济子系统，乡村旅游的运行不仅具有促进经济增长和社会发展的基本功能，还具有自然保护、文化传承和政治稳定的辅助功能。因此，本书将乡村旅游视为自然生态、经济生态、社会生态、文化生态、政治生态的统一。

1. 自然生态维度

乡村旅游发展能够提升自然生态环境质量，增强乡村旅游经营者、居民和游客的生态环境保护意识，从而对自然生态环境产生正向外部性，因此具有自然生态保护功能。独特的自然生态环境资源是乡村旅游发展的重要基础和必备条件，乡村旅游发展更多依赖天然的乡村生态环境而非改造的乡村生态环境，因此发展乡村旅游就有利于乡村原生自然生态环境的保护作用。鉴于自然生态环境是乡村旅游客源市场的重要吸引物，乡村旅游经营者出于经济效益考虑，会加强对乡村旅游资源的保护。乡村旅游发展带来的经济效益和社会效益激励目的地政府和社会居民为实现当地经济发展和农民就业增收，高度重视乡村旅游资源和自然生态环境的保护。优美的乡村旅游体验环境自然会激发游客的生态保护意识，在旅游过程中自发爱护乡村旅游目的地的旅游资源与自然生态环境。

2. 经济生态维度

随着国民经济发展水平的提高和人民生活条件的改善，居民对旅游消费尤其是乡村旅游消费的需求日益强劲，推动了乡村旅游发展，其产业结构调整作用和经济增长效益日渐突出。尤其是对于贫困地区，自然生态环境优越而经济发展滞后，发展乡村旅游不仅满足了当前日益高涨的旅游消费需求，而且给贫困地区带来经济发展契机，有助于乡村旅游目的地产业结构不断优化，国民经济逐步增长，居民有效就业，收入水平不断提高，从而推动了区域差异不断缩小。

3. 社会生态维度

乡村旅游的服务业属性要求从业者具有一定素质和接待技能，因此经营者就会对从业者进行一定素质和技能培训，提高乡村旅游目的地居民的自身素质。另外，乡村旅游属于劳动密集型产业，接待服务环节岗位技能门槛较低，可以有效吸纳较多剩余劳动力就业，尤其是对于贫困人口再就业而言具有重要作用。日渐繁荣的乡村旅游市场，吸引了农民工返乡创业，也促使城市创客下乡创业，进一步强化了乡村旅游发展的社会发展效益。

4. 政治生态维度

推动社区参与乡村旅游，激发村民参与乡村旅游的积极性，提高其参与程度和优化其参与效果，是实现乡村旅游提档升级的现实需求。乡村旅游目的地居民发挥主观能动性，自觉自愿参与乡村旅游开发和经营管理，为社区共同利益出谋划策，不仅分享乡村旅游发展成果，也有意识承担乡村旅游发展责任，这样会有效推动社区治理，尤其是社区善治的开展。

5. 文化生态维度

自然生态资源是乡村旅游的基础，乡土文化资源是乡村旅游的核心。乡村旅游开发与经营中，乡土文化的保护与传承相辅相成，文化资源活化利用以实现保护和传承，进而促使乡村文化振兴。依托乡土文化而取得成功的乡村旅游目的地为实现可持续发展，自然会更加珍视所拥有的文化旅游资源。

（二）乡村旅游发展水平评价指标体系构建

1. 指标体系构建

乡村旅游产业具有系统性和综合性，从系统视角测评乡村旅游发展水平，已经形成学术共识。同时，由于乡村旅游内涵丰富、外延广阔，测评我国乡村旅游发展水平，也只能考虑相对核心的方面。根据研究的理论框架、乡村旅游影响的效应框架，从自然生态、经济生态、社会生态、政治生态、文化生态维度测评我国乡村旅游发展水平。沿用“目标层—系统层—指标层—基础指标”的指标体系，目标层指中国乡村旅游的发展水平；系统层包括自然生态、经济生态、社会生态、政治生态、文化生态五个维度，对应着乡村旅游发展的维度效应；指标层设 11 个方面，每 1 个系统层根据研究目的、数据可获取性，设立 2～3 个指标层；选取 35 个基础指标构建基础指标体系。指标值的计量单位根据基础指标的特性而定，指标属性根据基础指标属性设立“正”或“逆”（如表 3－4 所示）。

表 3－4　中国乡村旅游发展水平评价指标体系

系统层	指标层	基础指标	计量单位	指标属性
自然生态	生态基础	自然保护区面积	千公顷	正
		自然保护区面积占比	%	正
		单位区域二氧化碳排放量	万吨/万平方公里	逆
		单位区域烟（粉）尘排放量	万吨/万平方公里	逆
		单位区域废水排放量	万吨/万平方公里	逆
		生活垃圾无害化处理率	%	正
	生态开发	湿地旅游示范区数	个	正
		生态旅游示范区数	个	正

续表

系统层	指标层	基础指标	计量单位	指标属性
经济生态	要素投入	乡村旅游企业数	万个	正
		乡村旅游从业人员数	万人	正
	经济产出	乡村旅游收入	亿元	正
		乡村旅游经济贡献率	%	正
	生产效率	乡村旅游综合产出率	万元/个	正
		乡村旅游劳动生产率	万元/人	正
社会生态	社会发展	旅游扶贫示范村数	个	正
		乡村旅游创客示范基地数	个	正
		中国乡村旅游模范村数	个	正
		国家全域旅游示范区数	个	正
	旅游服务	中国优秀国际乡村旅游目的地数	个	正
		全国最佳乡村旅游目的地数	个	正
		中国乡村旅游金牌农家乐数	个	正
政治生态	组织化	乡村旅游星级示范企业数	个	正
	示范带动	中国乡村旅游致富带头人	个	正
		中国乡村旅游模范户	个	正
		全国“一村一品”示范村数	个	正
		全国休闲农业与乡村旅游示范点数	个	正
		中国农村人居环境示范村数	个	正
		中国最美休闲乡村数	个	正
文化生态	文化保护	中国传统村落数	个	正
		中国美丽田园数	个	正
		中国历史文化名村数	个	正
		中国历史文化名镇数	个	正
	文化传承	中医药健康旅游示范区数	个	正
		中国特色旅游小镇数	个	正
		研学基地数	个	正

2. 基础指标说明

（1）“自然生态”系统层。在“自然生态”系统层，选取“生态基础”“生态开发”两个方面来构建基础指标。第一，生态基础。乡村旅游发展有赖于生态环境，后者水平的高低决定着乡村旅游发展质量的优劣。基于此，选择生活垃圾无害化处理率、自然保护区面积、自然保护区面积占比作为生态基础的正向基础指标；选择单位区域二氧化碳排放量、单位区域烟（粉）尘排放量、单位区域废水排放量作为生态基础的逆向基础指标。第二，生态开发。选择湿地旅游示范区数、生态旅游示范区数作为生态开发的基础指标。

（2）“经济生态”系统层。乡村旅游是产业经济形态，选取“要素投入”“经济产出”“生产效率”三个方面构建基础指标。第一，要素投入。根据可投入的生产要素，选择乡村旅游企业数、乡村旅游从业人员数作为基础指标。第二，经济产出。为了减少非统一性统计口径导致的测量偏差，从“收入角度”出发，选取乡村旅游收入、乡村旅游经济贡献率作为基础指标；根据数据的可获得性，用乡村旅游收入占比表示乡村旅游经济贡献率。第三，生产效率。选取乡村旅游综合产出率、乡村旅游劳动生产率两个基础指标，由企业平均收入水平表示综合产出率，用从业者平均收入测评劳动生产率。

（3）“社会生态”系统层。乡村旅游对社会生态的影响重点体现于“社会发展”和“旅游服务”。第一，社会发展。囿于数据的可得性，选取旅游扶贫示范村数、乡村旅游创客示范基地数、中国乡村旅游模范村数、国家全域旅游示范区数四个基础指标，希望从扶贫、创业、旅游业综合效应三个可测量方面，分析社会发展分项水平。第二，旅游服务。考虑旅游服务衡量标准，选择中国优秀国际乡村旅游目的地数、中国乡村旅游金牌农家乐数、全国最佳乡村旅游目的地数作为基础指标。

（4）“政治生态”系统层。经济发展的组织化程度、经济主体的示范性作业情况，是衡量政治生态发展水平的重要指标，选取“组织化”“示范带动”测评乡村旅游在社会生态维度的发展水平。第一，组织化。根据文化和旅游部、农业农村部各类评价体系，可获取乡村旅游星级示范企业数作为乡村旅游发展组织化水平的基础指标。第二，示范带动。根据文化和旅游部、农业农村部对“示范带动”的界定，选择中国乡村旅游致富带头人、中国乡村旅游模范户、全国“一村一品”示范村数、全国休闲农业与乡村旅游示范点数、中国农村人居环境示范村数、中国最美休闲乡村数作为基础指标。

（5）“文化生态”系统层。乡村旅游发展对文化生态的影响主要体现在“文化保护”和“文化传承”等方面，它们也是实现文化包容性发展的重要目标。第一，文化保护。基于文化和旅游部、农业农村部认可的乡村旅游文化保护载体，选择中国传统村落数、中国美丽田园数、中国历史文化名村数、中国历史文化名镇数，作为基础指标。第二，文化传承。根据文化传承的途径，选择中医药健康旅游示范区数、中国特色旅游小镇数、研学基地数作为基础指标。

（三）数据来源与指标数据处理

进行乡村旅游发展水平评价所利用的数据为我国省级层面数据。由于关于乡村旅游的统计工作相对滞后，因此所采用的数据不仅有国家统计部门官方数据，也有根据相关行政主管部门官方网站所展示的公示公告中的数据资料整理所得数据，以及由各省份发布的乡村旅游领域相关新闻报道所提供资料整理出来的数据。

其中，自然保护区面积、自然保护区面积占比、单位区域二氧化碳排放量、单位区域烟（粉）尘排放量、单位区域废水排放量、生活垃圾无害化处理率等基础指标的原始数据均来源于国家统计局发布的《中国统计年鉴（2017）》；旅游扶贫示范村数、乡村旅游创客示范基地数、中国乡村旅游模范村数、国家全域旅游示范区数、中国优秀国际乡村旅游目的地数、全国最佳乡村旅游目的地数、中国乡村旅游金牌农家乐数、乡村旅游星级示范企业数、中国乡村旅游致富带头人、中国乡村旅游模范户、中医药健康旅游示范区数、中国特色旅游小镇数等基础指标的原始数据均来源于文化和旅游部网站；全国“一村一品”示范村数、全国休闲农业与乡村旅游示范点数、中国最美休闲乡村数、中国美丽田园数等基础指标的原始数据均来源于农业农村部网站；中国农村人居环境示范村数、中国传统村落数、中国历史文化名村数、中国历史文化名镇数等基础指标的原始数据均来源于住房和城乡建设部网站；湿地旅游示范区数与生态旅游示范区数的原始数据来源于生态环境部网站。另外，乡村旅游企业数、乡村旅游从业人员数、乡村旅游收入、乡村旅游经济贡献率、乡村旅游综合产出率、乡村旅游劳动生产率、研学基地数等基础指标的原始数据来源于新闻报道资料。

与所有利用主成分分析方法进行发展水平研究的实证研究一样，此处也通过逆指标取倒数和无量纲化，进行指标属性一致性处理和量纲量级变换处理，以保证数据的良好属性。

（四）省域乡村旅游发展水平系统层评价

利用 SPSS 19.0 统计分析软件，从五个系统层对中国省域乡村旅游发展水平进行主成分分析。根据主成分分析特征值大于 1 和累计方差贡献率大于 80% 的原则，自然生态、经济生态和政治生态三个系统层分别选取 3 个主成分，社会生态和文化生态两个系统层分别选取 4 个主成分。通过累计方差贡献率做归一化处理获取指标权重，以各主成分数值作为评分数值，通过加权平均获得省域乡村旅游各系统层的发展水平评分值。为了比较和分析的便利，在此采用百分制表述系统层评价分值[①]，系统层评价得分具体如表 3 – 5 所示。

表 3 – 5　中国省域乡村旅游发展水平系统层评价（2016 年）

地区	省域	自然生态	经济生态	社会生态	政治生态	文化生态
东部地区	北京	59.62	60.56	48.04	50.23	53.56
	天津	58.29	51.54	39.14	44.45	43.11
	河北	55.14	62.38	61.06	64.58	65.68

① 张欢，等．中国省域生态文明建设差异分析［J］．中国人口·资源与环境，2014，24（6）：22 – 29.

续表

地区	省域	自然生态	经济生态	社会生态	政治生态	文化生态
东部地区	山东	56.38	55.20	59.91	61.75	67.15
	辽宁	61.90	50.76	50.13	50.99	49.84
	上海	60.99	66.58	61.74	65.32	46.10
	江苏	59.81	56.18	50.51	56.16	52.74
	浙江	64.28	55.29	55.25	50.72	46.58
	福建	59.23	52.54	38.79	47.05	53.77
	广东	57.61	54.53	75.57	75.34	76.19
	海南	57.29	60.31	78.79	74.16	81.77
中部地区	吉林	55.02	60.71	65.71	65.15	68.77
	黑龙江	55.59	51.69	67.14	69.55	68.58
	山西	59.19	78.75	65.51	67.59	67.76
	安徽	57.65	89.22	75.17	80.50	66.74
	江西	55.39	59.09	67.69	69.19	77.37
	河南	56.39	54.92	65.63	64.94	65.32
	湖北	55.89	67.59	66.96	59.79	58.24
	湖南	56.46	63.42	59.82	55.33	63.57
西部地区	内蒙古	56.04	60.85	65.29	65.41	65.12
	广西	63.63	62.68	54.54	40.50	44.04
	重庆	57.30	61.64	53.27	55.29	64.01
	四川	62.46	78.80	77.48	71.63	72.73
	贵州	56.54	51.72	70.78	57.10	75.39
	云南	57.31	71.61	63.21	60.45	66.95
	西藏	95.02	57.27	44.59	41.72	41.78
	陕西	55.99	57.96	57.99	62.15	61.90
	甘肃	64.67	53.69	54.29	63.54	50.48
	青海	68.04	51.19	44.09	46.86	44.76
	宁夏	57.73	49.22	50.84	43.88	45.49
	新疆	63.05	52.12	71.07	78.64	54.53
均值		60.00	60.00	60.00	60.00	60.03
标准差		7.29	9.31	10.94	10.97	11.53

根据表3－5，中国各省份乡村旅游发展在不同维度的表现存在显著差异。比如，安徽乡村旅游在除自然生态维度的其他四个维度表现优异，而黑龙江除了在自然生态维度的表现优良外，在其他四个维度的评价分值均较低；山东乡村旅游在各个维度的评价均较高，而西藏乡村旅游在多个维度的表现较差。根据标准差，中国省域乡村旅游发展水平在文化生态维度的差异最大，社会生态维度和政治生态维度的差异次之，在自然生态维度差异最小。

（五）省域乡村旅游发展水平综合评价分析

将系统层得分作为指标数据，通过主成分分析法对2016年中国省域乡村旅游发展水平进行综合评价，具体结果如表3－6所示。

表3－6　中国省域乡村旅游发展水平综合评价（2016年）

东部	发展水平	中部	发展水平	西部	发展水平
山东	76.96	河南	69.77	四川	73.60
浙江	74.85	江西	68.97	云南	65.49
江苏	71.79	安徽	66.46	贵州	65.33
福建	66.17	湖北	64.13	广西	65.28
河北	64.58	湖南	63.82	新疆	64.27
广东	61.16	山西	62.27	陕西	61.17
辽宁	59.37	吉林	54.03	重庆	58.95
北京	52.86	黑龙江	51.04	甘肃	54.69
海南	49.06			内蒙古	50.34
上海	48.25			宁夏	48.42
天津	45.12			青海	44.86
				西藏	36.96
均值	60.92	均值	62.56	均值	57.44
标准差	11.09	标准差	6.74	标准差	10.57

根据表3－6，中国东部、中部、西部地区乡村旅游发展水平差异不大。东部地区乡村旅游发展水平均值为60.92，中部均值为62.56，

西部均值为57.44，三者之比为1.06∶1.09∶1。由此可见，相对于东部地区和西部地区，中部地区乡村旅游发展水平较高。但东部地区、西部地区内部各省市之间存在较为显著的差异，中部地区乡村旅游发展处于高水平的均衡状态；西部地区的乡村旅游发展水平较低，西部省域之间的水平差异较大，这说明西部地区乡村旅游发展处于一个低水平的非均衡状态。

三　中国乡村旅游与生态友好型农业协同发展水平测评

（一）测度方法与过程

1. 测度方法

目前测度系统协同性的方法较多，如数据包络、灰色关联、复合系统协调度模型、离差系数最小化模型等，各种方法的数据要求不同，操作过程差异较大，各具优缺点。本书根据乡村旅游与生态友好型农业发展水平数据特点和分析重点，选择“耦合协调度模型”来考察中国乡村旅游开发与生态友好型农业发展之间的协同程度。

耦合协调度模型基于耦合理论，旨在反映系统之间的相互协调程度，能够用来判断系统之间是不是和谐发展状态。[①] 该模型不仅可以从整体上对系统协同能力进行评价，还具有评价结果直观性和易解释性特点，因此在系统协同发展实证研究中被广泛应用。[②]

2. 测度过程

本书选取容量耦合概念、模型，测度乡村旅游、生态友好型农业两

---

① 党建华，等．吐鲁番地区人口—经济—生态耦合协调发展分析［J］．中国沙漠，2015，35（1）：260－266.

② 姜磊，等．中国省域经济、资源与环境协调分析——兼论三系统耦合公式及其扩展形式［J］．自然资源学报，2017，32（5）：788－799.

个子系统之间的耦合度，耦合度函数为[①]：

$$S_i = \left[\frac{T_{i1} \times T_{i2}}{\left(\frac{T_{i1} + T_{i2}}{2} \right)^2} \right]^{1/2} \tag{3-5}$$

式中，S 表示耦合度，i 表示不同的区域空间，T_{i1} 和 T_{i2} 分别表示 i 区域的乡村旅游系统和生态友好型农业系统的某项评价得分。

在计算系统耦合度之后，利用以下公式计算乡村旅游与生态友好型农业复合系统的综合评价得分：

$$M_i = \alpha_1 T_{i1} + \alpha_2 T_{i2} \tag{3-6}$$

其中，M 表示协同发展度，i 表示不同的区域空间，α_1 和 α_2 分别表示乡村旅游系统和生态友好型农业系统得分在综合评价得分中的权重，反映两者在综合评价中的重要程度。

本书认为，乡村旅游与生态友好型农业在两者协同发展过程中的地位和作用是相同的，因此赋值 $\alpha_1 = 1/2$ 和 $\alpha_2 = 1/2$ ，由此公式（3-6）可以转化为：

$$M_i = 1/2T_{i1} + 1/2T_{i2} = 1/2(T_{i1} + T_{i2}) \tag{3-7}$$

尽管耦合度可以测评乡村旅游、生态友好型农业两个子系统的耦合关系，但不能对系统的整体协调情况进行评价。然而，协同发展度则可以很好地对乡村旅游与生态友好型农业之间的协同发展情况进行评价。因此，构建耦合协调度模型：

$$D_i = S_i \times M_i = \left[\frac{T_{i1} \times T_{i2}}{\left(\frac{T_{i1} + T_{i2}}{2} \right)^2} \right]^{1/2} \times 1/2(T_{i1} + T_{i2}) = [T_{i1} \times T_{i2}]^{1/2} \tag{3-8}$$

① 刘法威，等．人口—土地—经济城镇化的时空耦合协调性分析——基于中国省际面板数据的实证研究［J］．城市发展研究，2014，21（8）：7－11；马丽，等．中国经济与环境污染耦合度格局及工业结构解析［J］．地理学报，2012，67（10）：1299－1307.

这一公式用来测评乡村旅游与生态友好型农业系统耦合协调度，用来衡量两者之间的协同发展水平。

大多数国家和国际组织普遍采用“协同性等级划分标准”把协同性分为7个等级。[①] 本书采取百分制，测度乡村旅游与生态友好型农业的协同发展水平，把协同性等级划分标准进行同比例放大，采取百分制来进行判断，具体如表3－7所示。

表3－7　乡村旅游与生态友好型农业协同性等级划分标准

序号	等级	协同性指数空间
1	严重不协同	$0<D<40$
2	中度不协同	$40\leqslant D<50$
3	轻度不协同	$50\leqslant D<60$
4	弱协同	$60\leqslant D<70$
5	基本协同	$70\leqslant D<80$
6	比较协同	$80\leqslant D<90$
7	非常协同	$90\leqslant D<100$

（二）省域乡村旅游与生态友好型农业协同发展分维度评价分析

1. 分项评价

根据前文测度的中国省域生态友好型农业发展水平、乡村旅游发展水平相关数据，运用协同测度研究方法，从自然生态维度、经济生态维度、社会生态维度、政治生态维度、文化生态维度，对中国省域乡村旅游和生态友好型农业协同发展水平进行测度（具体结果见表3－8）。

① 孙金秀．我国现代流通业与先进制造业协同性测度与评价研究［J］．商业经济与管理，2016（6）：15－24.

表 3-8 中国省域乡村旅游与生态友好型农业协同发展水平分项评价

地区	省域	自然生态维度	经济生态维度	社会生态维度	政治生态维度	文化生态维度
东部地区	北京	73.05	52.00	51.49	59.11	55.59
	天津	65.28	59.77	52.20	53.27	47.68
	河北	59.30	69.30	63.16	62.60	63.42
	山东	64.23	68.41	70.76	70.93	74.35
	辽宁	62.12	58.25	54.34	55.66	59.99
	上海	72.77	58.83	61.48	66.10	50.43
	江苏	68.30	66.86	66.44	63.92	61.40
	浙江	61.42	62.90	58.73	61.52	60.10
	福建	58.93	57.35	45.47	53.24	62.32
	广东	59.22	55.92	63.41	64.12	66.05
	海南	59.15	61.85	62.35	57.68	64.85
中部地区	吉林	56.65	63.15	64.59	61.18	62.31
	黑龙江	57.48	61.13	72.22	54.54	62.51
	山西	57.50	62.88	60.90	66.68	61.18
	安徽	62.60	74.87	72.08	67.68	64.09
	江西	56.75	56.81	62.36	62.73	70.51
	河南	62.07	64.57	66.15	65.53	64.47
	湖北	58.13	66.84	66.85	61.65	60.31
	湖南	57.82	62.11	59.80	63.89	62.57
西部地区	内蒙古	52.66	60.55	62.00	60.77	60.15
	广西	59.58	59.94	53.53	43.94	51.73
	重庆	57.11	55.95	55.46	60.29	59.70
	四川	57.81	66.09	67.46	69.11	67.61
	贵州	55.40	47.64	60.41	53.36	65.47
	云南	55.88	62.25	58.44	52.40	63.81
	西藏	69.38	55.04	46.12	50.68	42.17
	陕西	55.92	54.79	55.09	63.06	58.21
	甘肃	59.16	50.88	54.39	55.63	51.56
	青海	59.13	48.51	45.58	54.55	47.52

续表

地区	省域	自然生态维度	经济生态维度	社会生态维度	政治生态维度	文化生态维度
西部地区	宁夏	54.31	52.37	53.75	44.63	45.09
	新疆	57.69	57.99	62.35	68.50	61.07
均值		60.22	59.86	59.66	59.64	59.62
标准差		5.03	6.25	7.29	6.83	7.42

根据表3－8，各省域协同发展水平在五个维度的数据呈现明显差异。例如，北京乡村旅游与生态友好型农业协同发展在经济生态维度表现不佳，在自然生态维度却表现良好；新疆乡村旅游与生态友好型农业协同发展，在经济、社会、政治四个维度表现一般，而在文化生态维度却表现良好。通过标准差分析，中国省域乡村旅游与生态友好型农业协同发展水平，在社会生态维度、文化生态维度差异较大，在经济生态维度、政治生态维度的差异次之，在自然生态维度差异较小。

2. 归类评价

按照中国省域乡村旅游与生态友好型农业协同发展分维度的评价结果进行归类分析。如表3－9所示，大多数省份各维度协同发展水平处于弱协同和轻度不协同状态，比较和基本协同的省域较少，仅江苏在社会生态维度表现为比较协同。

表3－9　中国省域乡村旅游与生态友好型农业协同发展水平归类分析

维度	基本协同	弱协同	轻度不协同	中度不协同
自然生态	北京、上海	西藏、江苏、天津、山东、安徽、辽宁、河南、浙江	广西、河北、广东、甘肃、海南、青海、福建、湖北、湖南、四川、新疆、山西、黑龙江、重庆、江西、吉林、陕西、云南、贵州、宁夏、内蒙古	-

续表

维度	基本协同	弱协同	轻度不协同	中度不协同
经济生态	安徽	河北、山东、江苏、湖北、四川、河南、吉林、浙江、山西、湖南、海南、黑龙江、内蒙古、云南	广西、天津、上海、辽宁、新疆、福建、江西、重庆、广东、西藏、陕西、宁夏、北京、甘肃	青海、贵州
社会生态	黑龙江、安徽、山东	四川、湖北、江苏、河南、吉林、广东、河北、江西、海南、新疆、内蒙古、上海、山西、贵州	湖南、辽宁、浙江、云南、重庆、陕西、甘肃、宁夏、广西、天津、北京	西藏、青海、福建
政治生态	山东	四川、新疆、安徽、山西、上海、河南、广东、江苏、湖南、陕西、江西、河北、湖北、浙江、吉林、内蒙古、重庆	北京、海南、辽宁、甘肃、青海、黑龙江、贵州、天津、福建、云南、西藏	宁夏、广西
文化生态	山东、江西	四川、广东、贵州、海南、河南、安徽、云南、河北、湖南、黑龙江、福建、吉林、江苏、山西、新疆、湖北、内蒙古、浙江	辽宁、重庆、陕西、北京、广西、甘肃、上海	天津、青海、宁夏、西藏

（三）省域乡村旅游与生态友好型农业协同发展综合评价分析

1. 协同发展水平综合分析

如表 3－10 所示，我国东部、中部、西部三个地区乡村旅游与生态友好型农业协同发展水平的综合评价平均得分依次下降，分别是东部 63.63、中部 62.33、西部 54.60；三者平均得分之比为 1.17∶1.14∶1。

表 3－10　中国省域乡村旅游与生态友好型农业协同发展水平

东部	耦合协调度	中部	耦合协调度	西部	耦合协调度
山东	82.02	河南	70.00	四川	65.72
江苏	77.45	安徽	65.70	新疆	61.89
福建	68.61	湖北	64.39	广西	58.86

续表

东部	耦合协调度	中部	耦合协调度	西部	耦合协调度
浙江	67.58	湖南	63.45	云南	58.04
河北	65.76	江西	62.75	重庆	57.42
辽宁	62.08	山西	58.44	陕西	57.12
广东	57.87	吉林	56.97	贵州	56.12
北京	57.57	黑龙江	56.94	内蒙古	52.35
上海	55.78			甘肃	51.54
天津	55.05			宁夏	48.14
海南	50.14			青海	46.20
				西藏	41.86
均值	63.63	均值	62.33	均值	54.60
标准差	9.82	标准差	4.61	标准差	6.82

2. 协同发展水平归类分析

依托中国省域乡村旅游与生态友好型农业协同发展水平综合评价进行归类分析，具体结果如表 3 – 11 所示。我国大多数省域乡村旅游与生态友好型农业协同发展的水平处于弱协同和轻度不协同状态，比较协同、中度不协同和基本协同的省域较少，说明中国省域乡村旅游与生态友好型农业协同发展的水平亟待提高。

表 3 – 11　中国省域乡村旅游与生态友好型农业协同发展水平归类分析

协同发展水平	省域
比较协同	山东
基本协同	江苏、河南
弱协同	福建、浙江、河北、四川、安徽、湖北、湖南、江西、辽宁、新疆
轻度不协同	广西、山西、云南、广东、北京、重庆、陕西、吉林、黑龙江、贵州、上海、天津、内蒙古、甘肃、海南
中度不协同	宁夏、青海、西藏

第四章　中国乡村旅游与生态友好型农业协同发展的多维分析

一　政治维度的协同发展

20 世纪 80 年代以来，中国乡村旅游与生态友好型农业的协同发展取得明显成效。然而，正如前文各省份协同发展水平测度结果显示，我国乡村旅游与生态友好型农业在政治维度的协同发展水平，基本处于轻度不协同、弱协同状态。数据显示，31 个被测度省域中，11 个省域属于轻度不协同，17 个省域处于弱协同状态，乡村旅游与生态友好型农业的协同发展水平还有较大提升空间。以立法为规范、以政策为指引，我国各地区依托乡村旅游、生态友好型农业产业现状，探索凝聚地域经验和资源特色的协同发展路径。以协同发展路径的实践过程载体，理清乡村旅游、生态友好型农业两个独立子系统，探索政治维度协同发展的机理、模式、困境，应当成为乡村旅游与生态友好型农业在政治维度，实现协同发展的研究焦点。

（一）政治维度协同发展的机理

在政治维度，乡村旅游与生态友好型农业的协同发展机理由四个主体、四种活动、三类关系和核心理念构建。

1. 四个主体

（1）政府。在中国，乡镇政府是最基层的人民政府，因此本书研究的政府指乡村旅游目的地的乡镇政府。

（2）企业。即指乡村旅游与生态友好型农业的协同发展主体，需要同时承担生态友好型农业、乡村旅游的生产经营活动。

（3）居民。即参与生态友好型农业生产经营、乡村旅游业服务接待的旅游目的地居民。

（4）社会组织。指社会成员在自由、平等的基础上依法成立，以非营利为目的，对公共事务实行自我管理的、非强制性的组织形态，从性质上可以分为经济组织、政治组织、文化组织、综合组织等。[①]

2. *四种活动*

（1）行政管理。指国家行政机关运用国家权力，管理国家事务、社会事务、机关内部事务的活动。具体在乡村旅游与生态友好型农业的协同发展中，行政管理指代乡村旅游目的地的乡镇政府（包括职能部门）围绕协同发展进行的行政管理活动。

（2）生产经营。指企业围绕产品的投入、销售、产出、分配，和再生产、扩大再生产所进行的有组织各类活动的总称。[②] 具体在协同发展中，指乡村旅游与生态友好型农业的协同发展主体，围绕协同产业生产、产品开发、市场销售等生产与扩大再生产，所进行的市场活动。

（3）服务接待。服务是社会成员相互提供的满足他人需要的活动，接待是社会成员提供的迎送、招待、接谈、联系、咨询等活动。在本书研究中，服务接待主要指乡村旅游与生态友好型农业的协同发展主体，围绕乡村旅游、生态友好型农业的生产经营而进行的有偿活动。

（4）社区治理。社区治理是多方行为主体依据正式法律法规或公众愿意接纳和认同的非正式的规范，依托治理主体的多方化和治理方式

---

① 文军．中国社会组织发展的角色困境及其出路［J］．江苏行政学院学报，2012（1）：57－61＋67；李培林，等．当代西方社会的非营利组织——美国、加拿大非营利组织考察报告［J］．河北学刊，2006（2）：71－80.

② 周蔚．试论生产经营与资本经营的关系［J］．中国高新技术企业，2008（23）：25＋27.

的多样性，共同管理社区公共事务、参与社区发展的过程。[①] 在研究中，社区治理是乡村旅游目的地的乡镇政府、居民、企业、社会组织等主体，依据国家法律法规共同制定规范，管理乡村旅游社区生活、推动协同发展的过程。

3. 三类关系

(1) 行政管理关系。行政管理关系是行政主体在行使行政职能过程中，与管理对象发生的各种关系，以及行政主体内部发生的各种关系。乡村旅游发展中，这一关系发生在乡村旅游目的地的乡镇政府、居民、企业等主体之间；发生在地方政府围绕乡村旅游与生态友好型农业协同发展，行使公共管理职能、进行公共管理活动的过程。

(2) 市场主体关系。指市场经营主体在经营活动中所建立的商品交易关系；研究中，具体包括政府、企业、居民之间或者内部，围绕乡村旅游与生态友好型农业的协同发展，展开市场合作、市场竞争等关系。

(3) 合作治理关系。社区治理有三个核心要件，即治理主体多元、内容是社区公共事务、方式为民主协商；研究中，具体指政府、企业、居民、社会组织之间形成合作治理关系，强调主体之间的治理关系是平等、合作方式是协商。

4. 核心理念

在政治维度，我国乡村旅游与生态友好型农业协同发展机理的核心理念为善治，即通过旅游目的地的乡镇政府、居民、企业的合作管理，实现协同发展中公共利益的最大化。[②] 在研究中，乡村旅游与生态友好型农业协同发展的善治，体现于制度规范、生产经营、环境保护、提升品质等环节，要求实现治理的合法性、责任性、有效性。合法性强调协

① 郭凌，等．社会资本与民族旅游社区治理——基于对泸沽湖旅游社区的实证研究［J］．四川师范大学学报（社会科学版），2015，42（1）：62－69.

② 俞可平．治理理论与中国行政改革（笔谈）——作为一种新政治分析框架的治理和善治理论［J］．新视野，2001（5）：35－39.

同发展的法律法规、治理规范制定和颁布的程序合法，依托规范制度所建立的生产经营、环境保护、开发管理等社会秩序、治理权威，应当获得乡镇政府、居民、企业、社会组织等多方主体的认可服从。责任性要求协同发展主体对行为负责，包括承担法律法规、治理规范赋予的行为义务，企业、个人应当承担的社会责任，乡镇政府要对企业、居民等主体的要求给予及时回应、不得拖延。有效性强调管理的效率，最大限度地降低治理成本，就需要政府、居民、企业等主体在协商治理规范中，嵌入旅游目的地的社会情境，把文化传统、社会网络、具体场景、已有制度等因素纳入制定与实施规范的系统中综合考虑。

（二）政治维度协同发展的模式

从产业属性而言，生态友好型农业是第一产业，即上游产业；乡村旅游是第三产业，即下游产业。乡村旅游与生态友好型农业的协同发展，最终都会呈现于乡村旅游的经营管理、服务接待活动。基于乡村旅游产业视角，乡村旅游与生态友好型农业在政治维度的协同发展，呈现以下模式。

1. 政府主导型

在现阶段中国，政府主导型模式是最常见的协同发展模式之一。

（1）基本内涵。政府主导协同发展中协同治理规范的制定与实施，主导协同治理的全过程，协调多方主体在参加协同发展过程中形成的相互关系，构建保障主体参与协同发展的机制。

（2）产生缘由。一方面在于投资短缺、生产经营技术落后、管理能力较弱，导致居民参加协同治理能力欠缺。另一方面在于未能建立健全的协同治理组织结构、培育出有力量的社会组织，导致治理的成效不佳。

（3）优越性。政府强大的动员力量，有助于通过政策法规的制定，刺激协同发展主体参与协同治理的积极性；在法律法规、国家政策的框架下，最大限度地保证治理规则和过程的合法性。

(4) 存在的不足。行政干预治理的行为有自主扩张性，容易引发治理方式单一和治理关系多维的矛盾。[①] 治理主体力量的不均衡[②]，导致政府、企业、居民等主体在协同治理中形成不平衡的权力格局，协同发展更容易向着更加有利于政府的方向制定[③]。

2. 居民主导型

针对政府主导型模式呈现的不足，居民主导型模式逐渐被纳入乡村旅游与生态友好型农业协同发展的理论探讨与实践探索。

(1) 基本内涵。在乡村旅游与生态友好型农业的协同发展中，居民是乡村治理的核心主体，他们参与到项目决策、运行管理、利益分配等协同发展的全过程。

(2) 产生缘由。对政府主导型模式所呈现的不足进行反思的结果，也是伴随国家治理推进，基层治理环境得到改善、居民参与治理的意识增强的结果。

(3) 优越性。有助于嵌入地方社会场景，从既有的社会结构、文化系统等地方资源中汲取治理力量；充分调动乡村精英等微观主体参与治理的积极性；更大程度地尊重居民的话语权，有助于保障居民在协同治理中的权利。

(4) 存在的不足。乡村居民是微观主体，普遍存在生产经营能力、服务接待能力弱，生产要素资源规模小、市场化程度低等问题，可能导致乡村旅游与生态友好型农业协同发展中的产业发展迟缓、治理效率不高等不良后果。[④]

3. 企业主导型

伴随时间的推移，居民主导型模式的软肋逐渐显露，加上市场经济

---

① 胡尹慧. 多元治理机制维度下行政不作为规制的逻辑与路径 [J]. 河北法学，2017 (6)：165-171.

② 李进兵，何敏. 民族旅游可持续发展中的社区居民参与能力提高研究——正河村羌族旅游为例的分析 [C]. 2013 中国旅游科学年会论文集，2013：113-118.

③ 左冰. 共容利益：社区参与旅游发展之利益协调 [J]. 旅游科学，2013 (1)：1-14.

④ 吴亚平，陈志永. 基于核心力量导向差异的乡村旅游制度比较研究 [J]. 热带地理，2012 (5)：537-545.

快速发展，推动企业主导型模式的诞生。

（1）具体内涵。指由企业这一市场主体，作为主导力量，带动政府、居民、其他企业等利益相关者推动乡村旅游业与生态友好型农业的市场化、产业化协同治理过程。①

（2）产生缘由。居民主导型模式所呈现的不足之处，促使在模式构建过程中，引入市场化、专业化要素；企业作为经济主体，受到协同发展效益的直接刺激，也更加愿意主导多方主体的协同治理。

（3）优越性。有利于缓解居民能力不足的问题，弥补居民主导型模式导致的市场失灵，增强居民市场竞争力，同时也有助于更大程度地发挥企业的社会责任效应。

（4）存在的不足。乡村治理并不简单等同于旅游经济发展，以营利为目的的经营主体能否真正成为乡村治理的主导力量、实现乡村的善治，在目前学术研究中仍未得到确定。

（三）政治维度协同发展的困境

在乡村旅游与生态友好型农业协同发展的过程中，治理过程与成效受国家政策环境、主体治理能力、社会经济水平、治理目标差异等因素的影响。这让政治维度的协同发展，成为一项复杂而系统的工程，面临的困境不断凸显，主要有三个方面。

1. 协同发展主体多元演变，治理机制有待完善

在中国，传统的乡村治理主体包括政府、村民等。② 伴随乡村旅游与生态友好型农业的协同发展，以企业为代表的市场经营主体、以新型农业经营主体为代表的农村市场主体不断成长，从而推动乡村治理进入多元共治阶段。然而，受自上而下行政体制的影响，加之协同发展导致

① 陈爱宣．古村落旅游公司利益相关者共同治理模式研究［D］．厦门大学，2008：7－9.

② 张会萍，等．乡村振兴视阈下乡村治理的困境与出路［J］．农业经济，2019（3）：9－11.

治理主体多元、治理环境复杂，村民参与协同治理的主体地位得不到保障，影响了协同治理开展。此外，村民委员会应当是村民自治组织，但囿于体制问题，受到村财乡审、村账乡管等体制制约。尤其是偏远地区乡镇干部、村民委员，整体素质和能力问题带来工作人员的局限性，容易引发协同治理中行政管理和居民自治的博弈。这也会相应地阻碍在协同发展过程中，多主体共治的乡村治理格局的产生。

2. 协同治理关系多维，协同治理利益抵牾

中国传统乡村治理以熟人关系为特征，以乡村伦理为行动准则，居民治理行动受公共利益的约束。① 乡村旅游与生态友好型农业协同发展，也引发着政治生活变化。居民在市场经济中往往追求利益最大化，市场关系介入乡村治理，削弱熟人关系约束力，带来治理过程中居民利益与公共利益的失衡。同时，在多主体协同治理格局中，多方主体相互合作又掣肘，利益链条交织、利益结构更加复杂。而利益主体增加，会带来利益关系成倍增加。② 最终对在协同治理过程中平衡处理好“人情”和“利益”的抵牾，提出新的挑战。

3. 治理环境更加复杂，协同治理规范冲突

中国传统乡村的社会结构相对稳定，居民之间长期维系着以地缘、亲缘为基础的关系，追求伦理平衡的治理环境。乡村传统的治理规范嵌入地方社会网络，治理规范依托社会网络对行动主体发挥约束作用，保障治理有序开展和居民主体的基本价值与利益诉求。伴随乡村旅游与生态友好型农业的协同发展，政府、企业、居民作为主体介入协同治理，法律意识、程序意识等民主法治意识觉醒，带来治理环境复杂化，引发基于社会传统而催生的传统治理规则、基于民主法治而产生的现代治理规则之间的冲突。平衡传统治理规范与现代治理规则在治理目标、过程上的关系，让协同治理规则散发独具中国特色的治理智慧，成为目前顺

① 郭凌．乡村旅游发展中的乡村治理研究［J］．农村经济，2008（6）：75－77.

② 李长健，李曦．乡村多元治理的规制困境与机制化弥合——基于软法治理方式［J］．西北农林科技大学学报（社会科学版），2019，19（1）：78－84.

利开展协同治理的难点之一。

二　经济维度的协同发展

根据前文的现状测评，我国乡村旅游与生态友好型农业在经济维度的协同发展水平，分布于中度不协同、轻度不协同、弱协同、基本协同状态。在经济维度，乡村旅游与生态友好型农业的协同发展水平还有较大提升空间。以产业为依托、以市场为渠道，各地区依托乡村旅游、生态友好型农业产业资源，探索符合中国特色的协同发展路径。理清乡村旅游、生态友好型农业两个独立子系统，实现经济维度协同发展的机理、途径、困境，应当成为乡村旅游与生态友好型农业在经济维度，实现协同发展的研究热点。

（一）经济维度协同发展的机理

在经济维度，我国乡村旅游与生态友好型农业的协同发展机理，由四个主体、三类活动、三种关系和核心理念构建。经济维度的核心活动是生产经营、服务接待，体现在多方主体参与市场经营的过程。

1. 四个主体

（1）政府。即乡村旅游目的地的乡镇政府。

（2）企业。指参与乡村旅游与生态友好型农业协同发展的各类企业，包括农业企业、旅游企业，（县镇）城投企业、城建企业等。

（3）居民。即参与生态友好型农业生产经营、乡村旅游服务接待的旅游目的地居民。

（4）经济组织。包括集体经济组织、新型联合组织等。前者指村股份经济合作社、村经济合作社、乡镇集体经济经营实体（如联合社）等，后者指农民专业合作社、专业农场（庄）、其他合伙农村企业等。[①]

① 戴威．农村集体经济组织成员资格制度研究［J］．法商研究，2016，33（6）：83－94.

2. 三类活动

（1）农业生产经营活动。指城镇、农村农业生产经营单位，在农业用地和单独设施中，从事农作物种植业、渔业、畜牧业、林业，和提供农林牧渔服务的活动。研究中，农业生产经营主体，主要指参与生态友好型农业生产经营的企业、居民、经济组织等。

（2）旅游开发活动。包括旅游资源开发、旅游经营管理等内容。具体主体涵盖依托生态友好型农业资源、乡村社会文化环境，为游客提供旅游服务接待、景区管理等服务的企业、居民、经济组织等。

（3）政府市场营销活动。包括以公共利益为目标，通过各种营销方式对旅游产品进行的形象推广、产品销售等活动内容。主要指以乡镇为主体的政府开展的，乡村旅游与生态友好型农业协同发展的市场营销活动。

3. 三种关系

（1）企业经营管理关系。包括企业主体围绕企业内部管理、乡村旅游与生态友好型农业的市场经营，而产生的各种关系。

（2）经济组织经营管理关系。包括经济组织围绕成员管理、生产组织、市场经营，而产生的各种关系。

（3）政府公共管理关系。即在公共利益导向下，政府在行使公共权力、社会管理经济活动过程中，与企业、经济组织、居民等主体之间产生的各种关系。

4. 核心理念

（1）机会均等。首先，政府、企业、居民、经济组织等合法主体，都有均等的机会参与到乡村旅游与生态友好型农业的协同发展过程。其次，上述主体都有通过实践乡村旅游与生态友好型农业的协同发展路径，谋求经济增长效益的均等机会。“机会均等”，相应地要求主体参与发展的机会“获得承认和保障”；需要国家制定的法律法规、出台政策文件赋权于主体；需要多方主体，共同协商制定协同规范，保障主体获取经济增长收益的可期许权利。

(2) 利益共享。即合法主体能够公平合理地分享乡村旅游与生态友好型农业协同发展，带来的经济增长效益。强调在协同发展过程中，优化协同发展收益的分配机制、保障弱势群体经济利益，实现协同发展的经济成果在协同发展主体之间的共享，尤其是惠及贫困居民。由此可见，乡村旅游与生态友好型农业协同发展，在经济维度的“机会均等、利益共享”，归结于“公平合理地参与协同发展、分享经济增长成果”。这也是政治维度协同发展的核心理念“善治”的目标要求，因此经济维度与政治维度在核心理念上，产生理论关联、紧密相连。

（二）经济维度协同发展的途径

在经济维度，乡村旅游与生态友好型农业的协同发展，需要满足“机会均等、利益共享”的价值目标，即解决协同发展中，主体如何实现公平合理地参与协同发展、分享经济增长成果的问题。因此，经济维度协同发展的模式应当围绕权利、机制、秩序等关键词展开，注重对居民等弱势群体经济利益的保障。据此，经济维度的协同发展，存在社区参与、旅游就业、利益分享三种途径。

1. 社区参与

社区参与是公众参与的一种形式，主要指社区成员参与社区公共事务、分享社区建设成果的过程和行为。①

(1) 基本内涵。社区参与包括社区建设过程中的社区居民参与，其他主体为了相同利益和共同兴趣爱好而进行的参与两种类型。在乡村旅游与生态友好型农业的协同发展中，社区参与要求在决策、开发、规划、管理、监督等协同发展过程中，社区的意见和需要得到充分表达与考虑。社区应当成为协同发展的重要开发主体和参与主体，协同发展应当是多方主体共同参与的过程与结果。

(2) 产生缘由。协同发展地的居民是既协同资源的拥有者，又是

① 杨敏．作为国家治理单元的社区——对城市社区建设运动过程中居民社区参与和社区认知的个案研究［J］．社会学研究，2007（4）：137－164.

协同活动负面影响的主要承担者。依托生态友好型农业资源、生态环境资源发展旅游，决定着居民充分参与发展并获取经济利益的必要性。然而在实践中，居民很难真正参与到协同发展各环节，参与权利往往得不到有效保障。①

（3）优越性。社区参与的优越性在于以制度方式较好地保证多方主体，尤其是居民的参与权利；较好地保证了多方主体通过参与协同发展获得的可期待利益。最终，增强多方主体参与协同发展的信心，有助于实现乡村旅游、生态友好型农业的可持续发展和乡村社区的又快又好发展。②

（4）不足之处。乡村居民存在受教育水平不高、服务接待技能缺乏等问题，导致其社区参与能力受限；由于乡村居民在资金、技术、能力上处于弱势者地位，社区参与制度，尤其是经济利益分配制度，更容易朝着不利于保护居民利益的方向制定。即使制定较为合理的社区参与制度、利益分配制度，但由于缺乏保障机制，乡村居民也很难真正参与到协同发展的各个环节，参与的权利往往得不到有效保障。

2. 旅游就业

（1）基本内涵。旅游业及其相关行业所提供的就业机会。旅游就业有三种方式，分别是提供生产性就业岗位、提供本地化就业岗位、提供反向流动性就业岗位。③

（2）产生缘由。源于乡村旅游本身的产业属性。乡村旅游业有着投资少收益快、就业岗位层次多、容量大，就业门槛低、方式灵活，并对相关行业就业推动力大等特点，被认为是解决乡村就业问题的重要途

---

① 马耕炜，张爱谷．乡村旅游与制度建构——以玉龙县美泉村旅游合作社为例［J］．广西民族大学学报（哲学社会科学版），2009（4）：46－51．

② 保继刚，孙九霞．社区参与旅游发展的中西差异［J］．地理学报，2006（4）：401－413．

③ 厉新建．中国旅游就业效应分析与制度创新［J］．北京第二外国语学院学报，2004（5）：29－35．

径之一。[①] 在协同发展中，乡村旅游还通过调整农村产业结构、延长生态友好型农业产业链，来缓解就业压力。

（3）优越性。旅游业是劳动密集型产业，就业门槛低，对从业者的知识结构、技术水平要求不高；就业方式灵活，推动乡村居民从单一的农业生产者，向提供旅游服务的兼业农民转变；旅游服务接待需要居民与游客的接触交流，有助于转变居民思维方式、提升居民基本素质，提高居民劳动技能。

（4）不足之处。第一，提供就业岗位不平衡，即协同发展中，作为下游的乡村旅游，吸纳就业的女性劳动力数量多于男性，而拉动就业的劳动力中男性数量大大多于女性。第二，从业人员文化程度不高，劳动者大多数只是从事简单的农业生产、旅游服务活动。第三，劳动报酬相对较低，由于旅游就业对从业者知识结构、技术能力要求不高，因此劳动者报酬相对较低。

3. 利益分享

（1）基本含义。乡村旅游与生态友好型农业的协同发展中，利益分享指政府、企业、居民、经济组织等多方主体，通过分享协同发展带来的经济收益，实现主体间的利益均衡。

（2）产生缘由。在协同发展中，部分乡村居民受教育水平不高，缺乏相应技术水平，只能从事简单农业生产、旅游服务接待工作。与企业等主体相比实力悬殊，居民很难充分获取协同发展产生的经济收益。同时，居民之间知识结构、技能水平的差异，也导致经济收益存在差异，让获利较少的居民形成利益分享不公、不均的判断。

（3）优越性。实现协同发展的经济收益惠及居民主体。不仅有利于改善居民生活环境，还在很大程度上起到扶贫作用，即直接获取经济收益，实现增收。同时助推乡村地区主动调整产业结构、延展农业产业链，实现地区经济增长等。

① 冯学钢，胡小纯．中国旅游就业研究：类型与层次分析［J］．经济问题探索，2007（8）：113－117.

（4）不足之处。利益分享既是一种诉求，也是一种期望的结果。然而，利益是否能够得到分享，往往在于能否建立起较为合理的利益保障机制，保护企业等利益主体的合法收益，保护居民等弱势群体的劳动所得。

（三）经济维度协同发展的困境

1. 协同发展主体绩效评价标准存在差异

我国长久采用“依绩效提拔”的干部选拔任用机制，这也是考评地方政府行为和地方治理绩效的重要机制。[①] 在政府自上而下落实政令权力、推动地方经济发展的同时，也催生了乡村旅游与生态友好型农业协同发展过程中，经济利益的速生化与政绩化。一方面，企业作为市场主体，经营价值由顾客价值、企业价值构成。顾客价值受顾客对购买的产品、服务是否觉得物有所值影响；企业价值则依靠企业经营的利润水平。[②] 另一方面，居民以协同发展的实际收入定量计算既得收益，又以旅游发展负面影响定性衡量支出成本。协同发展主体绩效评价标准差异，直接导致多方主体之间利益目标的差异，带来主体之间博弈关系错综复杂。

2. 协同发展价值目标有统一也有矛盾

我国曾多年采取粗放型的经济发展方式，“石油农业”发展给土地与环境带来极大压力；部分地区不合理的旅游规划开发、超越环境承载能力的游客接待，产生农业生产、乡村发展与乡村环境的巨大冲突。加之政府宏观调控不到位，带来生态环境资源配置的市场失灵。[③] 企业出

---

① 郁建兴，等．干部选拔任用机制在纵向地方政府间关系中的作用与限度——基于浙江省市县党政负责人的问卷调查［J］．中共浙江省委党校学报，2016，32（1）：12－21.

② 项保华，李庆华．企业经营的价值构成与战略权衡［J］．中国工业经济，2004（3）：61－66.

③ Sagebien J，Betancourt R. Non－state socially responsible enterprises：The key to inclusive economic growth in Cuba［M］// No More Free Lunch. Springer International Publishing，2014：193－222.

于经济效益需求、小农作为理性经济人、地方政府出于政绩考量，导致出现多方主体在经济、社会、生态效益等协同发展目标上的矛盾；出现自然资源、生态环境日益匮乏，而农业生产、旅游发展对人类生存资料的消耗不断增加的矛盾。

3. 居民参与能力有限与参与程度不足

在乡村旅游与生态友好型农业的协同发展中，乡村居民很难真正参与到协同发展的各个环节，这很大程度上源于居民管理能力较弱、参与技术落后、投入资金短缺等，所导致的居民参与能力不足。同时，乡村居民参与协同发展更关注结果；在不同维度，更多关注经济维度，忽略其他维度，尤其是政治维度的社区治理机制、社会维度的多方社会主体培育与对主体参与协同发展的积极意义。

三　文化维度的协同发展

我国乡村旅游与生态友好型农业在文化维度的协同发展水平，分布于中度不协同、轻度不协同、弱协同、基本协同状态。31 个被测度省域中，4 个省域属于中度不协同，7 个省域属于轻度不协同，18 个省域处于弱协同状态，2 个省域处于基本协同状态。以乡村文化为资源依托、以乡村文化的活态利用为渠道，我国各地区着力探索符合中国特色的乡村旅游与生态友好型农业协同发展路径。以协同发展为路径载体，理清乡村旅游、生态友好型农业两个独立子系统，探索文化维度协同发展的机理、途径、困境，是对“推动中华优秀传统文化创造性转化、创新性发展”历史使命的回应，也是贯彻落实习“坚持乡村全面振兴”战略的时代要求。

（一）文化维度协同发展的机理

在协同发展的文化维度，机理主要考察乡村文化产生、发展系统运行的演化机制及过程[①]，由五类主体、三类活动、三种关系和核心理念构建。

1. 五类主体

（1）政府。即乡村旅游目的地的乡镇政府。

（2）企业。在文化维度主要是农业企业、旅游企业，文化企业等。

（3）居民。即参与生态友好型农业生产经营、乡村旅游服务接待的乡村居民。

（4）游客。指到惯常居住地以外地方去旅游，连续停留时间不超过 12 个月，目的不是通过所从事的活动从访问地获取报酬的人。本书的游客指到乡村从事参观、游览、农业体验活动的城市居民。

（5）社会组织。文化维度的社会组织围绕文化保护与开发而活动；依据成立方式，有政府部门发起、民间自发成立、国际文化保护组织在华机构、学生社团四类。[②]

2. 三类活动

（1）文化的保护活动。包括乡土聚落遗产、非物质文化遗产、农业生产遗产等在内的乡村文化遗产，在世代传承中成为国人的集体记忆。因此，在乡村旅游与生态友好型农业的协同发展中，应当有对文化的保护活动。

（2）文化的开发活动。乡村文化是象征符号或人类创造的精神和物质成果，是推动乡村社会进步的重要力量。乡村旅游与生态友好型农业的协同发展，可以改变农村的生产方式。基于协同发展进行乡村文化的开发，有助于生产出新的乡村文化空间、多层次的游客消费需求。[③]

（3）文化的消费活动。文化消费是指人类为了满足精神文化生活

---

① 庞跃辉，许尚立．试论交通审美文化的生成机理与演进过程［J］．武汉理工大学学报（社会科学版），2019（2）：53－58.

② 刘爱河，燕海鸣．社会组织：文化遗产保护中不可或缺的力量［J］．中国文物科学研究，2016（3）：29－33＋43.

③ 张艳，张勇．乡村文化与乡村旅游开发［J］．经济地理，2007（3）：509－512.

需求而采取不同的方式来消费精神文化产品和精神文化服务的行为。[①] 通过乡村旅游与生态友好型农业的协同发展，乡村文化作为资源要素进入生产流通领域，被开发为满足游客消费需求的旅游产品。

3. 三种关系

（1）文化保护与开发的关系。政府、企业、社会组织、居民等主体，应衡量保护与开发的"轻"与"重"，平衡价值需求。主体之间复杂的博弈关系，是乡村文化保护与开发关系的重要内容。

（2）传统与现代的关系。乡村文化是包含传统和现代成分的"连续实体"。传统与现代在时序上的延续，意味着乡村文化通过协同发展，以某种形式延续与继承，让传统与现代在同一空间中并存互补。这也让协同发展，成为乡村传统文化的再创造和再生产过程。

（3）文化生产与消费的关系。乡村旅游与生态友好型农业的协同发展，提供了"时空的背景"，创造的"文化空间"是多方主体各种关系共存的"场所"。政府以文化搭台、为经济唱戏，企业对文化进行商品化开发，社会组织凝聚民间文保力量开展文化保护，居民依托文化资源参与协同发展，游客消费偏好对文化开发走向产生重大影响。协同发展成为乡村文化的"现实生产方式"，乡村文化转变为一种市场的"消费产品"。

4. 核心理念

在文化维度，我国乡村旅游与生态友好型农业协同发展机理的核心理念为文化的包容性发展。"包容性发展"理念强调"除了经济的发展，社会整体和个人也应当得到发展"。[②] 在协同发展中，文化包容性发展要求城市和乡村文化、现代和传统文化，实现多样并存、特色发展，文化融合、传承创新。

---

① 李光明，徐冬柠．文化消费对新市民主观幸福感的影响机理研究——基于 CGSS2015 的数据分析［J］．兰州学刊，2018（12）：158－168．

② 丁小希．胡锦涛将出席博鳌亚洲论坛 2011 年年会［N］．人民日报，2011－04－01（001）．

（1）多样并存。协同发展通过技术性活动，把农业文化遗产、乡村历史传统等文化资源创新再造，开发为满足观光、体验、休闲等需求的文化产品。乡村旅游消费者愿意购买文化产品，乡村文化与城市文化交融于乡村的地域空间，多样并存于文化产品中。

（2）特色发展。乡村文化与乡村生活密切相关而世代相传，产生于特定文化环境，有较高的历史文化价值、审美艺术价值与社会价值，呈现独特的地域风俗①，是吸引旅游者的重要因素。协同发展利用城乡文化异质性吸引游客，推动乡村特色文化的保护利用，是文化包容性发展的重要目标和价值体现。

（3）文化融合。文化融合指“不同文化在长期交流过程中，各自具有了对方的一些文化特点的现象”。② 乡村旅游与生态友好型农业的协同发展，敲开了乡村大门，现代文化形态的城市文化与传统的乡村文化，呈现相互影响、接纳和融汇的趋势③，趋向“和而不同”的世界文化共同体④。

（4）传承创新。文化传承创新是当今文旅融合、农旅融合背景下，乡村旅游与生态友好型农业协同发展面临的重要问题。⑤ 文旅融合、农旅融合催生产业新形态，承担着传承和创新文化的重要使命；发挥文化多元化功能，也是实现乡村传统文化价值、推动文化包容性发展的重要途径。

---

① 孙根紧，郭凌．文化景观、非物质文化遗产与旅游空间生产——基于都江堰放水节的景观生产路径分析［J］．贵州民族研究，2015，36（6）：157－161.

② 李龙海．民族融合、民族同化和民族文化融合概念辨正［J］．贵州民族研究，2005，25（1）：14－17.

③ 郭凌．乡村旅游发展与乡土文化自觉——旅游人类学视野中的文化结构与解构［J］．贵州民族研究，2008，28（1）：44－50.

④ 费孝通．重建社会学与人类学经过的回顾与体会［M］// 费孝通．师承·补课·治学．天津：天津人民出版社，1985：360－361.

⑤ 庄伟光．传承历史文化基因视角的特色文化旅游创新发展——以粤东西北地区为例［J］．广东社会科学，2017（4）：46－52.

（二）文化维度协同发展的途径

文化维度的协同发展，需要满足文化包容性发展的目标，实现城市和乡村文化、现代和传统文化的“多样并存、特色发展，文化融合、传承创新”，最终呈现于文旅融合所催生的文化旅游活动，有着以下几种途径。

1. 农业文化遗产观光

农业文化遗产源于联合国粮农组织于 2002 年创设的全球重要农业文化遗产（GIAHS）。

（1）基本内涵。农业文化遗产有广义和狭义之分，广义指在漫长历史发展中，人类农业生产活动创造的技术与知识集成；狭义指全球重要农业文化遗产与中国重要农业文化遗产。本书中的农业文化遗产，属狭义农业文化遗产，属于人类与环境长期协同发展中创造并传承至今的独特农业生产系统。

（2）产生缘由。全球重要农业文化遗产与中国重要农业文化遗产，是全世界的文化瑰宝。尽管有着极高的旅游资源价值，但由于具有脆弱性、不可再生性的特点，对它们的保护、开发有着较高要求。基于此，在乡村旅游与生态友好型农业的协同发展中，农业文化遗产更适合开发为以观光、科普、教育为主要形式的消费产品。

（3）优越性。截至 2021 年 1 月，我国入选“全球重要农业文化遗产”的项目有 15 项，入选“中国重要农业文化遗产”的项目有 118 项。[①] 农业文化遗产是活态遗产，不能僵化地保护，应当在发掘中保护，在利用中传承。乡村旅游与生态友好型农业的协同发展，为遗产地居民提供了可持续性生计，也创造了展示农业文化遗产地文化多样性、生物多样性的窗口。

（4）不足之处。忽略重要农业文化遗产的科教、文化功能，导致

① 中国重要农业文化遗产实录［EB/OL］. http://www.moa.gov.cn/ztzl/zywhycsl/.

对农业文化遗产资源特性、保护要求重视不够，不利于增强主体的保护意识，实现传统文化代内和代际的知识传递。此外，伴随现代旅游业的发展，单纯的文化观光活动等非体验型旅游，难以满足游客的消费需求。

2. 农业文化博物馆

（1）基本内涵。农业文化博物馆是以农业文化为主题的博物馆。其中，农业文化包括传统农业文化、现代农业文化两种类型，是农村居民、现代农业企业等农业生产主体，在长期生产、生活中，形成的独特文化内容。

（2）产生缘由。第一，对农业文化有消费需求。伴随文化产业的快速发展，国民对生态农业产品的消费需求由物质性消费扩大到非物质性的文化消费。第二，农业文化有消费功能，农业文化消费是一种健康生活方式。第三，农业文化博物馆能够满足消费需求。它具有展示农业文化及艺术品的基本功能，通过对传统农业文化的保存展览，对现代农业文化的集成、展示，成为集中展示协同发展的文化成果、实现文化维度包容性增长的重要模式。

（3）优越性。博物馆展示文化、艺术品、历史遗迹等“物”，是能直观呈现协同发展文化成果的重要文化场所。农业文化博物馆是农业文明、乡村历史文化、现代社会风貌的观赏指南，既是重要旅游市场，也是有着文化内涵、能够陶冶游客情操的旅游类型。因此，成为乡村旅游与生态友好型农业协同发展的人文景观，是协同发展中文化包容性发展的重要路径。

（4）不足之处。农业文化博物馆作为文化旅游类型，存在的不足源于它的文化属性，即大众游客多为“非专业人士”，受限于知识结构、文化水平，看不清楚、看不明白博物馆展品；博物馆能够提供的产品较为单一，多为参观游览、纪念品；文化的展示较为静态、要求游览环境安静，游客参与性活动较少、缺乏互动性，会影响参观者兴趣。

3. 现代农业文化主题公园

（1）基本内涵。文化主题公园是为满足游客文化体验消费而修建的，具有创意性游园线索和策划性活动方式的文化旅游目的地形态。[①] 现代农业文化主题公园，是以文化主题公园作为旅游目的地形态，以现代农业自然和文化资源为要素，通过较大规模投资，打造现代农业环境建设亮点，以社会、环境、经济、文化效益为目的的建设项目。现代农业文化主题公园有以下特征，分别是要素集约性、技术先导性、效益综合性、功能多元性、发展可持续性。[②]

（2）产生缘由。一是，受乡村振兴战略、《关于大力发展休闲农业的指导意见》等政策的影响与支持。二是，游客对文化旅游消费需求的日益增长。三是，生态友好型农业有着文化要素的集约性，其发展依赖于技术应用支撑，具备建设现代农业文化主题公园的资源要素基础。现代农业文化主题公园已成为生态友好型农业与乡村旅游融合发展的重要路径。

（3）优越性。现代农业文化主题公园围绕农业文化的主题，开发科普性活动、体验型文化活动等产品，有助于克服农业文化遗产观光、农业文化博物馆等产品的单一性，满足社会精神文化消费需求，符合文化包容性发展的价值理念。

（4）不足之处。现代农业文化主题公园往往占地面积大、选址有特色、投资要求高。同时，规划修建周期长、开发技术要求高。由此，开发主体大多为企业，基本限制居民、社会组织等主体的市场进入，这也对企业如何处理好与主管部门的关系、做好当地居民的沟通工作等提出了要求。

4. 旅游演艺产品

随着旅游业的快速发展，最初作为旅游目的地附属产品的旅游演

---

① 董观志．主题公园发展的战略性趋势研究［J］．人文地理，2005，20（2）：43 – 46 + 24.

② 郑业鲁，廖森泰．广东旅游观光农业的发展思路和项目规划原则探讨［J］．软科学，2002，16（5）：34 – 38.

艺，逐步演变成重要的旅游吸引物。[①] 在乡村旅游与生态友好型农业协同发展中，依托生态农业文化策划、实施、运营旅游演艺产品，已经成为推动文化产业、生态农业、旅游产业融合，实现文化包容性发展的重要路径。

（1）基本内涵。旅游演艺产品指依托当地文化资源，运用表演艺术的形式来表现目的地形象的所有文化产品。[②] 从实践来看，在乡村旅游与生态友好型农业的协同发展中，旅游演艺产品包括依托农业文化资源而开发的民族风情展示产品、农业文化演绎产品、实景演出产品。[③]

（2）产生缘由。就演出业而言，旅游演艺产品是在演出产业体制改革背景下走向旅游市场的形式；就文化产业讲，依托乡村旅游与生态友好型农业的协同发展，推动“农业文化演艺 + 旅游”，是文化演艺的重要创新模式之一。旅游演艺产品也是展示农业文化、乡村文化，把“提升文化内涵贯穿吃住行游购娱各环节和旅游业发展全过程”的重要路径。

（3）优越性。第一，通过剧场舞台，多场景、多维度融合农业文化、造型艺术、流行文化等文化元素，是具有极大发展空间的文化产业。[④] 第二，有利于居民参与，通过担任群众演员、提供服务接待，弘扬协同发展所创造的优秀文化，在获取经济利益的同时提升文化自豪感。第三，有助于丰富游客对协同发展文化成果的直观感受，满足文化层次的精神消费需要；为了强化演艺场景效果，很多活动都在晚上演出，也丰富了夜间旅游产品结构。

（4）不足之处。包括旅游演艺产品艺术生产过程简单化，对协同

---

① 刘好强．旅游演艺产品质量测量量表开发的实证研究［J］．旅游科学，2014，28（1）：22－30.

② 侯建娜，等．旅游演艺产品中地域文化元素开发的思考——以《印象·刘三姐》为例［J］．旅游论坛，2010，3（3）：284－287.

③ 杨祎，梁修存．文化旅游产品开发的路径与模式研究［J］．南京社会科学，2015（3）：147－151.

④ 李蕾蕾，等．旅游表演的文化产业生产模式：深圳华侨城主题公园个案研究［J］．旅游科学，2005，19（6）：44－51.

发展文化成果的挖掘深度不够，缺乏鲜明的文化主题特色；开发运作模式不符合市场规律，市场定位不准因而“短命”等。受旅游淡旺季影响大，旺季一票难求、淡季门可罗雀，从而导致演员的不稳定性，进而影响表演的质量。

（三）文化维度协同发展的困境

1. 乡村传统文化固有的某些特性，对文化包容性发展提出新挑战

根据费孝通先生的观点，种庄稼的历史培植了中国的社会结构①；乡村少有陌生人的概念，生活与社会节奏较慢，居民心理保守。乡村传统文化特性，在孕育乡村社会稳定性、持续性价值体系的同时，也带来了乡村文化和社会生活的保守性、封闭性、排外性。② 不仅与现代文化的大众性、多样性、开放性形成鲜明的差异，也对城市文化、乡村文化，现代文化、传统文化之间的相互借鉴、融合创新提出了挑战。③

2. 乡村文化有着协同发展价值，在实践中未能坚持协同发展理念

无论是国家政策还是学术研究，都高度认可乡村文化在乡村旅游与生态友好型农业协同发展过程中的价值。然而存在协同发展的理念错位，文化包容性增长未能贯穿协同发展全过程等问题。第一，在协同发展中，更加重视物质空间建设而轻视文化传承与历史延续，割裂文化成果与乡村文化环境的联系。第二，在物质空间建设中，重视建设基础设施，忽略物质设施对乡村文化空间底板的融入。第三，在协同发展产品研发中，重外在形式、轻文化底蕴，引发文化产品同质化、庸俗化等诸多问题。

3. 村民有参与协同发展的必要性，但是参与文化建设能力有限

乡村居民是生态农业的生产者、乡村文化的直接使用者，对协同发

---

① 麻国庆．社会结合和文化传统［J］．广西民族学院学报（哲学社会科学版），2005（5）：30－39.

② 范和生，李三辉．论乡村基层社会治理的主要问题［J］．广西社会科学，2015（1）：149－153.

③ 闾晓燕．文化大众化与后现代文化特征简析［J］．经济与社会发展，2007，5（11）：143－145.

展的效应有直接体会，理应成为乡村文化建设的主体。但在实践中，乡村居民存在文化建设能力有限的问题。第一，受限于文化素质、知识结构等，在协同发展中更多从事着简单的生产劳动、服务接待工作，保护利用乡村传统文化、活态传承农业文化遗产的意识与能力不足。第二，主体力量缺失，农村空心化、老龄化加剧，年轻一代外迁，切断乡村文化传承的主体链条，削弱文化建设的主体力量。第三，缺乏组织保证，农村基层组织力量不强、经济组织实力弱小，村民合作经营缺乏组织保证、动员力量，对协同发展中的文化开发和保护，缺乏话语权、难以达成共识，从而阻碍了协同发展中文化的包容性发展。

4. 基层政府和社会组织角色不明，推动文化包容性发展能力不足

乡村建设需要政府、企业、居民、社会组织等多方合作，主体定位不分、角色不明，导致协同发展中，文化包容性发展能力存在不足。第一，政府政策不够透明、资金缺位等，导致难以创造协同发展的良好政策环境、培育协同发展的强大动力。第二，政社分离、政企分离等落实不到位，社会组织在参与文化建设时很难把握目标、独立决策，居民很难对社会组织产生身份信任感，文化包容性发展面临组织瓶颈。第三，乡村人才流失严重、缺乏专业人才，社会组织难以满足组织发展、活动策划、活动举办的要求，很难创造适合协同发展的优秀文化项目，影响文化包容性发展的进程。

四　生态维度的协同发展

根据前文的现状测评，我国乡村旅游与生态友好型农业在生态维度的协同发展水平，分布于轻度不协同、弱协同、基本协同状态。31 个被测度省域中，21 个省域属于轻度不协同，8 个省域处于弱协同状态，2 个省域处于基本协同状态。在生态维度，乡村旅游与生态友好型农业的协同发展，秉承可持续发展理念，重视经济增长、社会进步、文化发展与环境保护的相互协调。探索乡村旅游、生态友好型农业两个独立子

系统，在生态维度协同发展的机理、途径、困境，是处理好乡村生态环境保护、资源集约利用与经济社会发展的关系，实现乡村旅游与生态友好型农业“可持续”协同发展的根本要求。

（一）生态维度协同发展的机理

由三类主体、三种活动、三项关系和核心理念构建。

1. 三类主体

（1）政府。根据《中华人民共和国环境保护法》的规定，生态维度的政府主要指环境保护行政执法部门。

（2）企业。指参与乡村旅游与生态友好型农业协同发展，对生态环境有保护、治理义务的企业，在生态维度主要是生态农业企业、旅游经营企业。

（3）其他主体。第一，居民，即参与生态友好型农业生产经营、乡村旅游服务接待的旅游目的地居民。第二，社会组织，即在协同发展中围绕生态环境保护、资源集约利用、生产技术应用而进行活动的社会组织。第三，非环境保护行政执法部门的政府部门，以及游客、经济组织等。

2. 三种活动

（1）环境资源的集约利用。资源与环境是人类生存和发展的基础，资源节约是人类社会的共识和永恒的主题。[①] 在乡村旅游与生态友好型农业协同发展中，环境资源主要指农业环境资源、乡村环境资源等协同发展的依托资源；环境资源的集约利用，则指“以提高利用效率和综合效益为目的，统筹投入种植、养殖、服务、接待等农业生产要素和企业经营要素，降低协同发展系统消耗和负面效应的农业资源利用方式”。

（2）技术知识的推广应用。即政府、企业等主体，在乡村旅游与生态友好型农业协同发展中涉及的农业生产技术、乡村旅游经营管理技

① 赵军伟，等. 矿产资源节约集约利用术语辨析［J］. 中国国土资源经济，2018（12）：15－18.

术的推广和应用，实现对协同发展中生态、经济和社会效益的统一，推动农业、旅游业的资源集约型发展。①

（3）生态环境的协同治理。指在保护和建设好农村生态环境的过程中，实现农村社会可持续发展的战略决策和环境治理，是多方主体参与协同发展中生态农业、乡村旅游的水体、大气、固体废弃物、土壤污染等治理过程。

3. 三项关系

（1）管制关系。根据《中华人民共和国环境保护法》，管制关系指在乡村旅游与生态友好型农业的协同发展中，环境保护行政执法部门依法在行政职权内，对生态友好型农业的生产经营企业、乡村旅游的服务接待企业在生产经营、服务接待中的生态环境行为进行管制而产生的管理关系。

（2）监督关系。非环境保护行政执法部门（乡镇政府、非环保职能部门等）、居民、游客等其他主体，在监督环境保护行政执法部门、生态友好型农业生产企业、乡村旅游经营企业的环境行为的过程中，产生的监督与被监督关系、合作关系与竞争关系等。

（3）保护关系。具体指环境保护的多方主体在协同发展中，在增强环境保护意识、采取环境友好的生产方式与生活方式、自觉履行环境保护义务的过程中所产生的合作、竞争等博弈关系。

4. 核心理念

在生态维度，我国乡村旅游与生态友好型农业协同发展机理的核心理念，体现为环境资源的可持续发展。可持续发展指“满足当代经济社会发展的需要，同时又不能危及未来人发展对资源的需求”的一种发展方式。尽管可持续发展是本书研究所遵循的重要原则，然而它最开始是被视为“源于生态学的环境资源管理战略”，因而本书把“环境资源的可持续发展”界定为协同发展中生态维度的核心理念。

① 朱翠萍．生态农业循环技术模式探析［J］．现代农业科技，2018，724（14）：224－225.

(1) 资源层面。生态友好型农业、乡村旅游显著依赖自然环境与农村资源，而环境资源本身有着脆弱性、外部性等特征。在生态维度谋求环境资源的可持续发展，不仅是乡村旅游与生态友好型农业的协同发展，也是可持续发展的重要内容。

(2) 机制层面。乡村旅游与生态友好型农业的协同发展，基于对自然资源、生态环境的合理开发和科学保护，依赖于知识技术的变革与保障机制的改革。

(3) 维度层面。在生态维度和其他维度的关系上，协同发展要求"在保持自然资源的质量和所提供服务的前提下，实现一种谋求经济净利益最大化的发展方式"①；要求赋予可持续发展以政治、经济、社会、文化、生态"和谐发展的社会意义与政治意义"②。

(二) 生态维度协同发展的途径

在生态维度，乡村旅游与生态友好型农业的协同发展，需要达到环境资源可持续发展的价值目标。根据《培育发展农业面源污染治理、农村污水垃圾处理市场主体方案》等政策文件，国家鼓励多方主体参与生态维度的协同治理。本书延续环境资源治理的主体视角，总结现有的乡村旅游与生态友好型农业在生态维度的协同发展途径，具体如下。

1. 政府监管

(1) 基本含义。政府监管强调政府，尤其是环境保护行政执法部门，在协同发展中在环境资源治理方面的主导作用。

(2) 优越性。在乡村旅游与生态友好型农业的协同发展中，环境资源被开发为旅游产品供公众使用，因此有着公共性。这决定了政府应当承担农村公共产品的供给职责，环境保护行政执法部门应当履行

① Chipman R. Natural resources and economic development by Edward B. Barbier [J]. Development & Change, 2007, 38 (2): 354-355.

② Robinson J, Tinker J. Reconciling ecological, economic, and social imperatives [R]. International Development Research Center, 1998: 9-44

对资源环境保护的监管职能。通过立法、执法等途径，落实农村地区政府环境监管法律责任，会对协同发展中的资源环境保护起到决定性的作用。①

（3）不足之处。根据哈丁（Garrett Hardin）的《公地的悲剧》，公共环境资源的可持续性管理是一个以“权利”为核心工具的资源配置问题。② 因此，即使根据法律规定，政府是环境资源的监管主体，监管路径却不能等同于乡村旅游与生态友好型农业的协同发展中，生态维度的治理路径和发展路径。

2. 市场治理

（1）基本含义。充分发挥市场对资源配置的基础作用，通过创新投资运营机制、使用承包权转移等经济途径，用市场管理的方法和手段推动协同发展中的环境资源治理。

（2）优越性。有助于通过多渠道的市场融资，解决协同发展中政府监管面临的财政拨款有限、财政资金投入不足等问题。我国环境治理有着广阔的市场空间，企业等主体参与协同发展中的环境保护与治理，有助于环境资源治理的专业化、市场化，提高治理成效。

（3）不足之处。环境资源危害来自农业生产、旅游经营、游客不当行为，横跨乡村旅游、生态友好型农业等产业，还涉及大气、水体、草原、土壤、废弃物处理等领域。市场对参与治理的企业主体应有明确的“门槛”要求。包括要求企业有资金实力、融资能力，业务领域有综合性、治理技术有专业性，企业总体有规模性、稳定性等。

3. 社区治理

（1）基本含义。以承载乡村旅游与生态友好型农业协同发展的社区为主要依托，集聚区域内居民、社会组织、游客等主体，依法参与环

① 张诚，刘祖云．从“碎片化”到“整体性”：农村环境治理的现实路径［J］．江淮论坛，2018，289（3）：30－35.

② 杨楠．公共环境资源的可持续性管理：权利的设定、限制与救济［C］// 中国环境资源法学研究会会员代表大会暨中国环境资源法学研究会年会，2012.

境决策，监督环境执法，维护协同发展中的社区环境利益。[①]

(2) 优越性。第一，乡村社区是地理空间的聚集、居民拥有生态环境的共同利益，有助于凝聚居民主体以形成环境治理的合力。第二，乡村社区基于“本土知识”形成独特的生态治理体系以参与生态治理，较之于市场治理有着明显的成本优势。第三，乡村社区是环境资源的使用和占有者，社区治理基于资源拥有而产生激励力量，这是政府、企业所不具备的激励优势。[②]

(3) 不足之处。第一，社区环境治理的行为受到利益驱动，社区治理也需要面对市场机制的缺陷。第二，社区更多是地域集合体，在增强居民、游客等主体的环境保护意识，鼓励他们积极参加社区环境的保护与治理活动方面，有着动员力量的缺失。

4. 合作治理

(1) 基本含义。在乡村旅游与生态友好型农业的协同发展中，由政府主导，通过企业、居民、社会组织、游客等多方主体的参与，运用行政、法律、市场等手段，实现对农村环境资源的合作治理。

(2) 优越性。第一，有利于协调政府、企业、居民、游客等不同主体之间的利益诉求，联合不同主体参加信息系统建设、平等对话、协同规划、共同决策的过程，形成协同发展中环境治理的集体共识。第二，有利于发挥不同主体的优势，整合公共管理、市场机制、现代技术、本土知识力量，通过组织调整、人员培训、居民参与等途径形成集体行动，从而实现对治理需求的整体性回应。

(3) 不足之处。第一，政府、企业、居民等主体并非天然的环境资源治理的行动主体，若要唤起多方主体参与合作治理的积极性，需要建立起相应的环境治理激励机制。第二，治理主体有各自利益需求，在

---

① 韩从容．新农村环境社区治理模式研究［J］．重庆大学学报（社会科学版），2009，15（6）：108－112.

② Sherry E，Myers H. Traditional environmental knowledge in practice［J］. Society and Natural Resources，2002，15（4）：345－358.

协同发展中无法形成天然的信任关系，无法建立起当然的合作治理关系。缩小主体之间的利益需求差异，保证协同发展中环境资源整体性治理的有效性和可持续性，对于在协同发展中推行合作治理路径而言是一项挑战。

（三）生态维度协同发展的困境

1. 所涉问题类型较多，增加当前治理难度

包括协同发展带来的发展问题，乡村地区历史环境遗留的共性问题，以及民族、贫困等特殊农村地区面临的个性问题。

（1）发展问题。包括生态农业发展中，分散农户由于种养殖技术力量缺失，而带来的大气、土壤、水体污染；乡村旅游发展中，游客的不当行为以及服务接待主体在处理废弃物、排污过程中的不当行为。

（2）共性问题。第一，历史遗留的环境问题。长期采用农业粗放型生产方式，建设低端农业基础设施，无序排放农村生活污染物，导致农村环境污染严重。第二，企业产业转移导致的环境问题。部分不法企业单纯追求经济增长，把污染多、环保不合格的项目转移到农村，加重了农村环境的污染。

（3）个性问题。第一，经济发展中，部分地区基础差、起步晚、发展不平衡，旅游资源丰富、资源环境脆弱，容易导致环境和资源影响的恶性循环。第二，文化建设中，部分贫困农村存在“贫困文化”，冲突于现代环境治理理念的“地方性”知识，一定程度上不利于唤起地方居民的环保意识和环境治理的积极性。

2. 技术应用推广不足，生态治理效益不高

农村生态环境治理有着极强的技术依赖性，农业生产和乡村旅游发展都涉及环境资源治理，治理技术的应用和推广，会很大程度上影响协同发展中的生态治理效益。

（1）农业生产方面。生态农业生产与规模化不足，很难从根本上解决农业经营粗放导致生态技术应用推广难的问题。加之农业经营不能

同步于农村发展，农业废弃物未能获得技术处理，导致协同发展过程中的生态治理成效不高。

（2）乡村旅游方面。乡村旅游与生态友好型农业的协同发展地区，往往资源丰富、环境脆弱，基于旅游智慧信息系统的游客容量管理技术、路线设计技术等未能得到充分应用，未能对游客环境进行科学管理；污水集中处理、垃圾集中处理设施技术匮乏；住宿、餐饮、娱乐场所私搭乱建、规划技术落后，都会影响协同发展中的生态治理成效。

（3）协同发展方面。乡村旅游、生态友好型农业作为两个独立系统，它们的协同发展需要技术支撑。对协同发展的定位规划、路线设计，对旅游基础设施和公共服务设施的建设使用，对地方居民的公众环境教育，都会直接影响到环境资源的治理成效。

3. 主体合作困境多多，协同治理难题重重

（1）认知差异。第一，基层政府对经济快速增长的渴求，往往导致较高依赖对资源的旅游开发，从而选择环境保护让路于经济发展的策略。第二，农业生产、旅游经营中的环保意识淡薄和责任缺失。如在经济利益导向下，经营者偷排偷放、缺少治理设施。第三，在农业生产、乡村旅游经营过程中，居民采用不科学的生产手段或超容量经营。

（2）合作困境。第一，政府合作困境。协同发展涉及农业农村、文化旅游、环境资源、工商行政等行政管理部门，跨越行政区域；长期以来的多头行政体制，导致基层政府、政府不同部门之间各自为政，缺乏专门管理、有效沟通。第二，居民、社会组织力量相对弱小，居民参与积极性不强，也不知道如何正确表达权利，社会组织参与积极性强，但缺乏参与机制等。

（3）利益困境。乡村旅游与生态友好型农业的协同发展中，多主体参与环境资源保护和治理，事实上是对生态权益和责任的再分配。主体之间利益需求的差异，政府提供的利益补偿方案的不合理，会形成主体追求自身利益的理性选择，导致破坏整体环境资源的理性结果。

4. 主体参与机制缺失，协同治理保障缺乏

（1）缺乏信息公开机制。主要指在协同发展中，政府的环境保护、

环境治理、旅游基础设施修建等决策缺乏透明度，信息不够公开，导致主体之间缺乏有效沟通等。

（2）缺乏平等对话机制。指企业、居民、社会组织等社会主体缺乏有效表达意见的平台和制度环境；导致政府在环境保护、生态治理决策中，未能充分听取居民、社会组织意见；未能发挥社会组织在环保宣传、环境治理等方面的独特优势。

（3）缺乏生态补偿机制。包括未能通过多元渠道筹措补偿资金，合理界定生态补偿主体和客体；未能建立完善的生态补偿体系，用明确统一的补偿规则来平衡多方主体的利益诉求、实现利益共融，避免“合作博弈”失败，推动合作治理的可持续性。

（4）缺乏价值认同机制。包括政府未能牢固树立生态环境保护责任意识；企业缺乏生态环境保护与修复的能力；游客未能养成文明旅游的行为意识；居民缺乏作为资源环境使用者、承担者的环境保护主人翁意识等。

五　社会维度的协同发展

根据前文的现状测评，我国乡村旅游与生态友好型农业在社会维度的协同发展水平，分布于中度不协同、轻度不协同、弱协同、基本协同状态。数据显示，31 个被测度省域中，3 个省域属于中度不协同，11 个省域属于轻度不协同，14 个省域处于弱协同状况，3 个省域处于基本协同状况。在社会维度的协同发展，强调各主体充分参与社会治理，减少社会冲突、实现社会和谐；强调政府、社会组织、企业、公众等积极参与社会治理的途径与过程。因此，探索乡村旅游、生态友好型农业两个独立子系统，参与社会维度协同发展的机理、途径、困境，是充分整合社会资源、动员和依靠社会力量，实现乡村旅游与生态友好型农业协同发展的根本需求。

（一）社会维度协同发展的机理

社会维度的协同发展机理由四方主体、四项活动、两种关系和核心理念构建。

1. 四方主体

包括政府、企业、社会组织、公众。政府主要指基层政府；企业主要是生态农业生产企业、乡村旅游经营企业等；社会组织包括非政府组织、经济组织、行业协会等；公众指社会大众，由社会上存在的一个个相对独立的个体所构成。主体众多、关系复杂。鉴于在乡村旅游、生态友好型农业发展中，社会治理主体的特殊性与学术研究关注的焦点，本书在此尤其强调政府、社会组织、企业，组织动员公众等个体成员，参加到协同发展中社会治理的途径和过程。

2. 四项活动

（1）组织动员。指政府、企业、社会组织等组织和动员居民、游客等个体成员，参与到协同发展过程的社会过程。

（2）主体互动。指在政府、企业、社会组织等组织和动员居民、游客等个体成员的过程中，发生的社会互动，与所有上述成员在展开社会治理过程中的社会互动等。

（3）诉求表达。指在乡村旅游与生态友好型农业协同发展中，各方主体通过合法正当的途径和方式，充分表达合法诉求和正当意见，以实现和维护参与协同发展中社会治理的过程和利益。

（4）利益均衡。指乡村旅游与生态友好型农业协同发展中，各方主体通过社会参与充分表达利益诉求，最终实现各自利益相对均势的状态。

3. 两种关系

（1）主体关系。在乡村旅游与生态友好型农业的协同发展中，多方主体参与到社会治理，延伸出主体关系问题。尤其是政府、社会组织的关系；公众和社会组织、政府之间的关系；公众内部的组织关系等。

其中，“政府负责、社会协同”“集体行动、公众参与”应当成为处理主体关系的重要准则。

（2）软硬关系。“硬”指在协同发展中，政府运用法律、政策等手段，针对农业生产、旅游经营、环境保护治理等问题，采取的严厉的治理制度性、刚性手段。“软”主要指在协同发展中，多方主体依托乡村传统、道德、关系等本土资源制定治理规范，所采用的相对软性的社会治理活动。①

4. 核心理念

（1）多元主体。社会治理的主体具有多元性的特征。包括政府（尤其是基层政府）代表国家、企业（生态农业企业、旅游经营企业）作为市场主体，非政府组织、集体经济组织、乡村文化组织等代表社会组织，以及由乡村居民、游客代表公众。

（2）软硬皆施。软硬皆施解决的是社会治理的手段问题。“硬”是指法律这一正式社会制度；“软”是指“理”“情”这一些软性的规则，在协同发展的社会治理中，主要是依托乡村传统、道德、关系等本土资源制定的治理规范。

（3）关系治理。指在协同发展中，政府、企业、社会组织、公众等主体之间，对相互合作与相互冲突关系而展开的治理行动。

（4）和谐发展。和谐发展解决的是社会治理的目标问题，包含三层意思。第一，社会治理主体自身的和谐发展，如生态农业企业、旅游景区管理公司等的健康良性发展，社会组织的培育与积极参与等。第二，主体关系和谐，包括政府、企业、社会组织、公众都有参与协同发展中社会治理的机会，实现机会均等、利益均衡、成果共享。第三，主体与自然的和谐，社会治理是过程和手段，最终是实现人和自然的可持续发展，这与协同发展的总体目标保持一致。

---

① 黄晓晔，刘心怡．乡村建设中的社会资本问题：概念辨析及其实际运作［J］．江苏社会科学，2018（1）：44－49．

（二）社会维度协同发展的途径

在社会维度，乡村旅游与生态友好型农业的协同发展，需要符合“多元主体、软硬措施、关系治理、和谐发展”的核心理念。根据党的十九大报告关于加强和创新社会治理的新理念和新举措，依托社会学研究的相关基础理论，结合当前我国乡村旅游与生态友好型农业协同发展中社会治理的热点问题，本书在此延续社会治理多元主体的“主体视角”，总结出社会参与、嵌入性治理、冲突治理，共计三种乡村旅游与生态友好型农业在社会维度的协同发展途径。

1. 社会参与

（1）基本内涵。主要指乡村居民、游客等个体，在协同发展中单独参与社会治理活动，或发起组织社会治理活动或参与到其他个体组织的社会治理活动，或参加到社会组织开展的社会治理活动。在乡村旅游与生态友好型农业的协同发展中，根据参与态度和参与途径，个体主体通过身体性参与、自愿性参与、权益性参与等方式来实现社会治理。

（2）具体路径。第一，身体性参与。包括居民依托协同发展的文化传统资源，自发组织文体活动，将之作为协同发展观赏性、体验性产品销售给游客，实现经济增收。居民中的文艺骨干分子参加演艺活动，将之作为协同发展的产品销售给游客，居民与政府、企业、社会组织按照约定分享经济收入。身体性参与的特征是，经济收益直接归属于参与者。

第二，自愿性参与。以老党员、老干部、族老等为代表的乡村精英，以返乡创业、投资等为主力的企业经营者，以投身乡村经济发展为代表的公众个体等自愿参与社会治理。自愿性参与的特征在于，参与者代表居民等弱势群体表达经济利益诉求，通过参与过程、社会认可，而非直接经济收益获取满足感。

第三，权益性参与。指经济权益受到侵犯时，乡村居民为表达利益诉求、保护利益，采取的反抗表达过程。在乡村旅游与生态友好型农业的协同发展中，权益性参与一般因为经济利益冲突而引发，表现形式多为谈判、抵制、抗议，甚至无效情况下的社会冲突，发生于居民（经济组织）与政府、居民（经济组织）与企业、企业与政府之间。[①]

（3）优越性。第一，主体有广泛性，强调居民、游客等公众的积极参与。第二，参与具有能动性。如乡村精英作为“精英”本身有参与诉求和能力，自愿性参与实际上是为他们提供充分发挥空间。第三，参与有着可行性。例如，在身体性参与中，对居民开放的参加文艺表演、旅游演艺活动等参与途径，让参与变得可能和容易。

（4）不足之处。权益性参与在理论层面作为参与途径无可厚非。然而，在实践中，这种通过“反抗”表达参与意愿的参与途径，不利于建立协同发展中主体之间的良性关系，维护乡村社区的关系和谐，最终实现乡村旅游与生态友好型农业的健康可持续发展。

2. 嵌入性治理

（1）基本内涵。新经济社会学家波兰尼（Karl Polanyi）把“嵌入性”解释为“经济行动被社会性地限定并嵌入于经济与非经济制度中”。[②] 格兰诺维特（Mark Granovetter）进一步把“嵌入性”划分为关系嵌入性、结构嵌入性：前者指行动者的行动嵌入个体关系之中；后者指行动者的行动嵌入于更广阔的社会关系网络。[③] 嵌入性理论的提出为新经济社会学的研究提供了新的方向和思路。相关学者围绕嵌入性理论及嵌入性的类型展开了进一步研究，其中学者倪志伟等在关系嵌入性之外提出了制度嵌入性理论[④]，从而将嵌入性分为关系嵌入性与制度嵌入

---

① 郭凌，王志章．新制度经济学视角下旅游目的地社会冲突治理研究——基于对四川泸沽湖景区的案例分析［J］．旅游学刊，2016，31（7）：32－42.

② Polanyi K. The economy as instituted process［M］/ Trade and Market in Early Empire：Economics in History and Theory. New York Press，1957.

③ Granovetter M. Economic action and social structure：The problem of embeddedness［J］. American Journal of Sociology，1985，91（3）：481－510.

④ Nee V，Ingram P. Embeddedness and beyond：Institutions，exchange and social structure［M］//. Grinton M C，Nee V，eds. The New Institutionalism in Sociology. Stanford：Stanford University Press，1998：19－45.

性两种类型，这一划分引起学界的重视。针对就业市场[①]与经济组织[②]的实证研究表明，制度嵌入性理论具有更强的解释力。由此，在乡村旅游与生态友好型农业的协同发展中，“嵌入性治理路径”分为“关系嵌入性治理路径”和“制度嵌入性治理路径”两类。

（2）具体路径。第一，关系嵌入性治理路径。在协同发展中，乡村居民通过发挥经济带动效应，将个人行为嵌入和政府、企业、社会组织、游客等其他治理主体的关系中，开展社会治理活动。同时，社会组织，尤其是村委会等基层群众性自治组织，农民专业合作社、家庭农场等经济组织，文化保护类、环境保护类公益组织等，发挥对居民、游客的组织动员作用，以及在经济、文化、环境保护等方面的带动效应，从组织行为上嵌入和企业、其他社会组织、政府、游客等治理主体的关系中，展开协同发展过程的社会治理活动。

第二，制度嵌入性治理路径。“制度”是约束人们行为的规则系统，包括明文确定、由强制力保证实施的正式制度，也包括在交往中形成并无意识接受的非正式制度。[③]“制度嵌入性治理”指在乡村旅游与生态友好型农业的协同发展中，政府、企业、社会组织、公众等主体，把治理行动嵌入所处的社会网络，通过社会网络从社会环境获取社会情境等资源因素，展开社会治理活动。

（3）优越性。协同发展中的嵌入性治理本身就是公众参与社会治理的重要过程和组织方式，帮助主体通过社会网络获得有助于构建与维系社会治理制度的各种资源，同时这些社会资源来自“地方性知识”和“本土知识”，是对乡村地方传统的尊重，有利于形成居民参与社会

① Brinton M C, Kariya T. Institutional embeddedness in Japanese labor markets［M］//Grinton M C, Nee V, eds. The New Institutionalism in Sociology. Stanford: Stanford University Press, 1998: 181 - 207.

② Hamilton G G, Feenstra R. The organization of economies［M］//Grinton M C, Nee V, eds. The New Institutionalism in Sociology. Stanford: Stanford University Press, 1998: 153 - 180.

③ 马智胜，马勇．试论正式制度和非正式制度的关系［J］．江西社会科学，2004（7）：121 - 123.

治理的“路径依赖”，保障居民参与社会治理的话语权和利益实现。

3. 冲突治理

（1）基本内涵。根据新制度经济学中的界定，社会冲突是社会矛盾无法调和下的一种极端表现形式，任何社会冲突都是不同群体因利益矛盾而产生的，而利益冲突又可以划分为“有直接利益冲突”与“无直接利益冲突”。[①] 乡村旅游与生态友好型农业的协同发展中，社会治理过程的冲突治理，相应地包括“有直接利益冲突治理”与“无直接利益冲突治理”。

第一，有直接利益冲突治理，指社会冲突涉及的各主体参与的社会冲突与自身利益有直接关系。乡村旅游与生态友好型农业协同发展中的多数社会冲突，均属“有直接利益冲突”事件。[②] 第二，无直接利益冲突治理，指社会冲突涉及的各主体参与的社会冲突与自身利益没有直接关系。无直接利益冲突的主体范围更广，理论上涉及社会大众，有着主体多元、无组织化、情绪化等特征，对无直接利益冲突的治理有着更高难度。

（2）优越性。较为清晰地识别有直接利益冲突、无直接利益冲突的治理，有助于及时根据“利益受损的动因—利益表达受阻的渠道—不公平感社会心理”治理模式[③]，快速推进冲突治理，将有效冲突的不良影响限定于“相对可控范围”，从而维护协同发展地的社会和谐、实现协同发展的可持续性。

（3）不足之处。乡村旅游与生态友好型农业的协同发展中，存在社会冲突的形式多样，有直接利益冲突事件与无直接利益冲突事件相互转化的现象，对冲突治理提出挑战。同时，如果简单根据有直接利益冲

① 于柯超．以马克思主义利益观和社会冲突理论指导防止利益冲突制度建设［J］．河南社会科学，2012，2（1）：1－5.

② 王潇敏．旅游目的地社会冲突及治理研究［C］．Singapore Management and Sports Science Institute（Singapore），Information Engineering Research Institute（USA），2018：4－8.

③ 谢海军．“无直接利益冲突”群体性事件的生成动因及逻辑关系分析［J］．中州学刊，2014（1）：73－77.

突治理、无直接利益冲突治理作为协同发展中冲突治理的依据，可能导致冲突治理策略灵活性不足等问题。①

（三）社会维度协同发展的困境

党的十九大报告提出要建立“共建共治共享”的社会治理格局。乡村旅游与生态友好型农业协同发展中的社会治理，也是当前和今后实现我国经济社会协调发展的挑战。分析社会维度协同发展的困境，要立足于经济社会环境的“共性”、寻找“个性”。只有把微观分析置于宏观社会背景下，才能深入挖掘困境所在。

1. 公众自组织能力不足，削弱社会治理主体的力量

（1）公众自组织能力不足。乡村居民受到自身知识水平、文化结构等限制，流动的游客、分散的游客受限于陌生感、疏离感，进行自我组织的能力都不高，削弱了社会参与的主体力量，尤其是削弱了居民与游客的参与力量。

（2）部分公众缺乏公共精神。部分乡村居民、游客未能形成共同体观念、集体意识、合作意识，以及公益精神等；甚至作为经济人，计算社会参与成本和回报，希望通过协同发展，实现利益诉求，选择“搭便车”的参与方式。

（3）社会组织有生存困境。社会组织的发育很大程度上影响着公众组织化参与社会治理的途径选择和参与效能。社会组织准入门槛高、成本高、手续烦琐，社会组织生长空间、生长能力有限，组织居民、游客开展社会治理的能力受制约。

2. 社会治理机制有待完善，不利于主体之间的利益整合

（1）政府“越位”。乡村旅游与生态友好型农业的协同发展，被寄予经济振兴、文化保护、社会进步的厚望。因此，在协同发展的社会治理中，乡镇政府和居民、社会组织往往形成领导与被领导的关系，导致

① 王超，骆克任．基于网络舆情的旅游包容性发展研究——以湖南凤凰古城门票事件为例［J］．经济地理，2014，3（1）：161－167.

政府在治理中的“越位”。

(2) 村两委“卡位”。乡镇政府委派村两委，村两委权力性强而功能性弱，乡村精英的流失和返场乡村精英的缺位，共同削弱了协同发展中，村民委员会作为农村自治组织代表居民参与社会治理、实现利益诉求的能力。

(3) 企业“缺位”。企业拥有生态农业的知识技术、乡村旅游的经营能力，是协同发展的重要主体，也应当是社会治理的重要力量。然而，尽管拥有资金、知识、技术，企业作为市场组织，与政府在组织运作、价值目标方面的差异性往往得不重视，导致参与社会治理的积极性不强。

(4) 治理规则“错位”。在乡村旅游与生态友好型农业的协同发展中，作为“硬性”治理规则的法律、法规、政策，并不能完全适用。无论是“软硬兼施”的治理理念，还是制度嵌入性、关系嵌入性的治理手段，都要从乡村社会情境中获取资源，让社会治理规则获取情、理等传统的支持。

3. 社会冲突产生有必然性，要求正确认识冲突治理

(1) 冲突产生有着必然性。利益冲突是人类社会冲突的最终根源。[①] 乡村旅游与生态友好型农业的协同发展，是打破传统乡村社会整合状态的外生因素[②]，有助于唤醒个人和群体的利益意识，分配既有资源利益，引发围绕利益分配的各类矛盾。乡村社会呈现价值多元与利益分化，进一步加速社会同质性利益结构解体。利益冲突导致的社会同质性利益结构解体，是协同发展中乡村社会冲突产生的内在动因，也是社会冲突的结果。

(2) 正确认识冲突的特性和功能。社会冲突的功能并不全部都是

① 姜建成．社会冲突的发生机理、深层原因及治理对策［J］．毛泽东邓小平理论研究，2012（2）：44－48.

② 李盈．西塘旅游发展中的矛盾冲突与缓和［D］．复旦大学，2010：30.

负面的[①]，辩证地看待社会冲突的功能，是冲突治理的前提。一方面，协同发展中的社会冲突有着消极影响，不利于乡村经济、社会、文化的协调发展、和谐稳定。另一方面，协同发展中的社会冲突有着积极作用，乡村在社会冲突所酝酿的社会变迁中进步。关键要深入分析社会冲突产生的根源，发挥利益整合在冲突治理中的基础作用，通过社会参与、嵌入性治理、冲突治理手段，实现协同发展中的多元主体参与、软硬皆施，立足关系治理、实现和谐发展。

① 宋林飞．西方社会学理论［M］．南京大学出版社，2007：323－324.

第五章　国内外乡村旅游与生态友好型农业协同发展的案例研究

一　法国乡村旅游与生态友好型农业的协同发展

在法文中，旅游活动（recreation）由休息（lerepos）、探奇（la decouverte）和运动（dusport）三种形式构成。① 因此，法国的乡村旅游是一个广泛的概念，指游客到乡村地区，依托农场、村落、村镇等设施，开展休闲、娱乐、体育，和体验文化差异的活动。根据法国《未来农业法》，生态农业被视为农业发展方式的一种，较之传统农业，生态农业发展采用现代科技和管理技术，追求经济和生态的良性循环和双重效益。法国的生态农业起步于20世纪70年代，这一时期也正是法国乡村旅游的兴盛时期。而依托生态农场开展的农庄旅游就是从那一段历史时期开始，成为乡村旅游的主要形态。

（一）协同发展的案例经验

1. 农业为本，旅游添色

（1）经验内容。法国乡村旅游的起步早于生态农业，乡村旅游兴

① Roberts L，Hall D. Rural Tourism and Recreation：Principles to Practice［M］. New York：Cabi Publishing，2001.

盛与生态农业起步同步，乡村旅游和生态农业的协同发展路径有鲜明的“农业为本，旅游添色”特色。第一，作为欧洲传统的农业大国，乡村旅游的发展基础，是对生态农业产业、乡村基础设施、自然生态环境等农业资源的有效利用，乡村旅游发展在客观上拓展了生态农业的产业链。第二，生态农业与乡村旅游的协同发展，为乡村旅游、生态农业两个独立产业注入了新的活力；乡村旅游与生态农业的深度融合，催生出文化创意产业等新业态，打造出具有独特地方特色的生态农业、乡村旅游产品。

（2）卢瓦尔河谷（Loire Valley）案例。卢瓦尔河谷位于法国中部、卢瓦尔河中游的平原流域，占地27500平方英里。在农业旅游发展中，卢瓦尔河谷坚持“农业为本，旅游添色”，具体经验如下。

第一，打造法国白葡萄酒产区。决定葡萄酒质量和声誉的关键因素是地理的特征和一致性（terroir）。法国用“AOP”（Appellation d'Origine Protegee）对原产地命名葡萄酒实行专家认证。卢瓦尔河谷白葡萄产区包括南特（Nantais）、安茹－索米尔（Anjou－Saumer）、都兰（Touraine）、中心产区（Region du Centre）。集中种植白诗南（Chenin Blanc）、长相思（Sauvignon Blanc）、勃艮第香瓜（Melon de Bourgogne）等白葡萄品种，形成白葡萄种植的特色农业产业集群。这些为卢瓦尔河谷依托特色农业产业发展乡村旅游，奠定了良好的产业基础。

第二，依托农业产业发展特色旅游。卢瓦尔河谷是法国著名的白葡萄酒产区，也是最大的旅游区域之一。旅行社、政府、农场主、村民携手，依托卢瓦尔河谷庄园、古堡、文化复兴遗迹等人文资源，温和的气候、狭长的河谷、新鲜的空气等自然环境，研发以“卢瓦尔河谷酒庄研习之旅”为代表的特色旅游项目，设计出以“舍农索城堡、舍韦尼城堡、香波堡”为游览点的“卢瓦尔河谷古堡一日游”线路产品。旅游业提高了卢瓦尔河谷地区的美誉度，也让世界进一步了解了河谷地区城市历史、文化传统，实现了农业与旅游业的协同发展。

2. 产业集群，三产联动

（1）经验内容。法国许多村落依托特色生态农业产业集群发展乡村生态旅游，走上了乡村经济和社会的复兴道路。生态农业产业集群为乡村旅游与生态农业的协同发展奠定了产业基础；乡村旅游、生态农业、农产品加工制造“三产联动”，成为协同发展的重要驱动力。

第一，特色生态农业生产。发展具有地域优势的特色生态农产品生产体系，形成乡村之间的生态农业差异化定位。第二，特色生态农业产业集群发展。把特色生态农产品的生产、加工、销售等纳入统一行销平台，从而把生态农产品的生产拓展到生态农产品的加工制造、生态农产品的销售。第三，乡村旅游有效延伸生态农业产业链。通过打造生态农业大地景观，向游客直销在地生态农业加工产品，强化生态农业、加工制造、乡村旅游的产业关联，较好地实现生态农业、加工制造业、乡村旅游业的“三产联动”。

（2）普罗旺斯（Provence）案例。普罗旺斯位于法国东南部地区，毗邻地中海，和意大利接壤。普罗旺斯以薰衣草产业集群起家，发展多元化的生态种植品种，探索向薰衣草精油、橄榄油等产业价值链的高端延伸。通过构建产业联动、收益叠加的价值链，实现了乡村旅游和生态农业的协同发展，建设了美丽乡村。

第一，农业。普罗旺斯阳光充足，适宜种植薰衣草和葡萄，薰衣草和葡萄逐渐成为特色生态农产品。第二，加工制造业。提取薰衣草香精香油、制作薰衣草香皂等，酿制具有独特甜味的干桃红酒，开发出系列特色生态农产品。第三，乡村旅游业。乡村旅游发展依托独特的薰衣草农业景观，整合包括橄榄、松露、柠檬、西红柿在内的农产品，贻贝、牡蛎、滨螺、螃蟹等海产品，制作特色乡村美食，开发出柠檬节等特色节庆活动。在塑造充实特色生态农产品品牌形象的同时，实现特色生态农业生产的复合收益及生态农业的高效率。

3. 立足原真，法律保障

（1）经验内容。乡村是法国人民的精神家园与重要文化遗产，原真性（authenticity）成为法国乡村旅游和生态农业协同发展的重要起点。原真性包括两层含义：一是客观完整的“原状”真实；二是体现历史延续和变迁的“原状”真实。[①]

第一，农产品自产自销。根据法国《乡村旅游管理条例》，乡村餐饮主材应当是经营主体自有农场的自产动植物，生产和加工过程必须在自有农场进行。第二，遵循自然法则修建住宿设施。为鼓励乡村居民在旅游发展中保持住房和环境的真实性，维持乡村文化的生态平衡，法国政府资助居民在风貌维持的前提下依据乡村旅游接待标准实施内部修缮。第三，协同发展主体当地化。根据法律规定，法国乡村旅游经营者应当是居民或农场业主，相应确保了乡村餐饮主材来源为自有农庄。[②]

（2）圣埃米隆区（Juridiction de Saint – Emilion）案例。圣埃米隆区位于法国西南部波尔多，是世界上具有代表性的以葡萄种植园为文化特色的历史景观和自然遗址。[③] 第一，农业为本。圣埃米隆区包括主产区圣埃美隆，以及吕萨克（Lussac）等四个卫星产区。圣埃米隆区延展葡萄酒产业链条以发展旅游，游客可参观葡萄种植、参与采摘；参观定级酒庄葡萄酒酿造，品鉴购买葡萄酒，乡村旅游为葡萄种植和葡萄酒酿制注入活力。[④]

第二，坚持原真。以吕萨克为例，基于传统乡村布局保护原生态的自然环境、生产生活方式和民俗文化。[⑤] 拥有 Château La Rose Perrière（皮埃尔玫瑰住宿加早餐旅馆）等多家高端民宿。民宿业主依托自有古堡、庄园、农场开展经营，居民是民宿业主、旅游服务接待者；亲自向旅游者介绍农庄历史、农业生产，帮助游客理解乡村文化和生活方式；为游客提供有地方特色的简单、多样的乡村餐饮菜式，帮助乡村居民主

---

① 阮仪三，林林．文化遗产保护的原真性原则［J］．同济大学学报（社会科学版），2003，14（2）：1 – 5.

② 马洁．法国农业旅游的发展经验与启示［J］．世界农业，2016（4）：144 – 147.

③ 张璐．解析圣埃米隆［J］．赤子（上中旬），2014（13）：64 – 64.

④ 马里奥·博塔．法国圣艾米利昂 Faugeres 酒庄［J］．城市环境设计，2011（3）：72 – 77.

⑤ 樊信友，蒲勇健．乡村旅游原真性开发的博弈分析［J］．西北农林科技大学学报（社会科学版），2013，13（5）：129 – 133.

动延续乡村传统文化与平衡文化生态系统。

4. 乡村联合，协会推动

（1）经验内容。少于2000个居民聚居而形成“村落”，是法国乡村地区最基本的聚落形态，也是实现协同发展的重要载体。[①] 法国在乡村旅游、生态农业的发展中，通过村落、业主联合创立专业协会，通过协会组织村落发展、协调业主关系，实现乡村之间、乡村与业主之间的联合行动。

（2）“法兰西最美丽村庄”（Les plus Beaux Villages de France）案例。1982年3月6日，为了“保护与发展法国独特乡村优秀文化遗产，解决乡村人口外流问题”，法兰西最美丽村庄协会成立。协会宗旨是希望通过乡村旅游、农业产业发展，帮助村庄重塑活力并通向美好未来。[②] 为此，法兰西最美丽村庄协会创立“法兰西最美丽村庄”称号和标志，并获法律专有权保护。协会组织机构完整，由全体代表大会、理事会组成，分别承担协会的最高决策和行政管理职能。协会设立质量委员会、声誉委员会、发展委员会，负责保证质量、维护声誉、村落发展工作（见表5-1）。同时，法兰西最美丽村庄协会还与法国农会、法国生态农业协会等建立沟通与合作机制，在生态农业观光、环境保护和旅游发展方面紧密合作。截至2012年，法兰西最美丽村庄协会成员遍布法国21个大区、69个省，数量已经有156个。[③]

表5-1 法兰西最美丽村庄协会专业委员会

序号	名称	职能	成员	内容
1	质量委员会	保证质量	协会内部成员	负责成员村庄的评审以及称号撤销工作
			社会名流、专家	

① Commune de France [EB/OL]. http://fr.wikipedia.org/wiki/Commune-de-France. (2010-03-01).

② L'association-Qui Sommes-Nous [EB/OL]. http://www.les-plus-beaux-villages-de-france.org/fr/qui-sommes-nous, 2010.

③ 王觅．“法国最美丽村庄”的评选启示［J］．中国文化遗产，2012（5）：44-52.

续表

序号	名称	职能	成员	内容
2	声誉委员会	维护声誉	协会内部成员	负责监控称号和标志的使用，组织管理内部交流及促进网络发展（品牌产品的设计、协会与村庄的网站、与媒体关系、宣传活动等）
			外聘专家	
3	发展委员会	村落发展	协会内部成员	和旅游经营者、政府、企业、其他专业协会沟通合作，推动成员村庄保护环境、发展旅游和开展文化节庆活动，从而促进村落的整体发展
			专家	
			企业	
			政府	

资料来源：沈世伟．法国旅游村落联合体的经验与启示［J］．资源开发与市场，2010，26（9）：845－848。

（二）协同发展的主要路径

1. 政府启动

（1）组织完善。法国行政管理的体系清晰、组织完善，在乡村旅游、生态友好型农业发展中，建立起“国家、职能部门、地方”三层、自上而下的行政管理体系。

第一，法国政府。作为最高国家行政机关，对全国乡村旅游与生态农业的协同发展发挥管理、组织、协调等总指挥作用。第二，职能部门。设立农业渔业部、国家旅游局、生态农业发展和促进署等，作为领导全国生态农业、乡村旅游发展的行政管理部门。通过部门的横向合作推动协同发展。第三，地方行政管理，按照行政区域设置地方旅游局、农业渔业局等，具体管理、推动行政区域内乡村旅游与生态农业的协同发展。

（2）制度支持。第一，法律支持。一是，颁布《国土整治令》等法律，这是协同发展的立法起点。二是，以出台《农业发展指导法》为起点，以《生态农业发展规划》为推动，以《未来农业法》为标志，生态农业立法逐步成熟。三是，颁布《马尔罗法》《乡村旅游发展质量规范法》，统一标准、制定规范，推动乡村旅游发展。第二，政策扶持。一是，通过区域自然公园、卓越乡村等计划，打造乡村景观、推动特色协同发展。二是，投入财政资金，打造基础设施、公共服务设施。通过生态农业未来发展基金等，修缮乡村旅游住宿设施、补贴生态农业生产。三是，设立全国农业观光服务处，作为中央机构组织参加农业展览，牵头宣传、普及、推广协同发展。

2. 农户参与

（1）主体培育。第一，主体选择。在协同发展之初，坚持由本地农业经营者和乡村居民，作为生产经营、服务接待的主体。最终确定“以家庭农户为单位、小规模乡村旅游经营”的乡村旅游与生态农业协同发展策略。第二，主体培育。一是财政投入。投入资金鼓励农户利用自有产业启动协同发展。如通过“农庄旅游”计划，帮助 2 万余户农户建立起符合接待标准的家庭旅馆；对经营超过 10 年的家庭农舍，发放建筑整修翻新补贴等。二是培训指导。联合农业和旅游行业协会，为依托自有产业进行生态农业生产、乡村旅游经营的农户，提供生产技术、服务接待、经营管理方面的培育指导。

（2）本地化策略。第一，主体本地化。坚持乡村旅游与生态农业的协同发展政策、计划、工作，应当得到居民同意。居民参与生产经营、服务接待，实现经济收入的增长，并降低协同发展对生产生活的不良影响。第二，经营本地化。把本地化经营理念渗透到协同发展的计划决策、生产经营、服务接待、产品设计等环节，保持乡村自然聚落、传统文化的原真性与独特性。如接待者应当为业主本人，需要向游客讲解乡村文化历史；乡村餐饮、农产品就地取材、自产自销，生产加工应当在农场内部进行等。在很大程度上确保了乡村居民、农场经营者在协同发展中的主导作用、主体地位。

3. 市场驱动

（1）产品研发。第一，打造丰富产品体系。目前，已经依托农业产品、家庭农场、乡村风景，研发出乡村休闲、乡村美食、乡村住宿产品体系。[①] 其中，乡村休闲包括骑马农场、教学乡村、探索农场、狩猎农场等 9 类产品；乡村美食有点心农场、农产品农场 2 类产品；乡村住宿由农场客栈、露营农场、暂住农场 3 类产品组成。第二，产品研发遵循“1 + 1 + 3”。1 个原则，即“乡村性”；1 个法则，即“自然法则”；3 个准则，即“乡村的自然与人文环境”“乡村的接待与住宿”“家庭的氛围和温暖”。第三，坚持一体化、主题化产品开发。依托生态农业景观、乡村文化资源，研发地域特色鲜明、主题明确的旅游产品，打造特色鲜明的产品主题与旅游形象。产品横跨农业、制造业、服务业，涵盖食、住、行、游、购、娱六大环节，满足游客休闲、娱乐、观光、知识、保健等全方位要求。

（2）市场营销。企业是旅游服务的供给者，是联系法国农户与游客的桥梁，也是供给体系的重要组成部分。第一，明确市场主体。根据本地化策略，大多数协同发展的经营主体，或是作为个体农户的乡村居民，或是作为企业的本地中小型企业。政府、企业、居民统一协调，让市场主体有着经营方式灵活、管理成本相对较低等优势。

第二，营销策略。农户与中小企业在市场营销中很难负担过多成本。法国在市场营销中，呈现根据区域进行市场定位和细分，通过联合旅游中间商、依托网络平台、采取多渠道营销等，建立业主、游客之间的市场关联，等特色。[②] 行业协会为乡村之间、业主之间实现客源共享、经验分享提供了庞大的村庄网络系统支持。

4. 协会自律

（1）协会情况。第一，协会性质。本书中的协会是对农业生产、旅游接待实施自律性管理的行业协会，有半官方、半民间、民间形式，

---

① 赵芳婺. 法国家庭农场与农业旅游的融合发展探析 [J]. 世界农业，2017（8）：206 - 209.

② 方中权，郭艺贤. 法国乡村旅游产品的营销及其经验——以 Le Relais de Chenillé 公司为例 [J]. 人文地理，2007（5）：76 - 79.

经费来源有会员会费、政府拨款等。

第二，协会职责。代表农民与政府进行公共事务交涉，根据法律政策，制定乡村旅游服务接待、生态农业生产经营的行业规范、质量标准、管理制度等。为加入本会的农场主、经营者，围绕生产技术、经营管理、市场营销等具体环节内容，提供资金帮扶、技术咨询、职业培训、专业指导、组织帮助等。

（2）重要协会。第一，协会类型。乡村旅游领域的重要协会有乡村旅馆联合会（Gites de France）、国际美食家协会（Confrérie de la Chaîne des Rôtisseurs）等；生态农业领域有生态农业协会（AFAB）、国家生态农业企业协会（SYNABIO）、国家生态农业生产协会（FNAB）、法国农会与互助联盟（CNMCCA）等。在乡村旅游与生态农业的协同发展领域，开展自律管理的代表性行业协会是法国农会（Les Chambre d'Agriculture）。

第二，法国农会成立于1924年，是全国性的农业职业性机构，也是最大的职业农民“利益代言人”，工作职责包括为农民提供信息咨询、职业培训，市场分析、决策建议，产品研发、技术实验等服务。[①]法国农会设大区级农会、省级农会，负责制定辖区范围内的农业发展规划政策，代表农民利益与政府、企业协会等进行磋商。1998年开始，法国农会常设委员会下设“农业及旅游接续服务处”，研发出联结全国各农场的“欢迎莅临农场”组织体系，负责日常管理职责：维护“欢迎莅临农场”组织的正常运行，审核农户加入“欢迎莅临农场”的资格条件；帮助农场找准乡村旅游的经营特色；监管农场的旅游经营行为，并委托组织力量进行年度检查；组织、设计、提案农场旅游活动，保障农场旅游经营的持续性；研发与其他乡村旅游活动相结合的链接网络；等等。

---

① 宋毅．搭建政府与农民沟通的桥梁——访法国农会联合会常务大会行动部主任科尔多尼埃先生［J］．山东农机化，2001（7）：9－9.

（三）法国国情对协同发展路径的影响

中国和法国都拥有丰富的生态农业和乡村旅游的禀赋资源，并同时在城市化和工业化进程中，面临乡村环境恶化、乡村食品安全堪忧、乡村社会衰退等“三农问题”的挑战。但法国是发达国家、中国是发展中国家，不同的历史机遇、农民职业能力水平，以及政府发挥作用着力点的差异，对设计和实践乡村旅游和生态农业的协同发展路径有着不同的影响。

1. 乡村居民有着职业能力差异

职业能力（occupational ability）是人们从事某种职业的多种能力的综合。[①] 西方国家称呼本国农民为“farmer”（职业农民），指经营 farm（农场、农业）的职业者，并在农业现代化发展中重视和加强培育职业农民。法国依托“绿色教育证书”培训和考核制度，加强对职业农民的培育。[②] 完善的农业科教体系为选拔、培养和扶持职业农民提供了保障。

在中国，农民（peasant）更多隐射身份、社会地位、生产生活方式。与西方具有专业技术、从事现代农业规模化生产的职业农民相比，中国农民具有人口素质和受教育程度不高、耕种土地规模小、依赖于传统经验等特征。[③] 职业能力方面的差异，极大影响到乡村居民对乡村旅游、生态农业的道路选择，也让中国许多乡村依靠政府拉动协同发展。

2. 政府发挥作用的着力点不同

中国共产党一直把消除贫困、改善民生、实现共同富裕视为社会主

① 邓泽民，等．职业能力的概念、特征及其形成规律的研究［J］．煤炭高等教育，2002（5）：104－107.

② Garnier M，Hazelrigg L E. Father－to－son occupational mobility in France：Evidence from the 1960s［J］. American Journal of Sociology，1974，80（2）：478－502.

③ Celarent B. Peasant Life in China by Fei Xiaotong/Earthbound China by Fei Xiaotong and Zhang Zhiyi［J］. American Journal of Sociology，2013，118（4）：1153－1160.

义的本质要求。[①] 中国乡村旅游启动于居民利用果园开展采摘、餐饮等接待活动，但是发展依赖于政府拉动。存在重视乡村旅游的经济功能、忽略居民的真实意愿，以乡村生态环境和传统文化为代价发展旅游，或发展生态农业需要成本、不愿意主动推进乡村旅游和生态农业的协同发展等问题。

法国坚持业主、居民、政府意愿相互融合、共同推动乡村旅游的原则。居民了解乡村的历史和现状，考虑历史文化传统、当地特色农业产业，参考市场需求选择发展道路。加之大量专业性行业协会，通过设立行业标准和各类认证，设置准入门槛、实现行业自律和市场监管。这也是法国在乡村建设中主动推进生态农业发展，走上乡村旅游和生态农业协同发展道路的重要原因。

3. 协同发展的历史机遇不同

法国生态农业起步于 20 世纪 70 年代，与乡村旅游兴盛基本同时代。法国生态农业发展走在欧洲前列，生态农业技术处于世界领先水平。乡村旅游与生态农业的协同发展，交织着农业技术进步、旅游消费需求增加、乡村社会经济复苏中认同的重塑等因素。[②] 有着良好的乡村旅游和生态农业协同发展的时代基础，即同时代兴盛，生态农业技术先进、实践经验丰富。

中国乡村旅游起源于 20 世纪 80 年代、兴盛于 90 年代，中国农业耕种历史悠久，生态农业耕种经验丰富。但把生态农业视为现代农业发展方向，始于党的十六届五中全会提出的“加快建设两型社会”目标。因此，中国具有乡村旅游发展在先、生态农业兴盛于后的时代特征。很多乡村提出以乡村旅游拓展生态农业产业链、发挥农业多功能性，面临依托生态农业对乡村旅游提档升级，同时广泛推广生态农业技术，形成

① Fan C C. China's eleventh five - year plan (2006 - 2010): From "getting rich first" to "common prosperity" [J]. Eurasian Geography and Economics, 2006, 47 (6): 708 - 723.

② Rogers S C. Which heritage? Nature, culture, and identity in French rural tourism [J]. French Historical Studies, 2002, 25 (3): 475 - 503.

乡村地区生态农业实践等现实问题。

二　日本乡村旅游与生态友好型农业的协同发展

日本与中国有着悠久的农业文化底蕴和农耕社会基础，具有相似的近代工业发展和农业转型经历，以及人均农地规模小和小农经营等农业发展特征。日本始终抓住“绿色农业”的核心，把乡村的社会振兴、生态保护、农产品安全等放在突出位置，从财政支持、产业集群、立法保障等方面展开探索，较好地实现了绿色农业发展和乡村旅游开发的协同。

（一）协同发展的案例经验

1. 生态依托，农旅结合

（1）经验内容。日本是世界上较早关注农业可持续发展的国家，二战后乡村环境污染和农业公害问题的不断涌现，促使日本选择生态农业的发展路径。由于生态农业有着综合性、多样性、可持续性特征，因此日本立足区域特色、依托生态优势，通过农旅结合实现农业生产、旅游发展和生态保护的较好协调。①“生态依托，农旅结合”成为日本乡村振兴、社会发展的手段。

第一，依托粮油、果蔬、花卉等农林水产资源产品，举办直销、展销、集会和庆典活动，为生态农业和乡村旅游创造客源。第二，依托生态采摘、插秧、割稻、挤奶等农事体验活动，为游客提供和生态农业接触交往，最终了解生态农业的机会。第三，依托生态农业园区、乡村生态社区，组织青少年进行生态农业研修、乡村环保宣传教育等亲自然教育，为青少年提供学习生态环境保护知识的机会。第四，利用生态农业景观和乡村生态系统，开发乡村酒店民宿、修建高端住宅，吸引城市游客购房居住和观赏山景，推动乡村生态景观的保护。

① 秦炳涛．日本生态农业发展策略［J］．中国食品，2015，681（17）：46-49.

（2）Mokumoku 农场案例。Mokumoku 农场坐落于日本三重县伊贺市郊区，是集观光农业、研发生产、加工制作、产品销售于一体，并完整打造农旅产业链的专业农场。Mokumoku 农场坚持“生态依托，农旅结合”，把土地分为农业观光区、休闲购物区、餐饮美食区、科普教育区和度假住宿区。

第一，农业观光区由生态农耕地、生态果园、花卉种植地组成，生态农耕地进行生态农业生产，为乡村旅游提供农业景观。第二，休闲购物区承载农产品销售、农事劳作体验、农产品手工体验功能。农场主向游客销售周边农户自产的蔬菜奶品，公示农户照片姓名以确保农产品可追溯。游客采摘水果制作果酱、喂养小动物，认养农场畜牧养殖品。第三，在餐饮美食区，农场和农户种植、养殖的生态农产品直接被做成乡村特色美食上桌。第四，在科普教育区，游客参观生态农业种养过程展示、现代农业设施。第五，度假住宿区为游客提供住宿服务。

2. 生态依托，产品创新

（1）经验内容。立足生态农业产业，抓住生态核心，把旅游食、住、行、游、购、娱需求，融入生态农业产业链；拓展生态农业内涵与外延，创新乡村旅游产品，谋求乡村旅游和生态农业协同发展。

第一，打造地方特色的生态农产品品牌，建立乡村旅游目的地品牌形象，创新乡村旅游与生态农业协同发展的新形式。第二，挖掘生态农业资源为乡村旅游注入创意元素，探索创新乡村旅游和生态农业协同发展的产品载体。第三，通过以农促旅、以旅带农，细分市场需求，探索创新协同发展的渠道。

（2）马路村案例。日本高知县马路村（高知県道路村）总面积为 165.52 平方公里，人口不足 1000 人，森林覆盖率高达 96%，自然生态环境良好。[①] 从 1975 年开始，马路村依托有机柚子种植，通过柚子深加工研发“明星产品”，通过场景营造创建品牌形象，通过 IP 营销建立与

① 有机农业者．这个偏僻山村凭啥靠一产品年卖 2 个亿［J］．农家之友，2017（3）：22－23.

游客间的情感联系，走上“六次产业”发展道路，较好地实现了乡村旅游与生态农业的协同发展。

第一，20世纪80年代，时任村长与农协组织村民用自然栽培和人工采摘技术种植有机柚子，找准产业起点。第二，建设生产线加工柚子饮料、果酱等食品；与大学联合研发柚子皂、化妆品等日化产品，实现核心产品生产、加工、销售“一条龙”。第三，依托乡村本色、民宿修缮，挖掘温泉资源、打造康养产品，营造亲自然场景。第四，注册“umaji”柚子品牌捆绑乡村形象、实施IP营销；通过产品认同实现粉丝的游客角色认同，培育出游客的持续消费需求。

3. 生态依托，一村一品

(1) 经验内容。“一村一品”是以增强乡村活力为目标，挖掘或开发具有当地特色、可成为村庄标志的优势产品，并将之培育成为一流产品和项目的乡村开发模式。[①] 打造“一村一品”是实现乡村旅游和生态农业协同发展的要点。第一，生态是特色农产品前提，也是农产品特色。第二，特色是农产品质量保障，也是村庄标志。第三，生态农业链向乡村旅游业延伸，能够成为乡村开发模式。

(2) 静冈县案例。静冈县位于日本中部，南依骏河湾、北临富士山、面临太平洋，温泉、雪山、樱花资源丰富，自然环境优越。茶叶生态种植始于明治维新时代，面积占全国的40%，产值产量达全国50%，“静冈茶”位列日本三大名茶之一。[②] 20世纪70年代，静冈县依托茶产业打造“一村一品”、发展乡村旅游，积累起乡村旅游与生态农业协同发展的宝贵经验。

第一，明确静冈茶是产于静冈县、100%符合生产与质量标准的茶叶[③]，2014年静冈茶获“NEP标准”（Natural Ecology Plantation Stand-

① 贺平．作为区域公共产品的善治经验——对日本“一村一品”运动的案例研究［J］．日本问题研究，2015（4）：11－21．

② 胡坪．日本的主要产茶县——静冈［J］．世界农业，1986（2）：25－26＋46．

③ 金晶，罗列万．日本静冈茶产业特点与借鉴之浅析［J］．茶叶，2014，40（2）：83－86．

ard）认证。茶叶和静冈县相连，打造品质、品牌。第二，多方参与品控。县政府设茶叶农产课分管茶叶生产；农协根据 NEP 标准指导农户种植，承诺收购；企业进行标准化、机械化加工；设立国立野菜茶叶研究所进行育种栽培等技术研究。第三，通过旅游探索乡村发展模式。依托全球重要农业文化遗产认证，推出旅游路线，创造茶叶采摘、茶叶烘烤、茶艺等项目，打造茶叶博物馆等设施，开发绿茶料理、护肤品等产品。

4. 生态为本，公私合力

（1）制度建设。一方面，《农地法》《食品、农业和农村基本法》《可持续农业法》等奠定了日本食品安全、乡村振兴、农业发展的法律基调。《农林物资规格化和质量表示标准法》等法律、国家有机农产品认证（JAS）等制度，确保生态认证的科学性和权威性。① 同时，《自然环境保护法》《国土利用计划法》等土地利用、生态保护法，《生态旅游推进法》等旅游推进法，为明确“日本型生态旅游”的“大力推进地域”提供了依据。② 由此可见，日本通过乡村环境保护、生态农业建设、乡村旅游发展的法律制定，为协同发展奠定了坚实的制度基础。

另一方面，政府是生态农业和乡村旅游公共管理的核心组织。③ 在中央，农林水产省主管国家农林水产业振兴、国土与自然环境保护、食品安全供给等工作，制定《食品、农业和农村基本法》等法律，进行生态农业认证管理。日本观光局是推行观光立国、完善旅游相关措施的官方机构。在地方，县以下设市、町、村。市、町、村不同行政部门下设立有推进乡村旅游发展的观光振兴（娱乐）课或商业观光课，以及推进生态农业发展的农业管理课。不同课之间通过协作共同推进乡村旅游与生态农业的协同发展。

---

① 姜达炳. 日本生态农业考察的启示［J］. 农业环境与发展，2002，19（4）：42－44.

② 郭步尧. 日本生态旅游推进法及其对我国的启示［J］. 中国经贸导刊，2013（11）：52－55.

③ 向朝阳. 日本农业公共管理与社会服务之浅见［J］. 世界农业，2012（4）：54－55.

此外，专业化社会组织、行业协会、高校科研机构也为协同发展，提供了健全的社会服务。第一，日本社会化服务组织高度发达，包括农协、自然保护协会、生态旅游协会等协会组织，为生态农业和乡村旅游提供质量监控、金融保险、产品销售、设施分享、技术培训等服务。第二，行业协会在进行市场配置资源、协助政府推行产业政策、宣传推广等方面发挥作用。[①] 第三，高校科研机构、行业协会、政府、企业建立“产官学”合作体系。农业研究所在育种、栽培等方面提供技术支持，高校旅游专业培育专门人才，都为协同发展提供人力与技术支持。

（二）协同发展的主要路径

日本从20世纪60年代启动乡村旅游与生态农业的协同发展至今，已形成政府、企业、农户、协会、科研院所等多方主体参与的发展格局。依托构建的乡村旅游与生态友好型农业协同发展的理论框架，考虑主体视角、主体力量、主体关系因素，大致提炼出以下四条路径。

1. “政府 + 协会 + 乡绅 + 农户 + 科研院所”路径

（1）路径主体。从20世纪40年代开始，日本乡村启动战后经济恢复的农业民主化道路，发展自耕农经济体、鼓励农户互助农业生产，催生出很多小规模、家庭化生产的个体农户。这是“政府 + 协会 + 乡绅 + 农户 + 科研院所”路径兴起的社会背景。

第一，政府。包括日本的中央政府及其职能管理部门、地方自治政府及其职能管理部门。[②] 中央政府制定法律、政策、规划；地方政府在中央政府指导下，制定地方法规、政策、规划，推进地方协同发展等事务。

第二，协会。包括旅游类行业协会、农业类行业协会等。乡村旅游

---

① 雷鸣．商会和行业协会在日本经济高速增长过程中的作用［J］．现代日本经济，2006（4）：6－10.

② 周琳，等．日本农林水产省食物安全管理机构设置及工作重点［J］．中国食物与营养，2016，22（11）：5－9.

与生态农业的协同发展，很大程度上就是农业和旅游业、农产品和市场对接的成果。

第三，乡绅。指有威望、影响力，为乡村公共利益起带动作用的个人，或者必要时能发挥潜在带动力的个人。包括为协同发展做出贡献的民间农业专家笃农家；组织农业生产、旅游接待的市长、町长、村长等正式精英；地方农协会长、旅游协会会长等非正式精英。①

第四，农户。以种植、养殖等方式参与生态农业生产，以民宿等方式参与乡村旅游经营的居民。其中，日本家庭农场高度发达，依托家庭农场发展乡村旅游，是农户实现三产融合的新出路。②

第五，科研院所。提供生态农业品种培育、技术推广、土壤改良技术支持，乡村旅游规划指导、文化创意、项目策划等人才支撑的大中专院校、科研机构。③

（2）关键环节："协会、农户、乡绅"的"三位一体"。一方面，日本国土面积小、地块分散，农业生产经营规模小，加之生态农业对技术化、专业化要求较高，决定了农业生产走精致化、品质化道路。另一方面，乡村旅游既是一种家庭经济形态，也要满足现代服务业标准。这就要求日本在协同发展中，探索适合生产力水平、生态农业生产标准、乡村旅游经营需求的组织模式。

第一，协会角色。负责解决分散农户生态农业技术缺失、机械化程度低、效率不高、农产品销路不畅、旅游经营管理技术不强等问题。第二，乡绅角色。包括笃农家、正式精英、非正式精英，其知识能力与身份的合力，更容易获取农户对参与协同发展决策的认同，乡绅也成为乡村旅游与生态农业协同发展中，多方主体之间的重要"黏合剂"。第三，农户角色。在协会组织下、乡绅动员带领下参与协同发展，成为农

---

① 李晶．乡村再建中的"乡绅"——日本东北地区乡村的田野调查经验对中国社会的启示［J］．云南民族大学学报（哲学社会科学版），2017（2）：86－93.

② 华章．家庭农场旅游开发模式研究［D］．东南大学，2015：27－29.

③ 王丽燕，庞昊．日本依托"产学合作"培养应用型人才的经验与启示［J］．中国高校科技，2017（9）：51－54.

业、旅游产业融合的生产与经营主体。

2. “政府 + 协会 + 乡绅 + 农户 + 企业”路径

（1）路径主体。20 世纪 70 年代，日本政府着力探索乡村生产经营升级模式，许多农户以家族为单位开展合作经营、成立农业企业，这些成为“政府 + 协会 + 乡绅 + 农户 + 企业”路径的社会背景。第一，企业是承担协同发展中生态农业种植、生产、加工、销售等一体化工作的主体，以中小型企业为主。[①] 第二，协会是组织农户开展旅游接待，为村庄、农户提供创意策划、项目开发、市场营销等服务的主体。第三，乡绅在协会、乡村中担任职务，起到协同发展的带头、示范、带动作用。第四，农户是依托农产品品牌、乡村生态环境，通过乡村民宿、特色美食、主题节庆活动等参与旅游经营的主体。

（2）关键环节：“双引擎”推动。企业组织农业生产，协会、农户、乡绅参与旅游发展，形成协同发展的“双引擎”。第一，企业发挥生态种植、加工、销售等一体化作用，尤其为乡村旅游与生态农业的协同发展，提供产业起点。第二，协会通过乡绅组织农户开办民宿、提供乡村美食，参与到乡村旅游发展。从而让乡村旅游业成为生态农业产业的衍生产业，努力实现日本“1 +2 +3”“1 * 2 * 3”的乡村发展“6 次元战略”。[②]

3. “政府 + 协会 + 乡绅 + 生产合作组织 + 科研院所”路径

（1）路径主体。根据新施行的《食品、农业和农村基本法》，以村落为主的农业生产合作组织成为日本农业基本的重要生产主体。“政府 + 协会 + 乡绅 + 农户 + 科研院所”路径与“政府 + 协会 + 乡绅 + 生产合作组织 + 科研院所”路径相比较，有着政府、协会、乡绅、科研院所四个相同的主体，在两种协同发展路径中，几乎发挥着相同作用。因此仅

① 美文．日本中小企业何以长期保持活力？［J］．休闲农业与美丽乡村，2003（12）：59 - 60.

② 刘松涛，等．日本农业六次产业化对破解我国乡村三产融合困境的启示［J］．农业经济，2018（4）：3 - 5.

对“政府+协会+乡绅+生产合作组织+科研院所”路径中的“生产合作组织”进行剖析。根据新施行的《食品、农业和农村基本法》等法律，生产合作组织是由同一个乡村的分散农户，在自愿协商的基础上，共享机械设备、劳动力等生产资源，实现农业生产的部分环节或者全过程合作的生产合作体。①

（2）关键环节。“政府+协会+乡绅+生产合作组织+科研院所”路径的关键环节有四个方面。第一，活动范围明确。生产合作组织有着明确的地域范围，即以血缘或者地缘关系而形成的自然村或者行政村。第二，合作基础平等。合作基础是自愿协商、平等合作。第三，业务领域清晰。为农业生产、销售、保险、信贷、生活消费等服务。第四，类别多样。在乡村旅游与生态农业的协同发展中，发挥组织、协调、服务等作用的生产合作组织有农业类协会、乡村旅游类协会等。其中，生产合作组织的“带头人”基本是有着知识、技术，热心乡村公共事业的乡绅。

4.“管理公司+NPO+协会+农户”路径

（1）路径主体。在日本的乡村旅游与生态农业协同发展中，“管理公司+NPO+协会+农户”路径，重点解决协同发展中的商业模式问题。第一，管理公司指商业运营公司，包括农场、果园、牧场等形式，大多为同一类型农户的经营联合体。第二，NPO是“non-profit organization”的缩写，中文译为非营利性组织。指代独立于政府或者民间、从事非营利性活动的社会组织。第三，协会主要指地方的专业协会，主要包括各类农业协会、乡村旅游协会等。第四，农户。包括进行农业生产和加工的农户，开展乡村旅游经营管理的农户。

（2）关键环节。“管理公司+NPO+协会+农户”路径的关键环节包括以下方面。第一，NPO积极参与。NPO主要包括社团法人、财团法人，活动经费来自政府资助、社会捐赠、自身募捐，活动范围受限于

① 张引君．日本农协经验对我国农业合作组织发展的启示［J］．河南农业，2017（5）：55.

政府、居民、捐赠企业，NPO 视乡村旅游为乡村振兴的重要路径，在协同发展中主要完成乡村旅游的景观建设、活动开发等工作。[①] 第二，合作分工明确。管理公司发挥平台作用，主要负责生态农业、乡村旅游的品牌运行；以及协同发展的项目运营，如为农场、果园及周边农户提供生态农产品直销服务等。农户负责生态农业生产和产品加工，提供乡村旅游经营接待服务等；农户的农业生产由农业类协会，乡村旅游经营由旅游类协会自律性管理。

（三）日本国情对协同发展路径的影响

日本立足于国情，从推动生态农业发展、有效利用生态农业资源、发展乡村生态旅游着手，持续探索乡村旅游和生态农业的协同发展路径，取得了较好的实践效果，为中国寻求乡村旅游和生态友好型农业协同发展路径，提供了有益经验借鉴。然而，日本与中国在资源基础、社会发展、制度环境、职业农民发展现状方面存在差异，这对构建乡村旅游和生态友好型农业的协同发展路径产生着影响。

1. 国情存在差异

（1）国家资源基础。国家的地理特征在很大程度上决定着国土资源的状况，而土地资源则是国土资源的重要组成部分。日本是一个由东北向西南延伸的弧形岛国，平原面积狭小，全国 68% 是山地，陆地面积为 37.78 万平方公里，耕地有限且位置分散。近年来，日本农业人口、耕地面积和农业总产值不断萎缩[②]，有着自然资源基础薄弱、较为贫乏和人地关系较紧张等资源现状。中国陆地面积约为 960 万平方公里，平原、盆地约占陆地面积的 33%；丘陵、山地、高原约占陆地面积的 67%。根据《中国统计年鉴（2018）》，中国农业用地占土地面积的比重达 60% 左右。整体来讲，土地辽阔、类型多样，山地多，平地

---

① 杨希．日本乡村振兴中价值观层面的突破：以能登里山里海地区为例［J］．国际城市规划，2016，31（5）：115－120.

② 李晓娜．日本国农业发展概况［J］．世界热带农业信息，2017（Z1）：19－21.

少；地形地质条件复杂、土地利用方式多样；土地地区分布不均匀，农业生产的自然环境、社会经济条件地域差异性鲜明。①

（2）社会经济情况。一方面，日本作为发达国家，农业生产完全现代化，旅游业高度发达；生态农产品、乡村旅游产品消费需求大、市场发达。另一方面，中国作为发展中国家，处于经济发展、社会转型，努力推动生态农业种植、树立国民健康消费观念和培育乡村旅游市场需求的关键时期。因此，自然资源基础、国民消费观念，社会经济的高度发达，促使日本选择以高效率、高附加值、高效益为特征，以精细化发展为内涵的现代农业与服务业协同发展道路。中日的国情差异也决定，中国乡村旅游与生态友好型农业的协同发展，要综合考虑政府角色、技术水平、市场力量、农民需求、社会组织发育程度等诸多要素，应探索出符合中国国情的协同发展路径。

2. 制度环境有着差异

（1）现代治理环境。《日本国宪法》赋予地方政府独立法人地位②，奠定了地方自治的中央和地方分权格局③。《地方自治法》明确了地方自治组织和运营事项，地方自治首脑、议会的选民直接制度。④ 赋予地方居民充分的话语权、社会组织宽松的成长空间。这些推动乡村旅游与生态农业的协同发展，使之呈现多方主体充分参与的治理格局。

中国的央地关系展现出总体集权和适度分权的特性⑤，乡村居民习惯于依赖政府表达诉求和获取利益，社会组织成长与发挥作用的空间有限。中国在乡村旅游与生态友好型农业协同发展中，要通过创造良好治

---

① 李伟．中国土地整理的区域差异及对策［J］．城市地理，2016（2）：75.

② 洪骥．日本国宪法第92条“地方自治之本旨”的解释论——从“保不保障”到“保障什么”［M］//日本法研究．中国政法大学出版社，2016：20－58.

③ 干保柱，毕亚娜．战后日本中央与地方关系的重构［J］．兰州学刊，2017（5）：72－87.

④ 陈鹏．日本地方立法的范围与界限及其对我国的启示［J］．法学评论，2017（6）：148－162.

⑤ 臧雷振，张一凡．理解中国治理机制变迁：基于中央与地方关系的学理再诠释［J］．社会科学，2019（4）：3－16.

理环境，为居民、社会组织的发展提供制度空间、技术指导等。

（2）农业制度环境。日本《农地法》《食品、农业和农村基本法》赋予个体农户、企业法人土地主体地位，鼓励集约利用土地、有序开展土地流转；《乡村地区引进工业促进法》等吸引转出乡村人口回流。诸多农业制度从主体、规模层面影响着协同发展路径。现代农业技术普及加速了生态农业产业推广，影响协同发展的产业发达程度；现代服务的成熟，从技术层面影响着协同发展中第三产业向第一产业的延伸。

21 世纪以来，中国乡村社会持续处于传统农业向现代农业的转型发展历程。农民集体组织是农村土地的所有权人，农民享有土地承包经营权；法律鼓励合法有序的土地流转，培育农民、农业企业、新型组织等乡村经营主体。工业化吸纳乡村人口能力强，劳动力呈现乡村到城市的单向流动。[①] 同时，农业科学技术与发达国家差距较大，生态农业产业处于起步阶段；现代服务业水平落后于发达国家，乡村旅游服务水平有较大提升空间。[②] 中国和日本在农业制度环境上的差异，极大地影响着两个国家对乡村旅游与生态友好型农业协同发展路径的选择。

3. 主体培育存在差异

（1）农户类型和现代化差异。在农户类型方面，日本认可个体和企业法人参与农业生产、土地流转的法律主体地位。个体指个人或家庭形式的农业生产经营者，企业法人是个体农户联合成立的从事农业生产等行为的法人。这有利于土地向有生产经营能力的主体集中，有助于实行农地适度规模经营，农业生产的规模化、集约化、科技化，极大地保障着乡村旅游对生态农业的主体的承接。在组织现代化方面，日本有较成熟的农业、旅游业现代化组织，它们是克服小农经营弊端、引导农户共同生产的载体，也是政府农业政策落地的重要保障，在沟通农户、政府、企业、市场中起到桥梁作用。

---

① 周洪霞．我国人口流动、城市化与工业化的关系分析［J］．南京审计大学学报，2015，12（2）：55－62．

② 蒲玉．中国现代服务业发展问题研究［D］．吉林财经大学，2014．

目前，中国正在完善乡村土地“三权分置”，在乡村土地规模化、集约化，农业生产技术应用、新型农业主体培育、农业社会化服务体系构建等方面，与日本存在差距。这无疑影响着乡村旅游、生态友好型农业主体的发育与成长，进而影响着协同发展路径的选择和构建。

（2）农户兼业化经营。农户兼业指农民在从事农业生产的同时，还从事其他行业的生产经营活动，并取得部分收入的经济行为。农户兼业化经营在日本存在已久，早在1941年兼业农户占比就达到58.15%。[①] 中国乡村实行家庭承包经营，农户家庭是基本生产单位；政府鼓励农民多种经营，乡村兼业化经营现象增加。[②]

中国和日本农户兼业化差异在于两国土地制度的差异；日本农业技术水平、旅游服务水平较高，中国相对较低；日本农业社会化服务较发达，中国相对发展滞后等。呈现在协同发展中，日本农户有着更专业化的生产能力、更多兼业机会，农业生产户，也是乡村旅游经营的主要力量。在中国，农户受限于农业技术、农业社会化服务等因素，乡村旅游经营主体，尤其是农户，往往没有足够的资金、技术、知识等，参与生态农业生产。进而导致协同发展主体的割裂，不利于协同发展的推进。

三　四川省乡村旅游与生态友好型农业的协同发展

（一）协同发展的主要路径

1987年出现于成都近郊的农家乐是我国乡村旅游的雏形之一。30多年来，四川坚持探索破解传统农耕文明与现代农业技术的耦合难题，践行农业生产发展与价值提升同步推进、农业增产与生态保护统筹兼顾的道路。乡村旅游在合理利用农业资源、发挥现代农业多功能性、提高

① 梅建明，何新民．日本农户兼业经营对农地经营规模的影响及启示［J］．湖北社会科学，2003（7）：84－85．

② 翁贞林，等．农户禀赋、区域环境与粮农兼业化——基于9省份1647个粮食种植户的问卷调研［J］．农业技术经济，2017（2）：63－73．

农业生态效益、实现城乡平等互利中，作为农业经营模式而走出特色协同发展道路。本节在此抓住农业产业基础、旅游产业延伸两大产业要素，综合考虑主体、主体关系等要素，构建出如下路径。

1.“政府＋专业合作社＋农户＋科研院所”路径

（1）路径情况。①路径主体。第一，政府。主要指乡村旅游与生态友好型农业协同发展地的县级地方政府。第二，专业合作社。主要指农民专业合作社、土地流转合作社、乡村旅游合作社等乡村互助性经济组织。第三，农户。以户为单位进行生态农业生产、乡村旅游服务接待的乡村居民。第四，科研院所。为生态农业生产、旅游服务接待提供信息交流、技术咨询、技术推广和生产经营培训的高等院校、研究院所、农业科技专家大院等智库型机构。

②路径要点。一是，政府负责全面规划，在制度和建设层面对当地生态农业资源、乡村旅游资源进行整合、定位、开发，对协同发展的产品进行市场营销。二是，政府鼓励和扶持生态农业生产类、土地流转类、乡村旅游经营类等农民专业合作社的建立和运营。三是，农民专业合作社牵头组织分散农户参与生态农业种植、旅游服务接待，政府鼓励村民参与到协同发展的过程中。四是，政府邀请科研院所为乡村旅游、生态友好型农业产业发展提供技术指导，给协同发展提供智库支持。

③路径优越性。路径的优越性在于主体之间“分工明确、各司其职”。政府是行政主体，依据公共管理职能牵头做好产业规划。专业合作社是现代农业的新型经营主体，能够发挥在提高农民组织化程度方面的优势。科研院所是智库型机构，能够弥补专业合作社在专业技术、市场信息方面的短板。[①] 村民参与生态农业生产、以户为单位做强乡村旅游服务。尤其是，村民在这一路径下有着充分的参与机会、决策机会，因此一旦被调动积极性，就会支持生态农业生产与乡村旅游发展，协同发展的效益也就明显得多。

---

① 潘凌云．新乡村建设背景下的农民专业合作社发展研究［J］．农业经济，2016（5）：45－47.

（2）典型案例。2012 年，崇州市人民政府成立“崇州市稻田综合种养领导小组”，帮扶白头镇和旺土地股份合作社、桤泉千泉土地股份合作社、集贤乡文锦土地股份合作社组织农户，对接成都市农林科学院水产研究所成都市稻田综合种养推广体系专家团队。专业合作社组织农户试点稻蟹、稻虾、稻鳖、稻鳅、稻鱼 5 种生态农业综合种养技术。2015 年，依托综合种养稻田，打造出长度达 58 公里、面积为 100 多平方公里的“稻香旅游环线”。2017 年，注册了崇州市行政范围内经营主体共享的“稻虾藕遇”公共区域品牌，实现商标注册、品牌打造的规模化和产业化经营。“政府 + 专业合作社 + 农户 + 科研院所”路径的关键点包括以下几个方面。

①政府主导。政府通过政策制定、财政拨款来实现目标。第一，推动生态农业技术引入、实验、推广，以及乡村旅游发展。第二，引入专家大院、生态农业企业，扶持农民专业合作社成立和运营。第三，修建实验基地、旅游基础设施等，设立研发和推广生态农业技术的科技发展基金等。在该路径中，通过和企业签订项目合作协议、与专家签订聘任协议，引入技术力量、搭建技术研发和应用平台；通过建立育苗中心、标准化大棚、示范基地等，进行技术实验、检验生产技术成果。

②农户的组织过程。农户自愿选择加入专业合作社，农民专业合作社组织和管理分散农户。社员大会、监事会、理事会等是农民专业合作社的组织机构；全体社员是社员大会的组成者，社员大会是农民专业合作社的权力机构；农民专业合作社设理事长、理事会；设执行监事或监事会；理事长为法定代表人；农民专业合作社根据社员大会决定，设经理和财会人员；经理在理事会授权范围内展开经营活动。在打造“稻香旅游环线”的过程中，桤泉千泉土地股份合作社、集贤乡文锦土地股份合作社就发挥着组织分散农户的功能。

③专业合作社运营。参与崇州市生态农业综合种养和乡村旅游协同发展的合作社，均为崇州市乡村土地承包经营权股份合作社。2010 年开始，崇州市探索性运用乡村产权制度改革成果，在农户自愿入社、自

由退社、共享利益、共担风险的基础上，鼓励农户自愿折股土地承包经营权并出资建立乡村土地承包经营权股份合作社。2013 年，崇州市农业部门成立“崇州市农民专业合作社联合会”，为农民专业合作社提供行业指导、科技推广、培训咨询、品牌创建、产品营销、投资融资、合作交流、财务代理等服务。[①] 农民专业合作社运营情况见表 5－2。

表 5－2 四川省崇州市农民专业合作社运营情况

序号	环节	运营方式
1	农户之间的利益联结	①入股：农户以 0.01 亩折合 1 股，并且按照 1 亩出资 10 元，作为合作社启动资金； ②分红：年终经营纯收入“90% 用在土地入股分红，10% 为风险金、公积金、工作经费”
2	合作社运行机制	①制定合作社章程，依据章程规定选举合作社的理事会、监事会； ②理事会负责土地的生产经营，通过合同聘请农业职业经理人，决定“种什么农产品、技术标准是什么、如何种农产品”； ③合作社根据理事会确定的农产品生产标准进行“订单生产”； ④合作社在生产经营过程中“三统购”“四统一”，统购种子、农药、肥料；提供机耕、机防、机收、管理服务
3	合作社融资机制	合作社以土地经营权为抵押物进行抵押贷款，获得的资金用于特色生态农业发展

④科研院所的技术服务。第一，政府搭建服务体系。2008 年，成都市农林科学院水产研究所与崇州市人民政府签订协议，成立农业科技专家大院。2011 年，崇州市成立“成都市崇州现代农业和旅游业人才工作站”，帮助专家对接生态农业的一线技术服务，该工作站 2016 年被评为国家级专家服务基地。[②] 第二，科研院所提供技术服务。积极配合建立实验基地、参与技术实验的乡村，在协同发展中就掌握着生态农业

① 中共崇州市委党校课题组．现代农业发展模式的创新实践——对崇州市“1＋4”现代农业发展模式的调研报告［J］．西部经济管理论坛，2013，24（2）：63－66．

② 侯初初．我市首家产业区载体市级人才工作站挂牌［N］．成都日报，2011－04－22（1）；孙兴伟．人社部确定首批 20 个国家级专家服务基地［J］．人才资源开发，2016（1）：63－63．

技术的优先权。通过技术应用和技术推广，为乡村旅游提供生态农业景观、生态农业产品资源，把生态农业生产技术推广到34个农民专业合作社。在此过程中，合作社的经理以其工作职责、技术能力、专业知识，成为对接专家团队、推广生产技术的重要窗口。

⑤乡村旅游的经营培训。乡村旅游是技术含量较高的一类经营活动。崇州市通过对乡村旅游经营者的技能培训，提高其综合素质、服务技能，帮助树立生态环保意识、市场服务理念。经营培训课程包含乡村生态环保知识，乡村旅游经营管理、服务接待技术模块。乡村生态环保知识涉及乡村环境问题、面源污染，污水处理、饮用水源保护，“三沼”综合利用、生活垃圾分类投放、农产品安全保障等内容。乡村旅游经营管理、服务接待技术培训由经营管理能力培训、服务接待技术培训组成，内容涉及人力资源管理、对客服务礼仪，旅游产品开发、旅游接待点管理等。

2. “政府+专业合作社+社会组织+协会+农家乐”路径

（1）路径情况。①路径主体。一是政府。即乡村旅游与生态友好型农业协同发展地的县（镇）级地方政府。二是专业合作社。指乡村旅游合作社、土地流转合作社等乡村互助性经济组织。三是社会组织。包括文化、教育、科技、环保、慈善等类型的社会组织。[①] 四是协会。由从事乡村旅游经营、农业生产等相同行业的农户、企业或其他组织，自愿成立的协调本行业发展的组织。五是农家乐。依托乡村自然环境、生态景观、传统文化、村民生产生活等资源，以农户为接待单位，以“吃农家饭、品农家菜、住农家院、干农家活、娱农家乐、购农家品”为特色的乡村旅游经营方式。[②]

②路径要点。一是，政府出资全面规划、建设基础设施，支持成立行业协会、农民专业合作社，引导行业协会进行乡村旅游经营管理的行

① 李培林．我国社会组织体制的改革和未来［J］．社会，2013，33（3）：1－10.

② 邹统钎．中国乡村旅游发展模式研究——成都农家乐与北京民俗村的比较与对策分析［J］．旅游学刊，2005，20（3）：63－68.

业自律管理；引导农民专业合作社组织农户进行农家乐生产经营。二是，社会组织针对协同发展中乡村、村民面临的生态环境保护、农业技术应用，旅游产品创新、活动策划等需求，提供不以营利为目的、针对性强、形态丰富的服务。三是，农家乐在乡村地域内集中经营，农民参与乡村旅游程度较高，农家乐组织化程度较高，形成乡村式农家乐集群发展的典型形态。[①]

③路径优越性。一是，有利于培育新型农业经营主体。形成在家庭承包经营基础上，进行集约化、专业化生产经营，社会化、组织化程度较高的现代农业生产经营组织[②]，包括家庭经营，如家庭农场、专业大户；合作经营，如农民专业合作社、土地股份合作社等；公司经营，如龙头企业、小微经营企业等。合作社组织分散农民，乡村地域内农家乐进行集约化、商品化的经营，主体发挥优势、相互融合、共同成长。

二是，有利于发挥乡村旅游集群优势。在政府引导、行业协会规范管理、社会组织支持帮助下，乡村打造农家乐的品牌特色；农家乐业主在专业化分工的同时，在乡村内部联合经营。不仅延伸农业产业链条，推动乡村经济结构转型升级；也有助于完善农家乐产业链，提升农家乐服务质量和经营水平，促进农家乐的规范经营、良性竞争，实现协同发展的规模效益和品牌效应。

三是，有助于行业协会成长。旅游行业协会是旅游经营者在自愿基础上出于共同利益组成的民间社会性团体。[③] 现阶段协同发展中，进行行业自律的协会主要是乡村饭店协会、乡村旅游协会等专业协会；乡村旅游经营管理中农户、企业等因共同利益自发组建的非注册协会或商会组织。旅游行业协会以行业自律积极参与协同发展，在发挥自身优势和

① 吴文智，等．利益驱动下的村落式农家乐集群经营模式研究——以苏州明月湾古村落为例［J］．农业经济问题，2015（6）：44－51.

② 陈晓华．大力培育新型农业经营主体——在中国农业经济学会年会上的致辞［J］．农业经济问题，2014，35（1）：4－7.

③ 徐虹，刘海玲．转型期中国旅游行业协会法人治理机制研究——基于全国31个省、市、自治区的调研［J］．旅游学刊，2016，31（5）：89－100.

作用的同时，有了更广阔的成长空间，实现了与产业的共同成长。

（2）典型案例。周坪是四川省雅安市荥经县龙苍沟镇发展村下属村民小组，距成都175公里、离雅攀高速（龙苍沟）出口7公里；森林覆盖率近98%，全年平均温度在20℃左右。2013年4月20日，雅安市芦山县发生7.0级地震；周坪村民住房垮塌、道路交通等设施受损。同年，周坪启动灾后社区重建。肩负地震后的灾害治理、（传统）产业发展（转型升级）重任，周坪选择走上以生活离灾、生态保育、生态生产为内核的永续社区发展模式。实践出“政府+专业合作社+社会组织+协会+农家乐”的乡村旅游与生态友好型农业协同发展路径，路径关键点包括以下几个方面。

①建立多元治理主体格局。2015年周坪项目管理委员会成立，委员会成员来自政府、社会组织、科研院所，涵盖离灾减灾、生态保护、旅游发展领域，委员会成为推动永续社区建设的核心组织力量。在这一路径中，政府是公共事务管理、自然灾害危机管理主体；但通常难以应对非常态的公共危机治理问题，导致低效性治理。社会组织作为“第三方”力量，以其灵活性、相对独立性等在一定程度上弥补了政府管理的不足。在协同发展中，与专业合作社、行业协会等共同发力，搭建起周坪乡村旅游与生态友好型农业协同发展的多元治理主体格局。

②专业技术深度参与。在周坪项目管理委员会成员中，实践协同发展路径的专业技术力量有两个方面。一是非政府组织（NGO）。即公民或机构为了公益目标或互益目标成立，有一定管理结构、能独立自主运转、提供社会服务的社会自治组织。[①] 具体包括NGO备灾中心、成都观鸟会、成都高新区乐康关爱生命发展中心等。二是科研院所。四川旅游学院生态旅游研究所为周坪乡村旅游与生态友好型农业的协同发展，提供生态旅游、自然教育、环境保护等技术指导。

① 马全中．非政府组织概念再认识［J］．河南社会科学，2012，20（10）：36－39.

③建立协同发展的议事机制。为了推动乡村旅游与生态友好型农业的协同发展，提高灾后重建效率，在村委会的会议室，周坪项目管理委员会定期开展名为“世界咖啡馆”（制度规范如表5－3所示）的议事活动。邀请乡村旅游、自然教育、生态保护等专家，以技术讲座、头脑风暴、村民座谈形式，围绕灾后重建、社区治理、旅游发展、生态保护重大事项议事，建立起各方主体认同的议事规则、后勤制度、执行原则等规范，调动起村民参与灾后重建、协同发展的热情，保障了村民民主参与协同发展。

表5－3　“世界咖啡馆”的制度规范

序号	制度项目	具体规范	规范目的
1	参会制度	每户以直系亲属为代表、以家庭为单位参会	参与主体的广泛性
2	请假制度	只能在“婚、丧、嫁、娶、病”的特殊情况下请假	参与过程的严肃性
3	后勤制度	每次会议以户为单位出人轮流承担后勤服务工作	后勤服务的规范性
4	决策制度	乡村旅游协会、项目管理委员会、村委会（代表村民）提出讨论议题；召开多方主体共同参与的会议讨论议题；多方主体在会议上表达真实想法、讨论最佳选择；多方主体形成共同决议	决策过程的程序性
5	实施制度	项目管理委员会协助村委会、村民实施会议决议	项目实施的权威性

④满足多样化的发展需求。永续社区首次出现于台湾地区，是一种以永续经营（sustainable management）为运作模式的社区工作思路。永续社区的发展目标，兼顾社区自然、社会、经济，追求社会经济发展和世代物种维持的平衡。周坪通过乡村旅游与生态友好型农业的协同发展，较好地实现了减灾离灾、生态保育、产业发展的永续社区建设目标。而周坪多样化的发展需求具体如表5－4所示。

表 5－4　周坪的多样化发展需求

序号	生态农业发展	乡村旅游发展
1	以珙桐林为主的特色生态林业种植；箭竹、斑竹、苦竹等特色生态林业复育、补种；蓝莓等生态农业园区建设；鸡、鸭等家禽林下生态养殖	生态农业、生态旅游观光；特色餐饮、农家乐等乡村休闲；生态农产品（旅游商品）直销；珙桐花开等旅游节庆活动；
2	油菜种植等特色农业经济作物生态种植	生态农业观光、乡村（农耕）体验性活动
3	灾后重建、灾后治理、生活恢复；生态环境保护、大熊猫栖息地修复、鸟类迁徙路线保护；其他珍稀濒危物种保护	“观鸟”活动、青少年游学教育、防灾减灾教育等自然教育活动

3. “政府＋景区管理委员会＋村委会＋专业合作社＋家庭农场”路径

（1）路径情况。①路径主体。一是政府。指乡村旅游与生态友好型农业协同发展地的县级地方政府。二是景区管理委员会（简称景区管委会）。是负责景区设施建设、经营管理，安全生产、综合治理，协调乡（镇）、村，景区经营主体之间关系，开展日常事务工作的管理机构。三是村民委员会（简称村委会）。是村民自我管理、教育、服务的基层群众性自治组织。[①] 四是专业合作社。指农民专业合作社、土地流转合作社等乡村互助性经济组织。五是家庭农场。是以家庭为单位从事生态农业生产、乡村旅游接待的经营主体。

②路径要点。一是，政府出资规划、建设基础设施，支持成立行业协会、农民专业合作社，引导行业协会进行乡村旅游经营管理的行业自律管理；引导农民专业合作社组织农户进行生态农业生产经营，支持农户建立和发展家庭农场以开展生产经营。二是，政府牵头进行生态农业产品的品种培育、品牌打造、营销推广；依托生态农业生产，打造乡村旅游景区。三是，村民依托家庭进行生态农业的规模化、集约化生产经营，进行乡村旅游的商品化经营，以经营收入作为家庭主要收入来源。四是，景区管委会负责景区管理。为政府直属公益类事业单位，有行政

① 中华人民共和国村民委员会组织法（2019 年版）[M]. 中国法制出版社，2019.

建制；具体承担景区规划、保护、建设、管理等工作。

③路径优越性。一是有助于社区建设。在这一路径中，村委会作为主体参与协同发展，管理乡村公共事务，调解围绕协同发展产生的村民纠纷；组织村民管理乡村，维护社会治安；代表村民与政府沟通对协同发展的想法与建议等。二是有助于探索农业产业化组织模式。在这一路径中，“家庭农场＋专业合作社”是一种较为典型的农业产业化组织模式。在农场家庭联产承包责任制的基础上，有助于坚持农业产业适度规模化生产、专业化生产，建立农户间“利益共享、风险共担”的利益共同体。[①] 不仅带动农户进入市场，也将农业生产环节联结为完整的产业系统。

（2）典型案例。花香果居旅游景区位于四川省成都市新都区斑竹园镇，横跨檀木与回南两个社区，占地 3500 余亩，人口 4000 余人。20 世纪 90 年代，斑竹园就柚子引种育种出“新都柚”。如今，新都柚在两个社区规模化种植，成为生态农业品牌“IP”。新都区以家庭农场为单位，依托新都柚种植打造 3A 级旅游景区，探索出“政府＋景区管理委员会＋村委会＋专业合作社＋家庭农场”的乡村旅游与生态友好型农业协同发展路径。路径关键点由五个方面组成。

①培育推广生态农业。新都柚是新都区主要栽培农作物。多年来，新都区人民政府邀请四川省农业科学院等科研单位，推动育种与标准化生产，进行品牌打造、营销工作。一代代柚农参与栽培，分享种植心得、积累种植经验、实践种植技术，成为新都柚的重要推广力量。柚农还成立家庭农场、组建专业合作社，为社员提供种植技术、生产资料、市场咨询、销售渠道等社会化服务，积极推动新都柚规模化种植和市场化销售。

②走产业型乡村“IP”道路。2019 年的中央一号文件鼓励“创响‘土字号’、‘乡字号’特色产品品牌”。“土字号”“乡字号”特色品牌

---

① 吴方卫．关于农业产业化的几点思考［J］．农业经济问题，2001，22（11）：34－37.

就是乡土“IP”。新都柚于1997通过四川省品种鉴定委员会认定、1999年获“新都柚”名牌产品证书；2005年通过农业部绿色食品A级认证，2010年获得“农业部地理标志农产品”称号。新都区人民政府通过树立“新都柚”IP形象、做好“IP”推广，研发生态农业产品、设计旅游体验项目，提高“花香果居”的特色识别度，增强和增加了柚子产品竞争力和附加值。

③探索产业化组织模式。在花香果居旅游景区，柚农生产销售新都柚、参与乡村旅游，分享柚从生产到销售、从农业到旅游形成的利益附加值。家庭农场、专业合作社“联姻”，形成“家庭农场 + 专业合作社”的组织模式，优越性明显。家庭经营，创新家庭承包经营制度；规模适度，克服主体规模太小难以抗衡市场、规模太大增加管理成本等弊端；专业化生产，通过土地集约化，提高农产品效益和劳动生产率。“家庭农场 + 专业合作社”发挥各自优势，实现分散成员“利益共享、风险共担”的目标。

④打造乡村旅游景区。2015年花香果居旅游景区被农业部、国家旅游局授予“全国休闲农业与乡村旅游示范点”称号。花香果居旅游景区横跨斑竹园镇的檀木、回南社区，导致景区、社区在地理区域的重合，为此开创协同发展的管理模式。通过“景区管委会 + 村委会”开展管理。管委会主任由镇长担任，按照“一个项目、一个领导、一个责任单位、一个工作团队、一个工作进度表”，统筹乡村和旅游设施建设，推进社区治理、景区管理。社区村委会则进行社区治理、协助景区管理工作，实现景区、社区管理标准、过程、目标等的协同。

⑤实行乡村社区治理。一是进行基层群众自治。檀木、回南社区村民委员会下设院落整治委员会、治保委员会。推动院落全面整治，生活环境改善优化；村民依托景观院落经营乡村旅游，实现就业增收。成立治保委员会，解决邻里纠纷、偷盗等治安难题，营造良好景区环境。二是进行行业自律。成立餐饮协会、旅游协会等，进行行业自律管理。三是成立专业合作社。通过土地整理合作社，组织农户用集体建设用地入

股、参与土地整治。通过种植专业合作社，提供技术培训、技术标准、农资供应、产品销售服务，对成员生产经营活动进行管理等。

4. “政府＋企业＋专业合作社＋家庭农场”路径

（1）路径情况。①路径主体。一是政府。主要指乡村旅游与生态友好型农业协同发展地的县级地方政府。二是企业。主要指生态农业龙头企业、乡村旅游投资企业、旅游景区管理企业等。三是专业合作社。主要指农民专业合作社、土地流转合作社、乡村旅游合作社等乡村互助性经济组织。四是家庭农场。以家庭为单位从事生态农业生产、乡村旅游服务接待的新型农业经营主体。

②路径要点。一是政府政策扶持引导。政府在乡村旅游与生态友好型农业的协同发展中，主要通过制定政策、投入资金等途径，重点完成招商引资、基础设施建设、全面规划等工作，政府引导而非主导。二是企业投资生产经营。企业，尤其是农业产业化龙头企业，承担专业的生态农业生产工作；专业化的旅游经营管理工作，由旅游企业承担。旅游企业通过投资、建设、经营、管理旅游景区，提供高档休闲、度假、住宿、餐饮服务，获取利益报酬，维持自身经营发展。三是专业合作社组织农户。农业专业合作社组织家庭农场，按照农业产业化龙头企业技术要求，进行农业生产；企业和专业合作社签订购销协议，承诺收购符合质量要求的农产品；旅游专业合作社组织家庭农场，以农家乐等形式进行旅游经营，为游客提供旅游服务项目。

③路径优越性。集中呈现为政府、企业、专业合作社之间的明确、合理分工。一是，政府投入资金，修建基础设施、公共服务设施，履行公共职能；制定政策、招商引资，指导专业合作社发展。二是，企业投入资金、技术，熟悉经营管理，进行市场开拓、产品营销，有利于建设更有竞争力的生态农业生产地、乡村旅游目的地。三是，专业合作社组织分散农户、推广技术，成为连接企业与农户的重要桥梁，也是农户参与乡村旅游经营的重要组织力量、技术依托。

（2）典型案例。多利桃花源有机小镇（简称多利小镇）位于四川省成都市郫都区白云村，是由上海多利全资子公司（简称多利上海公司）、多利（成都）农业发展有限公司（简称多利成都公司）共同建设的独立法人企业。多利小镇规划占地2万余亩，由有机生态农业示范基地、乡村新型社区、家庭农庄等组成。截至2020年，多利小镇已投资5.2亿元，建设8.1万平方米的乡村新型社区，安置600户1800余人；完成600亩有机生态农业示范基地、12000平方米温室大棚和分拣包装中心建设。组织加工并销售生态农业产品等下游产品，提供种植、观赏、采摘、栖息、养生、品尝、采购等生活体验服务。多利小镇实践“政府+企业+专业合作社+家庭农场”路径的关键点有五点。

①多渠道多途径融资、多方引入社会资本。多利上海公司成立于2005年6月，是全国都市现代农业标杆企业。多利上海公司在上海、四川、海南、山东等地区，建成5万余亩生态农业生产基地。多利成都公司是多利上海公司的子公司，注册资本5000万元，由中国平安、国开金融、浙江绿城、德同资本、关天资本等社会资本投入。无疑为破解中国特色小镇建设中遭遇的“投资大、周期长、回报慢”资金难题，贡献出宝贵经验。

②探索土地利用路径、解决发展用地难题。多利小镇遵循土地利用项目合法，项目立项、环评、招投标手续完毕原则。其中两个环节很关键。第一，农地使用权合法入市。白云村农户以集体经营性建设用地经营权为股本，在政府指导下成立成都白云拓展资产管理有限公司（简称白云公司），组织集体经营性建设用地经营权挂牌出让现场会；多利小镇以公开挂牌出让方式取得集体经营性建设用地的使用权。第二，农地经营权合法流转。依据流转土地“700斤大米+700斤小麦”的租金标准，农户把土地经营权流转给多利成都公司。在确保耕地的种植属不变、地力水平不下降前提下，解决乡村土地谁耕种的问题。

③创新主体合作模式、实现主体利益均衡。创新“企业+专业合作社+农户”的主体合作模式。第一，白云村建立成都利云土地股份合作社（简称土地合作社），在乡村土地集体所有权不动摇、农户土地承包

权稳定的基础上，把农户入股后的自留产业用地作为集体建设用地，打捆流转给多利成都公司；农户以雇佣方式参与小镇建设。第二，白云公司组织农户进行土地整理，农户用宅基地、建设用地入股白云公司，公司取得乡村集体经营性建设用地入市的主体资格。村民经济收入由合作社股权收益、农庄务工收益、集体经营性建设用地租金等构成，较好地实现了农民增收、土地入市后的利益分配。

④创新生产销售渠道、化解农产品产销矛盾。一般而言，农产品从田间收获经过流通环节到达消费者餐桌，多利小镇为保证时效性，力推以下两点。第一，畅通渠道。依托多利微商城、天猫商城、京东等电商平台销售；实现游客餐桌消费与直接购买，形成“从田间到餐桌”的商业运营模式。第二，会员直销。推出宅配蔬菜会员卡，对当季产品进行营养均衡搭配并套餐销售，取消消费者选择权、减少决策时间成本。会员卡采用预付费方式，减少供大于求风险，缓解农产品供求矛盾。建立科学冷冻链流程和高效运输模式；淡季通过自有物流配送，旺季签约第三方物流配送公司，保障宅配时效性。

⑤依托项目导入产业、推动跨产业的联动。第一，推动农产品有机改良、建设高标准农田，导入第一产业，打好特色生态农业的产业基础。第二，建立生产车间，分拣包装农产品，生产周边产品，拓展第一产业。第三，导入第三产业，如引入法国 LUX 高端度假酒店、建设经营性农庄等。建立成熟电商平台，吸纳 40 余家农业企业、农民专业合作社、家庭农场等新型经营主体形成有机农产品联盟，通过品牌支持、科技指导、农资配送、流通共享、销售返利等，与符合有机农产品质量标准的农业型经营主体形成较为固定的产品购销、利益分配机制。

（二）协同发展路径的启示

1. 产业是基础

生态农业是乡村旅游的资源依托，乡村旅游是对生态农业的产业延伸；缺乏农业产业基础，乡村旅游只能停留在农家乐层面；缺乏服务接待支撑，生态农业难以发展为高质量乡村旅游。有良好质量的生态友好型农业、乡村旅游业，是乡村旅游和生态友好型农业协同发展的产业基础。其中，周坪小组大力发展特色生态林业、林下生态农业，为实现乡村旅游与生态友好型农业的协同发展奠定了产业基础。花香果居旅游景区依托新都柚的培育、推广、规模化种植，为协同发展提供了产业支撑。多利小镇也是把打好特色生态友好型农业的产业基础放在首要位置，将以生态友好型农业为本体现于各个环节。

2. 政策是保障

在乡村旅游与生态友好型农业协同发展中，宏观政策要推进新型农业经营体系建设，微观政策要向乡村旅游景区、乡村田园综合体建设等倾斜，精准创造政策机制、资金条件、社会导向。多利小镇就是依托土地政策，实现乡村土地资源向资本转化并确保村民参与的。

3. 知识是力量

第一，培育带头人。通过带头人凝聚村民参与协同发展的合力，搭建村民、政府与游客之间的桥梁。第二，引入技术人才。如崇州引进成都市稻田综合种养推广体系专家团队、建立专家大院，使之成为生态农业生产、乡村旅游管理重要技术力量。第三，建设新型农业经营主体。龙头企业、家庭农场、专业合作社、种植大户等新型农业经营主体，乡村旅游、民宿行业协会，在技术推广、规范经营、行业管理中起到重要作用。

4. 金融是核心

根据市场金融规则、灵活融资机制，为获取协同发展资金创造良好环境。第一，吸纳社会资本。优化资源配置、增强资金实力与运营能力，破解项目投资大、周期长、回报慢难题。第二，完善金融制度。通过出台《四川省人民政府办公厅关于培育和发展家庭农场的意见》（川办发〔2015〕89 号）等支持家庭农场获取信贷、农业保险保费补贴。第三，创新融资方式。成立资产管理有限公司组织农户利用确权后的宅基地、建设用地入股，获取集体经营性建设用地入市主体资格，探索乡村产权融资新途径。

四　江西省乡村旅游与生态友好型农业的协同发展

江西省地处长江中下游，是我国中部地区的农业大省。江西省发展生态友好型、资源集约型农业既有现实需求，也有良好资源基础。事实上，早在20世纪80年代江西省便在全国率先开展生态农业经营，在生态农业发展与乡村旅游开发的实践中逐步摸索出具有江西特色的协同发展路径。

（一）协同发展的主要路径

现代化立体交通体系逐步完善、消费市场日益强大，是探索乡村旅游与生态友好型农业协同发展路径的重要背景。把传统生态农业基础和人才技术储备转变为竞争优势，多维度利用农业资源、挖掘农业多功能价值、提升农业产业附加值，是践行协同发展的宝贵经验，具体形成三条典型路径。

1. “政府＋科研院所＋企业”路径

（1）路径情况。①路径主体。一是政府。指为促进乡村旅游与生态友好型农业协同发展的政府部门。二是科研院所。即为生态友好型农业生产、乡村旅游开发提供技术研发、技术指导与咨询、人才培训服务的高等院校、科研院所等机构。三是企业。即按照国家法律规定进行注册登记、产权清晰、经营管理现代化的产业公司。

②路径要点。一是，政府部门提供土地，进行产业园区的规划组织与管理，提供管理制度等政策支持。二是，科研院所利用自身技术专长和人才优势，为生态友好型农业等的发展提供关键技术支持和人才培训。三是，成立现代化产业公司，对产业园区进行经营管理，面向消费市场，公司负责农旅产品策划、包装、生产和市场营销、服务接待等活动，实现前期投入的效益转化。

③路径优越性。协同发展的主体较少，主体之间关系简单且分工明确。政府部门为项目发展提供园区所需的土地以及相关基础设施配套，在公共管理相关扶持政策上予以倾斜。科研院所属于事业单位，具有较强的科研力量和人才优势，处于产业发展的上游研发环节。科研院所的加入，有助于从技术层面推动生态友好型农业发展，实现科研技术成果的产业转化。企业主要生产销售生态农业产品和乡村旅游产品，处于产业发展的下游环节，最终实现前期所有产业投入的效益转化，并依据市场需求对相关技术研发等进行正向反馈。

（2）典型案例。江西省现代生态农业示范园（即江西凤凰沟风景区，简称示范园）位于南昌市南昌县黄马乡凤凰村，是江西省农业农村厅下属的农业科研事业单位——江西省蚕桑茶叶研究所（简称研究所）利用丰富的试验田土地资源以及良好区位优势，打造出的集生态农业、乡村旅游、科技研发、科普教育、人才培养等于一体的国家级现代农业产业园区。经过 10 余年建设，获得了国家级现代生态农业示范园、国家 4A 级旅游景区、首批全国乡村旅游重点村、全国新型职业农民培育示范基地、全国中小学生研学实践教育基地等荣誉称号。

①政府引导。一是从宏观理念角度进行方向引导。2006 年，江西就把“绿色生态”确定为区域发展的核心理念。二是在空间规划上进行产业引导。省委书记任组长挂帅鄱阳湖生态经济区建设工作领导小组，编制《鄱阳湖生态经济区规划》，明确经济区各城镇的职能和产业分工。三是予以资金等金融支持。2008 年，在江西省农业厅支持下，示范园项目被省人民政府投资立项，获 3000 余万元先期投资，实现一期工程启动。

②科研院所支持。江西省蚕桑茶叶研究所创建于 1958 年，在桑蚕及茶叶的科学研究、技术推广、良种繁育和特色产品开发方面名扬国内。在示范园规划建设中，研究所作为整体技术输出单位参与，结合自身技术优势进行产业项目规划，研发以桑蚕、茶叶、有机农产品的展示与体验等为主的特色项目。同时，与全国知名研究专家、院士等展开合

作，共建现代农业院士工作站，实现“技术研发—产业孵化—技术输出”的转型，与农业技术研发深入和产业链条延伸。

③企业进行经营管理。研究所注册成立江西凤凰沟生态产业发展有限公司（简称产业公司），开展示范园内的经营管理。产业公司立足生态、集约、高效的发展目标，以市场需求为导向，按照现代化企业管理要求，进行市场营销、产品开发、旅游服务接待，形成以茶、桑、蚕丝为主题的农产品和旅游体验产品，通过深化农旅融合，成为江西省休闲农业标杆、三产融合样板。①

2. “高等院校+村委会+合作社+农户”路径

（1）路径情况。①路径主体。一是高等院校。主要是为推进生态友好型农业和乡村旅游发展的高等院校及院校内的相关技术专家。二是村委会。即作为乡村社区的基层群众性自治组织。三是合作社。主要是为促进生态农业或乡村旅游健康发展而成立的乡村互助性社会经济组织。四是农户。在生态农业及乡村旅游实践中，以家庭为单位的最小行动单元。

②路径要点。一是，高等院校利用技术和平台优势，更新居民发展理念、传播生产技术。二是，村委会是基层自治组织，为生态农业及乡村旅游提供公共服务支持。三是，合作社组织分散农民，聚集人力、土地等生产要素，壮大产业规模。四是，农户是最小行动单元，在产业参与中获得技术积累和个人成长，实现个体赋能和脱贫致富。最终，外界助力化为内部动力，较好地推动了乡村旅游与生态友好型农业的可持续发展。

③路径优越性。一是核心主体内利益矛盾相对单一。高等院校更多地做出公益利他行为，更容易获得居民信任，更有利于社会和谐。二是投入成本相对低，更易推行。一般而言，较为缺乏资金启动生态农业或乡村旅游的乡村，往往保留着较多的传统生态农业生产方式。以对传统

① 徐宁，等．田园变公园、园区变景区模式与经验探析［J］．江西科学，2017，35（2）：323－326.

生态农业生产方式的保护与传承为切入点，在延续传统生态农业的基础上，加强乡村环境管理和村民环境教育，更易于推进乡村旅游与生态友好型农业的协同发展。

（2）典型案例。江西省上饶市婺源县上晓起村位于县城东北约 34 公里处，全村 100 余户，共有村民 400 余人，是具有千年历史的传统自然村落，村内多为传统徽派古建筑。上晓起村是我国传统生态茶叶的生产基地、江西省首批现代农业生态示范村，至今保留运输茶叶的古道驿站、水动力茶叶揉捻机。2004 年，上晓起村在婺源县举办的首届“婺绿飘香”国际茶文化研讨会上获得关注，走上传统文化遗产保护、生态农业方式传承以及乡村旅游开发道路。村容村貌焕然一新，乡村旅游发展壮大，成为婺源县的产业新村和美丽乡村。

①高等院校的引导。江西省社会科学院首席研究员、农业考古专家、全国政协委员陈文华教授牵头文化遗产保护、生态农业传承和乡村旅游开发，指导申报“传统水力机械和手工技艺制茶”省级非物质文化遗产，成立上晓起皇菊研究所，建立乡村旅游示范接待点。第二届全国少儿茶艺夏令营、中日茶文化交流与发展学术研讨会等活动的举行，提升了该村的社会知名度。南昌女子职业学院茶艺系与该村签订合作协议，建立茶艺专业教学实习基地。目前，上晓起村已经建设茶文化博物馆、原生态观光茶园，提供茶叶采摘制作、竹筏漂流等服务，实现生态茶叶生产与乡村旅游相得益彰。

②村委会的公共治理。村委会作为乡村社区自我管理的自组织机构，也是乡村社区公共事务的行动主体。在上晓起村，村委会一方面积极采纳江西省社会科学院、南昌女子职业技术学院等机构的相关建议，开展乡村环境整治、村容村貌改造、村庄文化遗产调查与保护、公共服务设施建设等事宜；另一方面积极组织并发动村民投身参与到生态友好型农业和乡村旅游发展中，组织生态茶叶、皇菊生产以及乡村旅游经营接待的技能培训，组织宣传生态环境保护的发展理念等。

③合作社的经营组织。为推动本村的产业发展，整合乡村分散的产

业资源，2006 年，上晓起村成立新农村专业合作社，社长由陈文华教授担任，副社长以及理事等均由上晓起村村民担任。村民以其家庭联产承包的土地入股，合作社每年为入社村民提供 300 公斤稻谷的基本收入，合作社多余经济收益按照土地面积进行分红。同时，对村民参与合作社的农业生产活动，按日支付劳动报酬，当地村民的收入从而由传统的农业收入变为“基本收入 + 劳动报酬 + 年底分红”。入股的土地由合作社统一经营管理。这也是上晓起村初次以土地股份合作社的形式探索农村经济发展的新模式。至 2010 年，上晓起村成立了第一个以种植和加工皇菊为主的农民专业合作社，实现皇菊种植、管理、收割、加工、销售的一体化发展，极大地提升了皇菊的产业化发展水平。2012 年，在陈文华教授的倡议下，上晓起村成立了婺源县上晓起傻教授生态农产品专业合作社，主要负责皇菊与茶叶的生产销售。通过合作社的模式进一步壮大了上晓起村的生态农业产业，生态农产品能够以较高的价格进入高端农产品消费市场。目前，围绕生态茶叶、生态皇菊的生产种植，上晓起村内已成立各类农民专业合作社 7 个，合作社经济得到不断壮大。上晓起村也形成了以皇菊和茶叶为两大主题的集生产种植、加工储存、包装销售等于一体的全产业链发展。

④农户的生产实践。在生态友好型农业发展方面，农户深受陈文华教授的影响，继续采用不施农药化肥的传统生态农业生产模式，并加入皇菊或茶叶的农民专业合作社中。在乡村旅游开发中，农户在陈文华教授的建议下，主动改造自家住房，积极参与乡村旅游的经营接待，并积极关注对本地自然生态环境和历史文化遗产的保护。如今，在上晓起村，超过半数的居民通过改造自家农房参与乡村旅游接待，乡村旅游与生态农业成为上晓起村民的两大核心收入来源。

在上晓起村“高等院校 + 村委会 + 合作社 + 农户”的协同发展路径中，较为滞后的交通条件反而保护了村内的传统生态农业方式和乡村文化旅游资源。也正是上晓起村丰富的茶文化资源和古建筑民居文化资源，吸引了江西省社科院陈文华教授在此开展生态农业与乡村旅游发展的产业实践。因此，这一协同发展路径对于广大中西部地区中仍然保留传统生态农业生产方式、具有一定乡村文化旅游资源的地方具有较大的推广应用价值。

3. “政府 + 企业 + 农户”路径

（1）路径情况。①路径主体。一是地方政府，主要是推行生态农业和乡村旅游发展的地方政府部门；二是企业，即实际推进乡村旅游与生态友好型农业协同发展的农业企业或旅游企业；三是农户，在项目地参与生态农业发展与乡村旅游开发的社区居民。

②路径要点。在“政府 + 企业 + 农户”协同发展路径中，核心利益主体较少，主体之间职责分工较为明确。一是，政府部门从宏观政策上进行方向引导，并制定相关扶持政策，鼓励企业和农户参与乡村旅游与生态友好型农业的协同发展。二是，农旅龙头企业利用自身专业的经营管理优势及产品销售的渠道优势，开发系列生态农业产品和乡村旅游产品，实现产品向商品的转化、资源向效益的转化。三是，农户利用土地资源、自家房屋、劳动力等生产要素，积极投身参与到乡村旅游与生态友好型农业协同发展的实践中。

③路径优越性。一是易于推行，发展成效快。这一路径下，核心主体较少，政府部门与龙头企业更易产生目标一致的协同行为，从而可以快速地推进乡村旅游与生态友好型农业的协同发展。二是有助于新型职业农民和新型农业经营主体的培育。农户是最广泛的参与主体，可以通过家庭农场、农家乐、个体经营户、产业工人等多种形式广泛参与其中，具有较大的产业参与空间。同时通过参与，个体能力、综合素养得到提升，较好地推动传统农民向现代职业农民和产业经营者的转变。

（2）典型案例。丫山景区位于江西赣南市大余县黄龙镇大龙村，森林覆盖率在 90% 以上，空气、水环境、土壤环境质量均达国家一级标准。但经济发展长期以传统农业为主，产业效益低、人口外流，是典型的贫困地区。2006 年，大余县委县政府引进中国农发重点建设基金控股的大余章源生态旅游有限公司（简称生态旅游公司）。历经十余年生态旅游发展，丫山景区获国家4A级旅游景区、中国美丽休闲乡村、中国乡村旅游创客示范基地、首批全国乡村旅游重点村、江西省首家5A级乡村旅游点等荣誉称号。

①政府部门的支持引导。一是，成立以县委书记为指挥长、以县长为副指挥长的建设指挥部，从各部门抽调二十余人组成指挥部工作组，推进规划建设。二是，邀请专业规划团队，组织编制空间、产业、概念等规划策划方案，统筹指导景区开发。三是，设立了1500万元的旅游投资基金，引入并撬动社会资金多方投入。四是，组织农户成立旅游开发专业合作社，保障每一位村民的参与空间。

②龙头企业的市场主导。一是提供产业资金。生态旅游公司利用专业优势和管理实力，引入十余家投资企业进行产业投资，引入社会资金5亿元，解决了资金问题。二是创造产业平台。遵循共赢合作原则，建设农业产业化生产基地推广生态农业种植；与蔬菜、果业、竹叶、养殖等专业合作社合作，统购统销农户农产品。三是推进绿色生态理念。尊重地形地貌和生态环境基础，坚持不砍树、不填塘、不拆房、不推山、不占田。

③社区居民的广泛参与。一是不动产参与。生态旅游公司对农民住房进行无偿装修改造，改造后的农房在产权上仍然属于农民所有，农民可以利用农房经营民宿，也可以租给公司收取租金。二是生产要素参与。村民将承包经营土地交由生态旅游公司管理，收取固定土地租金。三是人力资源参与。村民优先获得旅游岗位聘用，也可以开展旅游经营获取收入。生态旅游公司600多个固定岗位中，80%为村民所有。四是种养殖参与。居民依托家庭农场进行生态农业生产，满足游客消费需求，实现农产品就近消费。村民收入来源演变为“房屋租金收益+土地租金收益+工资收益/生态经营收益”。在乡村旅游引领下，乡村年轻劳动力实现回流。

④农业与旅游的良性互动。大龙村推进生态友好型农业发展的障碍是劳动力匮乏以及生态农产品销路不畅。依托“政府+企业+农户”

模式，大龙村实现了美丽乡村建设和旅游产业发展，年接待200万人次形成巨大的生态农产品消费市场。乡村旅游一方面解决了农民销售生态农产品的后顾之忧，精准锁定中高端市场消费群体；另一方面解决了生态农业发展中的年轻劳动力不足问题。故在强大的市场消费需求的推动和当地社区劳动人口回流的支撑下，传统的生态农业方式得以保留和发展，生态友好型农业与乡村旅游形成良性互动。

（二）协同发展路径的启示

1. 观念转变是前提

无论是生态友好型农业发展，还是乡村旅游开发，首先都需要乡村社区居民观念的转变。阻碍我国乡村发展的因素既有资金短缺，也有思想观念滞后。尤其是对生态友好型农业、乡村旅游产业价值缺乏清晰认识，导致怀抱金饭碗却找不到发展出路。在发展中保护绿水青山，将绿水青山变成金山银山，重要前提还是观念转变。

如上晓村案例中，陈文华教授组织生态农业种植、乡村公益设施建设、文化遗产古迹保护、旅游客栈开设等，逐渐赢得村民信任，使村民真正认识到乡村中传统生态农业与文化遗产的价值，认识到乡村旅游的核心吸引力所在。

2. 生态保护是基础

无论是生态友好型农业发展还是乡村旅游开发，都有赖于优良的生态自然环境，因此生态保护是乡村旅游与生态友好型农业协同发展的前提。乡村环境保护不仅为产业生产提供了更好的条件，同时也为乡村居民生活提供了更高水平的人居环境。

大丫山自然生态环境良好，乡村旅游与生态友好型农业协同发展需要重点保护原有的生态环境。即不仅农业生产杜绝污染环境的化学品，而且在乡村旅游开发中同样秉持生态、绿色的发展理念；在接待服务设施的建设上，最大限度地利用和改造原有的农民房屋；在建设材料的选择上，尽量选择产自本地的材料；在建设的方式上，最大限度地因地就势，避免大拆大建。从而实现对生态环境的保护和社会经济的可持续发展。

3. 人才培训是关键

乡村社区居民是乡村旅游与生态友好型农业协同发展中最为重要的主体，故对社区居民的培训成为推进持续协同发展的关键所在。简而言之，对乡村社区居民的培训就是要让他们由传统农民向现代新型农民和现代农业经营主体、乡村旅游经营主体转变。

在“高等院校 + 村委会 + 合作社 + 农户”协同发展路径的上晓起村和“政府 + 企业 + 农户”协同发展路径的大龙村都可以看出，人才培训的重要意义。只有相信群众、依靠群众、发动群众，通过持续不断的人才教育投入，将传统农民转变为现代新型职业农民，才能为乡村旅游与生态友好型农业协同发展提供源源不断的产业动力，从而将乡村社区的社会经济发展由过去的“政府主导的火车带动模式”向“多主体参与的动车模式”转变。

4. 产业发展是动力

乡村旅游与生态友好型农业协同发展的本质是乡村社区一体多面的同步发展，产业发展是核心动力。一方面，乡村产业发展是实现乡村社会进步、文化繁荣、生态保护的基础与前提，产业发展为乡村社会其他领域发展奠定了物质基础；另一方面，当前的城乡二元结构模式下，实现乡村产业发展与经济增长是迈向城乡一体化目标过程中最为迫切和最为关键的内容。

在上述三个典型案例中，乡村旅游与生态农业产业都得到较好的发展。乡村社区居民在产业发展中实现了经济获益，从而进一步增强了村民参与的积极性和热情，同时也进一步带动了更多的乡村居民返乡创业，参与美丽乡村建设。

5. 政策引导是方向

乡村旅游与生态友好型农业的协同发展涉及较为广泛的利益主体，同时在协同发展过程中也存在多种问题与不足，因此地方政府部门的政策引导在促进协同发展中具有重要的领航地位和方向性作用。

广大中西部地区社会经济发展较为滞后，政府部门的政策引导尤为重要。主要从空间规划、产业基金、财政税收、公共设施、人力资源等方面，制定具体引导政策。在江西省现代生态农业示范园案例中，政府就从发展方向、启动资金、用地等方面进行积极引导，而在大余县大龙村的案例中，政府部门从组织领导、产业基金、空间规划等方面进行重点政策扶持。

第六章　中国乡村旅游与生态友好型农业协同发展的调查研究

一　调查研究地点的选择

基于对乡村旅游与生态友好型农业协同发展的宏观测评及多维分析，微观实证研究要综合考虑我国地域的差异性及乡村社会的多样性。本书在东部、中部、西部地区分别选择浙江省、江西省、四川省的代表性地点（见表6－1）展开调查研究。

表6－1　微观实证研究地点概况

序号	区域	省份	地点	概况	备注
1	东部	浙江省	丽水市青田县 龙现村	全球重要农业文化遗产 中国重要农业文化遗产 浙江省乡村旅游示范点	农业文化遗产村 山区农业乡村
2	中部	江西省	上饶市婺源县 李坑村	全国生态农业试点区 国家4A级旅游景区 江西省历史文化名镇名村	历史文化名村 山区农业乡村
3	西部	四川省	成都市郫都区 战旗村	生菜类首个国家地理标志 保护产品 中国美丽休闲乡村国家 4A级旅游景区	都市近郊乡村 集体经济示范村

（一）四川省成都市郫都区战旗村

1. 战旗村概况

战旗村位于四川省成都市郫都区唐昌镇西部，辖区面积 2.06 平方公里，耕地面积 1930 亩，下辖 9 个村民小组共 529 户 1704 人。多年来，战旗村大力治理面源污染，落实河长制，建设生态绿道与柏条河生态湿地；实施土壤有机转化和高标准农田整治，开拓 8 个有机蔬菜种植基地，组建 2 个蔬菜专业合作社；引进京东云创平台等智慧农业平台，培育 3 个省市著名商标品牌；建成 4 家家庭农场，培育 76 名农业职业经理人，实现适度规模化经营全覆盖；培育榕珍菌业等企业 16 家，引进农商文旅融合项目 3 个，吸引社会资本 2.86 亿元。2018 年被农业农村部推介为中国美丽休闲乡村，2019 年被评定为国家 4A 级旅游景区。

2. 选择战旗村的依据

一是，战旗村按照“产业兴旺，生态宜居，乡风文明，治理有效，生态富裕”总要求，坚持产业富民，发力发展生态友好型农业，以新品种新技术新业态提升产出效益。二是，战旗村牢固树立“绿水青山就是金山银山”理念，关闭污染企业，持续保持优美宜居环境；组织村民大力发展乡村旅游，打造川西旅游环线上的重要节点。三是，战旗村先后荣获全国社会主义精神文明单位、全国文明村、四川省创先争优先进基层组织和省市新农村建设示范村、四川百强及集体经济十强村称号，获得社会认可。

（二）浙江省丽水市青田县龙现村

1. 龙现村概况

青田县隶属于浙江省丽水市，地处浙江省东南部、瓯江中下游。青田县多年来保留传统的生态农业生产方式，“青田稻鱼共生系统”是我国第一个被列入全球重要农业文化遗产名录的农业系统。稻鱼共生系统通过“鱼食昆虫杂草—鱼粪肥田”的正常循环，降低对农药化肥等的依赖程度，保证农田生态平衡。龙现村是青田稻鱼共生系统的核心区域，有着1200多年的稻田养鱼历史，养鱼梯田约400多亩，水塘140多个，被授予“中国田鱼村”称号。近年来，龙现村依托稻鱼共生系统发展生态农业种植，精心设计了舞鱼灯、插秧、喂鱼、捕鱼等一批特色旅游体验项目，大力促进了本村乡村旅游资源开发，并荣获“浙江省乡村旅游示范点”称号。

2. 选择龙现村的依据

一是，龙现村是全球重要农业文化遗产“青田稻鱼共生系统”的核心区域，农业部在1999年就授予龙现村“中国田鱼村”称号，生态友好型农业生产有着较好的历史基础，综合效益获得认可。二是，龙现村的乡村旅游资源已经得到较好的开发，生产出的旅游产品受到游客欢迎，荣获浙江省乡村旅游示范点、浙江省新农村建设示范村等称号。

（三）江西省上饶市婺源县李坑村

1. 李坑村概况

李坑村位于江西省东北部的婺源县，该县是全国生态农业试点县、首批全国生态农业建设先进县。李坑村隶属婺源县秋口镇，有村民260余户1000余人，属典型的山区农业区。由于耕地资源有限，居民很早就从事生态和集约农业生产，形成“鱼－果桑－蔬菜”的立体生态农业模式，打造“荷包红鲤鱼”特色生态农产品；利用宅基地房前屋后的土地空间，探索“果－菜－花－蜂”的庭院立体农业模式，并发展乡村旅游，成功创建成为国家4A级旅游景区。

2. 选择李坑村的依据

一是，李坑村是典型的山区农业乡村，自然地理条件与其他地点间有较强的差异性及互补性。二是，有生态农业的生产传统，婺源又是全国生态农业试点县，生态农业发展较快较好。三是，乡村旅游态势良好，已建设成为国家4A级旅游景区。

综上所述，战旗村、龙现村、李坑村构成了本书研究的微观实证研究地点。上述地点：第一，从行政区划上，覆盖我国东、中、西部地区；第二，从乡村资源上，覆盖历史文化名村、农业文化遗产村、一般田园乡村；第三，从乡村区位上，覆盖大都市近郊乡村、一般城市乡村、偏远地区乡村，具有较强的代表性和典型性。

二　调查研究的量表设计与预调查

（一）量表设计

本章研究中的预测问卷由受访者的人口统计学特征、乡村旅游与生态友好型农业协同发展的影响机制变量两个部分组成。乡村旅游与生态友好型农业协同发展的影响机制变量，包括 5 个前因变量、3 个中介变量、1 个结果变量。协同发展影响机制变量各测量题项均采用李克特五点量表法。各变量测量题项的量表设计如下。

1. 政府治理水平变量量表设计

政府部门对经济发展起关键性作用。[①] 我国作为发展中国家，社会力量、市场主体较为薄弱，政府在整合资源以更好地推进社会经济发展中起到至关重要的作用。生态友好型农业正是在政策推动下迅速发展的，政府主导也是乡村旅游发展的重要模式。政府治理水平直接影响乡村旅游与生态友好型农业的协同发展。

对于生态友好型农业发展，政府治理举措通常包括政策扶持、技术应用培训、金融税收优惠支持等。[②] 地方政府对乡村旅游的治理主要包

① 黄宗智．中国发展经验的理论与实用含义——非正规经济实践［J］．开放时代，2010（10）：136－160.

② 张灿强，等．生态友好型农业技术采用及其影响因素——基于鄂湘鲁豫 355 个农户的调查数据［J］．湖北农业科学，2016，55（16）：4322－4326；匡远配，连大鹏．中国地区两型农业发展模式及路径选择［J］．华南农业大学学报（社会科学版），2013，12（1）：1－10.

括制定相关规章制度、投入财政资金、进行人力资源培训和宣传促销等。[①] 由此设计出政策制定、人力资源培训、营销宣传、金融支持、对相关参与主体的支持等方面的 11 个测量题项。

2. 社会组织培育变量量表设计

农村社会组织指嵌入农村社会结构的系统机制和组织安排[②]，往往代表基层群众的利益诉求，能在政府和村民之间扮演利益表达者和矛盾协调者的角色，推动农村经济发展和社会稳定[③]。农民专业合作经济组织是促进生态农业发展的重要载体。[④] 随着推广与普及，社会组织在乡村旅游发展中得到应用[⑤]，涌现出不同形式的乡村旅游专业合作组织[⑥]。此外，除乡村内部培育的社会组织外，乡村旅游与生态友好型农业的协同发展还受到外部社会组织的帮扶。

据此，从农业、乡村旅游合作，农业、乡村旅游类协会，社会组织，家庭农场/种植大户和农业企业等方面，共设计出 7 个社会组织培育测量题项。

3. 农旅企业发展变量量表设计

企业是现代市场经济中最为重要的发展主体，现代化农业企业是我

---

① Sharpley R. Rural tourism and the challenge of tourism diversification: The case of Cyprus [J]. Tourism Management, 2002, 23 (3): 233 - 244; 周玲强, 黄祖辉. 我国乡村旅游可持续发展问题与对策研究 [J]. 经济地理, 2004 (4): 572 - 576; Fleischer A, Felsenstein D. Support for rural tourism: Does it make a difference? [J]. Annals of Tourism Research, 2000, 27 (4): 1007 - 1024; 杜江, 向萍. 关于乡村旅游可持续发展的思考 [J]. 旅游学刊, 1999 (1): 15 - 18; 王云才. 国际乡村旅游发展的政策经验与借鉴 [J]. 旅游学刊, 2002 (4): 45 - 50.

② 李志强. 改革开放以来农村社会组织功能演化特征、路径及趋势 [J]. 济南大学学报(社会科学版), 2018, 28 (4): 120 - 125 + 160.

③ 彭正波, 王凡凡. 民族村寨旅游开发中的农村社会组织发展研究——以西江千户苗寨"老人会"为例 [J]. 旅游学刊, 2018, 33 (12): 99 - 109.

④ 苑鹏. 农民专业合作经济组织: 农业企业化的有效载体 [J]. 农村经营管理, 2003 (5): 4 - 7; 席莹, 吴春梅. 农民专业合作社的双元能力建设及其治理效应 [J]. 农业经济问题, 2017, 38 (8): 35 - 44 + 110 - 111.

⑤ 阳宁东, 邓文. 农民专业合作社在乡村社区旅游中的运用 [J]. 农村经济, 2012 (3): 125 - 128.

⑥ 胡敏. 我国乡村旅游专业合作组织的发展和转型——兼论乡村旅游发展模式的升级 [J]. 旅游学刊, 2009, 24 (2): 70 - 74.

国农业发展的重要模式。[①] 现代化龙头企业不仅为社会直接提供生态农业产品，在生态友好型农业发展中还利用技术外延性，实现新技术的推广应用；而针对农业生产的污染行为，企业可以通过生态补偿制度调控。[②] 旅游企业在乡村旅游发展中为市场提供了自然环境保护及教育的专项产品，通过采用绿色建筑材料及技术、节能减排以及加强废弃物的回收利用等保护乡村旅游地的环境。[③]

据此，从农旅企业的生态环境保护行为、农旅企业的生态技术应用、农旅企业的生态产品供给等方面，设计出 7 个测量题项。

4. 自然环境保护变量量表设计

乡村旅游与自然生态环境之间是共生共荣、双向互动的关系。[④] 乡村自然生态环境是旅游发展的基础，旅游开发则对自然生态环境有着正负双重效应。[⑤] 而在生态友好型农业发展中，自然生态建设及环境保护本身就是重要内容。生态修复、环境保护、农业永续发展贯穿于生态友好型农业发展各环节。

据此，分别从环境保护的过程与结果两个方面，针对乡村旅游和生态友好型农业发展特征设计出 9 个测量题项。

5. 文化传承利用变量量表设计

我国在漫长的农业发展史中积累了丰富多样的农耕文化及农业生产智慧。传统农业生产尊重自然、顺应自然的务农哲学和轮作倒茬、多种

---

① 任保才，刘慎邦．“现代化生态农业企业”将成为我国农业发展的主导模式［J］. 内蒙古农业大学学报（社会科学版），2002（2）：1－3＋15.

② 匡远配，李飞．两型农业发展的动力机制分析［J］. 农业经济与管理，2011（3）：74－80.

③ Erdogan N，Baris E. Environmental protection programs and conservation practices of hotels in Ankara，Turkey［J］. Tourism Management，2007，28（2）：604－614；Hsieh Y，Jeon S. Hotel companies' environmental awareness and commitment：A content analysis of their web pages［J］. International Journal of Contemporary Hospitality Management，2012，24（1）：97－121.

④ 许黎，等．乡村旅游开发与生态文明建设融合发展探讨［J］. 地理与地理信息科学，2017，33（6）：106－111＋124.

⑤ 熊晓红．乡村旅游生态环境双重效应及其正确响应［J］. 技术经济与管理研究，2012（11）：92－95.

经营、防治结合的农业技术，与现代生态友好型农业的发展理念一致，又是新时期乡村旅游开发的宝贵资源。[①] 保护、传承、利用好传统的农耕文化，对于传承乡村文化、保护生态环境、发展现代农业、推动旅游开发具有重要价值。[②]

故而，从农耕文化的保护、农耕文化的利用，以及农耕文化的旅游产品开发等方面设计出 5 个测量题项。

6. 主体能力建设变量量表设计

生态友好型农业的核心主体涉及企业、居民、政府部门、村委会等基层组织[③]，乡村旅游开发涉及的核心利益主体包括地方政府、居民、游客、旅游企业[④]。同时，已有的研究文献均指出，主体能力薄弱与人力资本不足是乡村旅游与生态友好型农业发展的制约因素，故加强主体能力建设与培育是促进乡村旅游[⑤]及生态友好型农业[⑥]健康发展的重要内容。同时，尽管游客是乡村旅游的核心利益相关者，但从协同发展的

---

① 蔡林，王庆．农耕文化传承与乡村旅游可持续发展［J］．湖北农业科学，2015，54（11）：2810－2813；姚兆余．中国农耕文化的优良传统及其现代价值［J］．甘肃社会科学，2008（6）：71－74；彭金山．农耕文化的内涵及对现代农业之意义［J］．西北民族研究，2011（1）：145－150.

② 夏学禹．论中国农耕文化的价值及传承途径［J］．古今农业，2010（3）：88－98.

③ 匡远配，罗荷花．两型农业建设中相关利益主体间的博弈分析［J］．财贸研究，2010，21（3）：19－26.

④ 朱华．乡村旅游利益主体研究——以成都市三圣乡红砂村观光旅游为例［J］．旅游学刊，2006（5）：22－27；杨晗．乡村旅游发展中利益相关主体行为博弈分析与政策建议［J］．商业经济研究，2016（23）：188－190；胡文海．基于利益相关者的乡村旅游开发研究——以安徽省池州市为例［J］．农业经济问题，2008（7）：82－86；卢小丽，等．乡村旅游利益相关者利益位阶测度及平衡分析［J］．资源开发与市场，2017，33（9）：1134－1137.

⑤ 黄娅，严兴．乡村旅游社区参与主体培育研究［J］．农业经济，2009（8）：29－30；郭凌，王志章．论民族地区旅游社区参与主体的培育——以泸沽湖里格岛为例［J］．广西师范大学学报（哲学社会科学版），2009，45（3）：110－115；孙九霞．赋权理论与旅游发展中的社区能力建设［J］．旅游学刊，2008（9）：22－27；屈小爽．旅游合作社对乡村旅游的影响研究——基于社区自组织能力建设的视角［J］．世界农业，2017（9）：163－170.

⑥ 冯小．新型农业经营主体培育与农业治理转型——基于皖南平镇农业经营制度变迁的分析［J］．中国农村观察，2015（2）：23－32＋95；张董敏，等．传统农户与科技示范户两型农业行为差异分析［J］．中国农业大学学报，2014，19（5）：227－235.

角度分析，他们并不在主体能力建设范围内。

故而，从政府部门、基层组织、农旅企业经营管理者及乡村居民等不同主体角度设计出 7 个测量题项。

7. 技术应用水平变量量表设计

乡村旅游与生态友好型农业有技术应用差异。生态友好型农业更加突出现代农业生产中新技术、新设备的推广应用，诸如秸秆还田技术、测土施肥技术、节水节能技术、土壤修复技术等。[①] 乡村旅游开发更多关注经营管理中网络信息技术应用，以提高乡村旅游目的地的市场知名度、增加旅游产品销售、改善游客旅游体验等。[②] 但两者的技术应用目标均是提高经济、社会和生态效益。

基于此，从技术应用的内容与技术应用的结果两个方面共设计出 7 个测量题项。

8. 公共设施建设变量量表设计

现代农业设施包含农业生产全过程所需的多层次系统设施。[③] 乡村中现代农业的公共设施主要涉及与农业物流配送系统密切相关的乡村道路设施，与农产品市场及信息化系统密切相关的乡村通信设施，与农产

① 张灿强，等．生态友好型农业技术采用及其影响因素——基于鄂湘鲁豫 355 个农户的调查数据［J］．湖北农业科学，2016，55（16）：4322－4326；龚晶，张晓华．生态友好型农业的概念、国际经验及发展对策［J］．江苏农业科学，2015，43（7）：467－469＋478；文长存，吴敬学．农户“两型农业”技术采用行为的影响因素分析——基于辽宁省玉米水稻种植户的调查数据［J］．中国农业大学学报，2016，21（9）：179－187.

② 朱峰，吕镇．应该在信息技术发展背景下进行“旅游与网络”研究［J］．旅游学刊，2007（6）：8－9；王铁．网络对旅游的影响——从营销到供应链和贫困人口受益［J］．旅游学刊，2007（6）：9－10；张凌云．智慧旅游：个性化定制和智能化公共服务时代的来临［J］．旅游学刊，2012，27（2）：3－5；罗浩．旅游产业与信息技术进步［J］．旅游学刊，2012，27（7）：8－9；彭丽娜，张文建．基于现代信息技术的旅游移动服务应用与创新［J］．旅游论坛，2013，6（6）：45－49；陈国生，等．信息技术驱动下的旅游供给侧改革［J］．南华大学学报（社会科学版），2017，18（1）：35－39.

③ 王定祥，刘娟．乡村振兴中现代农业基础设施投资机制与模式［J］．农村经济，2019（3）：80－87.

品市场交易系统密切相关的交易市场设施等。[①] 乡村旅游开发中，除了旅游交通可达性之外，还需配备必要的网络通信设施，用于旅游接待服务的游客中心、生态停车场、旅游厕所、旅游标识及解说系统等。[②]

因此，对于公共设施建设变量，主要从道路交通设施、通信设施、旅游服务设施三个方面共设计出 9 个测量题项。

9. 协同发展变量量表设计

协同发展是系统及系统内部子系统之间的相互适应、相互协作、相互配合和相互促进，耦合而成的同步发展的良性循环态势。[③] 本章在"五位一体"的理论框架下，结合理论分析、田野调查以及专家意见等，基于相互适应、相互协作、相互促进的协同发展内涵，设计出 8 个测量题项对乡村旅游与生态友好型农业协同发展的结果进行测评。

由于量表设计是基于理论框架以及理论文献的，不可避免存在主观性。为了增强量表设计的科学性和可行性，在上述量表设计的基础上，还通过专家调查筛选优化量表、完善量表体系。

（二）专家调查与问卷优化

选取德尔菲法（Delphi Method）进一步优化指标（此部分指测量题

---

① 蔡保忠，曾福生．农业基础设施的粮食增产效应评估——基于农业基础设施的类型比较视角［J］．农村经济，2018（12）：24－30；陈文科，林后春．农业基础设施与可持续发展［J］．中国农村观察，2000（1）：9－21＋80；樊祥成．我国农业基础设施建设政策的演变与发展——以中央一号文件为中心的考察［J］．青海社会科学，2018（6）：78－84；林后春．农业基础设施的供给与需求［J］．中国社会科学，1995（4）：54－64；曹小曙，等．陆路交通基础设施对农业产出的空间溢出效应［J］．地域研究与开发，2018，37（4）：1－7.

② 冯立新，等．骨干交通设施对区域旅游空间格局的影响——以渤海海峡跨海通道为例［J］．经济地理，2011，31（2）：189－194；郭永伟．山西旅游公共服务配套设施研究［J］．中共山西省委党校学报，2009，32（5）：53－55；赖启福，等．福州乡村旅游配套设施研究［J］．林业经济问题，2009，29（6）：534－538；孙枫，等．生态文明视角下旅游厕所建设影响因素与创新机制——基于游客满意度感知分析［J］．地理科学进展，2016，35（6）：702－713.

③ 杜志平，穆东．系统协同发展程度的 DEA 评价研究［J］．运筹与管理，2005（1）：75－81.

项）体系。作为一种综合多名专家经验与主观判断的方法，德尔菲法有助于对指标体系的隶属度和相关性进行有效筛选①，通过减少指标体系的不合理之处，尽可能让问卷设计契合乡村旅游与生态友好型农业协同发展的现实需求，增强指标体系的科学性与可操作性。

1. 专家选取的依据

综合考虑专家的学科领域、研究专长、职业岗位等因素。不仅选取旅游社会学、旅游管理、生态环境保护等领域的专家，还选取长期从事乡村旅游、休闲农业、生态农业一线工作的人员，包括乡村旅游、休闲农业的行政管理人员，村级组织特设岗位人员、事业单位从业人员，乡村旅游、休闲农业、生态农业生产经营活动的企业从业者。

依据科学性、可操作性的原则，考虑到精深化、广泛化的方面②，筛选出 25 位专家组建德尔菲法专家库。一是，从事学术研究的专家学者 11 人，均具有博士学位，研究专长涵盖旅游社会学、休闲农业、生态农业、环境保护等。二是，行政管理人员 9 人，包括文化与旅游厅旅游产业、农业农村厅的农产品质量安全监管等处室工作人员；区县城市旅游、农业、环境保护等行政管理人员等。三是，村级组织特设岗位人员 2 人，指在乡村旅游、生态农业发展较好乡村，从事基层管理的工作人员。四是，从事乡村旅游经营管理、生态农业生产经营的企业人员 3 人，全部具有 10 年以上的工作经历。

2. 专家调查的过程

第一，指标预选。就预先设计的指标体系与专家进行深入探讨，根据专家意见修正指标体系，预选出需要 25 位专家评价的指标体系。

第二，指标遴选。首先，在 2019 年 3 月 12 日和 3 月 31 日之间，以问卷形式把预选出的指标体系（详见附录一）、问卷背景资料，通过电子邮件发送给专家，共计 16 份；对 5 位交通快捷、时间方便的专家，

---

① 范柏乃，朱华．我国地方政府绩效评价体系的构建和实际测度［J］．政治学研究，2005（1）：85－95.

② 徐蔼婷．德尔菲法的应用及其难点［J］．中国统计，2006（9）：57－59.

进行“面对面”打分。专家均根据专业知识与工作经历，给指标的“可行性”与“必要性”打分。“可行性”与“必要性”划分维度为1分至5分，1分为“最不可行”或者“最不必要”，5分为“完全可行”或者“完全必要”。

其次，在2019年4月10日和4月25日之间，在第一轮指标遴选后，计算出指标因子的平均值，把计算结果附在问卷中，均通过电子邮件反馈给专家，邀请他们参考打分结果对指标的“可行性”与“必要性”做出判断。根据专家调查意见，对2项三级指标进行了整合，删除12项三级指标，同时对相关指标的表述进行了修正。两轮专家调查后，得到较为一致的专家打分结果，结束指标遴选。

3. 专家调查的结果

为增强指标体系的科学性和可操作性，选择基于专家的第二轮问卷打分，把指标体系中均值低于3.5分的“可行性”或“必要性”因子进行删除，从而优化指标体系。

（1）可行性筛选结果。专家对“准则层”因子的可行性打分均在3.5分以上，因此保留。对均值低于3.5分的指标层4项因子进行删除，包括乡村居民更加友好（C69）、政府重视旅游业发展（C7）、政府的公共服务能力较强（C10）、政府的办事效率较高（C11）。

专家在打分中指出，中国乡村旅游发展被赋予拉动乡村经济发展的期许，乡村居民更加关注通过旅游参与增加经济收入，因此无论是地方政府还是居民均对环境破坏有着一定包容性。据此，将“游客行为破坏生态环境”（C34），正面表述为“游客注重保护生态环境”（C34），“游客活动对环境造成较大污染”（C32），正面表述为“游客活动对环境较少造成污染”（C32）。受经济发展水平、政府治理水平的限制，农业农村部门未能在偏远、西部地区建立完善的环境监测数据库，缺失旅游开发、农业生产中的大气污染、土壤污染等的持续监测数据。故删除“农业技术改善土壤污染”（C50）。

（2）“必要性”的筛选结果。根据专家对指标体系的“必要性”打分结果统计，专家对“准则层”必要性的打分均在3.5分以上，予以保留。对均值低于3.5分的指标层5项指标予以删除，具体为：政府促进地方社会经济的发展（C46）、农业企业参与乡村公共管理（C18）、乡村每户都有入户通道（C55）、乡村保留当地传统建筑（C59）、外出村民陆续回村创业（C65）。

专家打分结果显示，“农作物秸秆不再焚烧”（C29）、“我通过旅游发展更加了解城市居民消费水平”（C43）两项指标，与研究问题“乡村旅游与生态友好型农业协同发展”间不存在显著关系，予以删除。“乡村的生态环境保护较好”（C26）“乡村污染治理成效较好”（C27）两项指标之间存在重叠，因此予以整合。还有专家提出“社会组织提供乡村旅游、生态农业的相关技术”（C14）在理论上有必要性，但表述为“有外来机构主动提供免费生产、经营、创业培训”（C14）更加易懂。根据专家建议，予以调整。

对通过专家调查获得的准则层因子9项、指标层因子57项进行重新排序编码。需要指出的是，通过上述过程设计的指标体系，是遵循科学性与可操作性双重原则下的筛选结果。乡村旅游、生态农业发展迅速，指标体系存在一定不足，如对发展变化的滞后性；生态、政治环境方面部分指标，由于统计数据不规范或基层统计监测数据缺乏等问题难以收集，为了实现数据收集可行，不得不将上述指标予以删除。这也在一定程度上影响了指标体系的科学性。

（三）问卷预调查

1. 预测问卷数据收集

为了提高调查问卷的信度及效度，在初始问卷设计后，笔者所在课题组于2019年5月1日至5日对战旗村、明月村进行问卷预调查，调查方式为随机抽样调查。其中，战旗村发放问卷100份，明月村发放问卷80份，总计发放问卷180份，实际回收问卷168份，剔除填写不完整或填写不规范等无效问卷46份，回收有效问卷122份。

在有效预调查样本问卷中，女性受访者多于男性，受访者为女性占比为59.8%；在受访者年收入上，以年收入5万元以下占比最多，为59.8%。总体来看，除受访者的性别结构和年收入差异较为明显外，其他各项人口特征基本满足调查需求。在正式问卷的调查中，一方面需要考虑到受访者的性别均衡性，另一方面要对年收入变量选项进行修正。

2. 预测问卷统计分析

本章研究利用SPSS软件对预测问卷进行整体信度分析和各变量维度信度分析。进行问卷信度分析的方法多样，其中Cronbach's Alpha是应用最为广泛的指标，通常用于表征多个测验项目的内部一致性，因而被用作信度的重要衡量指标。[①] 如果问卷信度在0.9以上，表示非常好，在0.8～0.9表示很好，在0.7～0.8表示相当好，0.65～0.7为最小可接受范围，低于0.65则需要对问卷进行重新修订。[②] 一般而言，如果分量表的信度系数在0.6以下，总量表的信度系数在0.8以下，就需要对量表进行增减题项或重新修订。[③]

结果显示：问卷整体Cronbach's Alpha值为0.981，基于标准化项的Cronbach's Alpha值为0.982，说明整体信度非常理想。各分变量的Cronbach's Alpha值为0.884～0.947。说明预测问卷的量表设计合理。同时，依据项已删除的Cronbach's Alpha值，在删除*GGSS*1和*XTFZ*6两个测量题项后，公共设施建设变量与协同发展变量的信度系数分别提高至0.912和0.920。因此，结合预调查过程中的受访者意见，对题项*GGSS*1和*XTFZ*6予以删除处理。最终获得的正式调查问卷见附件二。

① 关守义．克龙巴赫α系数研究述评［J］．心理科学，2009，32（3）：685－687.

② De Vellis，R. F. Scale Development：Theory and Applications［M］. Newbury Park：Sage Publications，1991：27－60.

③ 王璐．SPSS统计分析基础、应用与实战精粹［M］．北京：化学工业出版社，2012：219.

三　调查研究的数据处理与分析

（一）一手调查数据的分析过程

1. 定量数据处理

本章研究中的定量数据主要指笔者所在课题组在问卷调查中回收的结构化调查问卷数据。在此拟采用结构方程模型（SEM）分析处理问卷数据。

结构方程模型作为应用广泛的定量研究方法，由测量模型与结构模型组成。由于整合了验证性因子分析、路径分析和一般统计检验方法，具有能够同时分析多个变量之间的因果关系的优越性。[①] 本章立足文献资料和理论构建，采用结构方程模型中的验证性因子分析（CFA）对概念模型进行假设验证。

2. 定性数据处理

本章研究中的定性数据主要是指在研究地点调查中通过观察法、半结构化深度访谈、焦点小组讨论等方式获得的一手资料。对定性数据主要采用扎根研究方法进行编码和理论提炼。编码主要包括开放性编码（open coding）、主轴性编码（axial coding）和选择性编码（selective coding）三个阶段。编码过程可以分解为两个子过程，即单元化和类别化。[②] 单元化意为将信息单位从原始的材料中分离独立出来，将原始材料分解为众多相对独立的信息单元；类别化意为将分解后的信息单元依据意义的相似性组成不同的信息类别，再对信息类别进行整合提炼。编码的过程也就是持续不断的分解、比较和整合的过程，最终在类别数量饱和的基础上构建理论模型。

---

① 吴兆龙，丁晓．结构方程模型的理论、建立与应用［J］．科技管理研究，2004（6）：90－93.

② 克叶尔·埃瑞克·鲁德斯坦，雷·R. 牛顿．顺利完成硕博论文［M］．席仲恩，等译．重庆：重庆大学出版社，2014：132－133.

（二）调查研究的数据分析

笔者所在课题组于 2019 年 5 ~6 月赶赴四川省成都市郫都区战旗村、浙江省丽水市青田县龙现村、江西省上饶市婺源县李坑村进行实证调查。

调查期间累计发放调查问卷 1330 份，总计回收有效样本问卷 1123 份，有效回收率为 84.4%。问卷为随机发放，受访者当场填写问卷后由调查员当场回收并对问卷进行编号。同时，课题组还对乡村居民、游客、地方行政管理者等相关群体进行了深度访谈及焦点小组讨论。各地点调查时间及问卷发放与回收情况详见表 6 –2。

表 6 –2　微观实证调查时间、问卷发放及回收概况

地点	调查时间	发放问卷（份）	有效回收问卷（份）	有效回收率（%）
战旗村	5 月 18 ~27 日	430	369	85.81
龙现村	6 月 5 ~18 日	450	378	84.00
李坑村	6 月 5 ~18 日	450	376	83.56

1. 四川省成都市郫都区战旗村

（1）样本数据描述性统计。在战旗村总计发放调查问卷 430 份，回收有效样本问卷 369 份，有效回收率为 85.81%，样本问卷的人口统计特征详见表 6 –3。

表 6 –3　战旗村样本的人口特征分布（*N* =369 个）

变量	属性	频数（个）	占比（%）	变量	属性	频数（个）	占比（%）
性别	男	192	52.0	年收入	5 万元以下	122	33.1
	女	177	48.0		5 万 ~10 万元	95	25.7
年龄	16 ~30 岁	120	32.5		10 万 ~15 万元	57	15.4
	31 ~40 岁	103	27.9		15 万 ~20 万元	70	19.0
	41 ~50 岁	89	24.1		20 万元及以上	25	6.8
	51 ~60 岁	40	10.8	身份	游客	58	15.7
	60 岁以上	17	4.6		农业生产者	253	68.6

续表

变量	属性	频数（个）	占比（%）	变量	属性	频数（个）	占比（%）
学历层次	初中及以下	114	30.9	身份	旅游经营者	271	73.4
	高中或中专	145	39.3		行政管理者	8	2.2
	大专及本科	83	22.5		外来务工者	12	3.3
	研究生及以上	27	7.3		其他	38	10.3

注：由于身份变量对应多选题，受访者可能存在多个不同身份，因此此变量选项的占比之和可能超过100%。

（2）样本数据信效度检验。①信度检验。利用 SPSS 统计分析软件，对战旗村的样本问卷进行信度检验，主要采用内部信度系数。分析发现样本问卷的总体信度系数为 0.927，9 个分变量的信度系数分别为 0.920、0.904、0.912、0.901、0.877、0.874、0.879、0.884、0.867。各分变量的信度系数均在 0.80 以上，最低值为 0.867（协同发展变量）。同时，删除各测量题项均不能显著提高各变量的 Cronbach's Alpha 值，且各测量题项校正的项总计相关性（CITC）均在 0.5 以上，分析结果说明各测量变量均具有较强的内部一致性，量表的信度通过检验，可以接受。

②效度检验。对战旗村样本数据的 KMO 值和 Bartlett 球形检验结果进行分析。依据 Kaiser 提出的 KMO 值大小和 Bartlett 球形检验标准，KMO 值在 0.60～0.70，勉强可以进行因子分析，在 0.70～0.80，尚可进行因子分析，在 0.80～0.90，适合进行因子分析，0.90 以上，非常适合进行因子分析。[①] 战旗村问卷的总体 KMO 值达到 0.80 以上，为 0.884，各分变量的 KMO 值最低为 0.816（*WHCC*），最高为 0.929（*ZFZL*），均在 0.80 以上，部分达到 0.90 以上（如表 6－4 所示），且 Bartlett 球形检验结果均小于 0.05，表明数据之间存在较高的结构效度，通过检验，适合进行因子分析。

① Kaiser H F. Little Jiffy, Mark IV [J]. Educational and Psychological Measurement, 1974, 34 (1): 111－117.

表 6－4　战旗村样本问卷总体及各分变量的 KMO 值及自由度

项目	KMO 值	近似卡方值	自由度	Sig.
问卷总体	0.884	12055.645	1485	0.000
ZFZL	0.929	1801.807	28	0.000
SHZZ	0.903	1264.951	15	0.000
NLQY	0.925	1495.340	21	0.000
HJBH	0.918	1337.779	21	0.000
WHCC	0.816	950.685	10	0.000
ZTNL	0.844	889.023	10	0.000
JSYY	0.894	1003.490	15	0.000
GGSS	0.873	1078.045	15	0.000
XTFZ	0.868	814.756	10	0.000

注：*ZFZL* 表示“政府治理水平”，*SHZZ* 表示“社会组织培育”，*NLQY* 表示“农旅企业发展”，*HJBH* 表示“自然环境保护”，*WHCC* 表示“文化传承利用”，*ZTNL* 表示“主体能力建设”，*JSYY* 表示“技术应用水平”，*GGSS* 表示“公共设施建设”，*XTFZ* 表示“协同发展”；余同。

另外，采用主成分分析，进行方差正交旋转，提取特征值大于 1 的因子 9 个。9 个共同因子累计解释总变异量的 65.891%，大于 60%，说明样本问卷的结构效度较高。

（3）测量模型检验。①模型拟合优度检验。在结构方程模型分析中，综合选择 χ^2/df 、*RMR*、*CFI*、*IFI*、*RMSEA*、*TLI*、*GFI* 等多项指标（见表 6－5）作为评判模型拟合优度的检验指标。

表 6－5　战旗村各项拟合指标值及检验结果

指标	χ^2/df	*RMR*	*RMSEA*	*IFI*	*TLI*	*CFI*	*GFI*	*AGFI*	*PGFI*	*PNFI*
标准	<3	<0.08	<0.08	>0.9	>0.9	>0.9	>0.8	>0.8	>0.5	>0.5
数值	1.472	0.064	0.036	0.942	0.938	0.941	0.839	0.823	0.764	0.791
结果	通过	通过	通过	通过	接近	通过	通过	通过	通过	通过

可以看出，战旗村样本数据的 χ^2/df 为 1.472，显然达到小于 3 的要求，*RMR*、*RMSEA* 值分别为 0.064 和 0.036，也显然小于 0.08 的临

界值标准，其他相关指数均符合临界值的要求，说明结构方程模型的拟合优度较为理想，不用对模型进行调整，适宜展开进一步分析。

②模型内在结构适配度检验。选取标准化因子载荷值、标准误、P值、组合信度（CR），以及平均变异量提取（AVE）值进行观察分析（见表6-6）。判断标准为标准化因子载荷值在0.5以上同时不宜超过0.95，P值小于0.1，组合信度（CR）达到0.6以上就表示有较强的一致性①，理想的平均变异量提取值须大于0.5②。同时，对模型内在结构适配度的相应指标进行了分析。其中，观测变量的标准化因子载荷值、标准误、P值等由AMOS软件直接输出，组合信度及平均变异量提取值由于软件无法自动输出，故根据 $CR=(\sum\lambda)^2/[(\sum\lambda)^2+\sum(1-R^2)]$ 以及 $AVE=(\sum\lambda^2)/n$ 分别计算。③

表6-6　战旗村测量模型的相关检验结果

机制变量	观测变量	标准化因子载荷值	标准误	P值	组合信度（CR）	平均变异量提取（AVE）值
政府治理水平	*ZFZL*1	0.793	—	—	0.865	0.593
	*ZFZL*2	0.648	0.058	***		
	*ZFZL*3	0.796	0.062	***		
	*ZFZL*4	0.789	0.063	***		
	*ZFZL*5	0.762	0.059	***		
	*ZFZL*6	0.794	0.062	***		
	*ZFZL*7	0.744	0.062	***		
	*ZFZL*8	0.820	0.061	***		
社会组织培育	*SHZZ*1	0.762	—	—	0.837	0.613
	*SHZZ*2	0.808	0.064	***		
	*SHZZ*3	0.718	0.066	***		

① Bagozzi R P, Yi Y. On the evaluation of structural equation models [J]. Journal of the Academy of Marketing Science, 1988, 16 (1): 74-94.

② Fornell C, Larcker D. Evaluating structural equation models with unobservable and measurement error [J]. Journal of Marketing Research, 1981, 18 (1): 39-50.

③ 式中，λ 为标准化因子载荷值，R 为标准化参数，n 为因子的测量指标个数。

续表

机制变量	观测变量	标准化因子载荷值	标准误	P 值	组合信度（CR）	平均变异量提取（AVE）值
社会组织培育	*SHZZ*4	0. 794	0. 065	***		
	*SHZZ*5	0. 801	0. 061	***		
	*SHZZ*6	0. 811	0. 060	***		
农旅企业发展	*NLQY*1	0. 795	—	—	0. 851	0. 599
	*NLQY*2	0. 813	0. 055	***		
	*NLQY*3	0. 710	0. 056	***		
	*NLQY*4	0. 760	0. 055	***		
	*NLQY*5	0. 786	0. 055	***		
	*NLQY*6	0. 777	0. 053	***		
	*NLQY*7	0. 773	0. 057	***		
自然环境保护	*HJBH*1	0. 734	—	—	0. 852	0. 567
	*HJBH*2	0. 778	0. 069	***		
	*HJBH*3	0. 721	0. 072	***		
	*HJBH*4	0. 760	0. 072	***		
	*HJBH*5	0. 713	0. 070	***		
	*HJBH*6	0. 796	0. 069	***		
	*HJBH*7	0. 765	0. 071	***		
文化传承利用	*WHCC*1	0. 786	—	—	0. 804	0. 589
	*WHCC*2	0. 756	0. 065	***		
	*WHCC*3	0. 707	0. 062	***		
	*WHCC*4	0. 780	0. 066	***		
	*WHCC*5	0. 804	0. 067	***		
主体能力建设	*ZTNL*1	0. 757	—	—	0. 801	0. 584
	*ZTNL*2	0. 783	0. 067	***		
	*ZTNL*3	0. 692	0. 069	***		
	*ZTNL*4	0. 751	0. 067	***		
	*ZTNL*5	0. 831	0. 073			
技术应用水平	*JSYY*1	0. 764	—	—	0. 826	0. 549
	*JSYY*2	0. 696	0. 064	***		
	*JSYY*3	0. 772	0. 064	***		

续表

机制变量	观测变量	标准化因子载荷值	标准误	P值	组合信度（CR）	平均变异量提取（AVE）值
技术应用水平	*JSYY*4	0.676	0.062	***		
	*JSYY*5	0.753	0.063	***		
	*JSYY*6	0.777	0.064	***		
公共设施建设	*GGSS*1	0.744	—	—	0.826	0.561
	*GGSS*2	0.745	0.075	***		
	*GGSS*3	0.720	0.071	***		
	*GGSS*4	0.730	0.071	***		
	*GGSS*5	0.783	0.072	***		
	*GGSS*6	0.770	0.075	***		
协同发展	*XTFZ*1	0.766	—	—	0.796	0.565
	*XTFZ*2	0.695	0.066	***		
	*XTFZ*3	0.809	0.070	***		
	*XTFZ*4	0.712	0.069	***		
	*XTFZ*5	0.770	0.071	***		

注：*** 表示P值 <0.001。

表6－6显示，各观测变量的标准化因子载荷值最低为0.648（*ZFZL*2），最高为0.831（*ZTNL*5），所有观测变量的标准化因子载荷值均在0.5以上，且不超过0.95，所有观测变量的P值均小于0.001，组合信度（CR）在0.796和0.865之间，均达到不低于0.6的可接受门槛，平均变异量提取值在0.549和0.613之间，均满足大于0.5的要求，说明模型内在结构适配度较为理想，通过拟合指标检验。

（4）结构方程模型验证。由于战旗村的样本问卷数据不足800份，故采用最大似然估计（MLE）法对结构方程模型中的路径系数进行参数估计。根据AMOS软件输出的参数估计结果，逐一验证本章研究的理论模型相关变量之间的假设关系，最终汇总所有检验结果。

①假设检验结果。从表6－7中可以看出，在战旗村的微观实证研究中，有以下结论。

表 6－7　战旗村各理论假设的验证结果

假设	假设内容	路径系数	标准化路径系数	标准误	*CR*	P 值	验证结果
H1	自然环境保护对公共设施建设有正向影响	0.083	0.087	0.057	1.474	0.140	不成立
H2	自然环境保护对技术应用水平有正向影响	0.105	0.099	0.064	1.650	0.099	不成立
H3	自然环境保护对主体能力建设有正向影响	0.210	0.203	0.062	3.404	***	成立
H4	政府治理水平对公共设施建设有正向影响	0.235	0.254	0.057	4.133	***	成立
H5	政府治理水平对技术应用水平有正向影响	0.080	0.078	0.062	1.282	0.200	不成立
H6	政府治理水平对主体能力建设有正向影响	0.033	0.033	0.059	0.561	0.575	不成立
H7	农旅企业发展对公共设施建设有正向影响	0.040	0.047	0.051	0.781	0.435	不成立
H8	农旅企业发展对技术应用水平有正向影响	0.135	0.145	0.058	2.327	0.020	成立
H9	农旅企业发展对主体能力建设有正向影响	0.175	0.194	0.055	3.164	0.002	成立
H10	社会组织培育对公共设施建设有正向影响	0.107	0.121	0.054	1.991	0.046	成立
H11	社会组织培育对技术应用水平有正向影响	0.112	0.114	0.060	1.862	0.063	不成立
H12	社会组织培育对主体能力建设有正向影响	0.123	0.129	0.057	2.153	0.031	成立
H13	文化传承利用对公共设施建设有正向影响	0.065	0.071	0.055	1.182	0.237	不成立
H14	文化传承利用对技术应用水平有正向影响	0.124	0.122	0.062	1.997	0.046	成立
H15	文化传承利用对主体能力建设有正向影响	0.089	0.090	0.058	1.519	0.129	不成立
H16	公共设施建设对协同发展有正向影响	0.204	0.196	0.060	3.370	***	成立
H17	技术应用水平对协同发展有正向影响	0.180	0.192	0.054	3.299	***	成立

续表

假设	假设内容	路径系数	标准化路径系数	标准误	*CR*	P值	验证结果
H18	主体能力建设对协同发展有正向影响	0.202	0.209	0.056	3.571	***	成立

注：*** 表示 P 值 <0.001。

一是，公共设施建设对协同发展（$\beta=0.196$，P 值 <0.001）、技术应用水平对协同发展（$\beta=0.192$，P 值 <0.001）、主体能力建设对协同发展（$\beta=0.209$，P 值 <0.001）均有显著正向影响，且公共设施建设、技术应用水平与主体能力建设的影响系数均是在 0.1% 的水平上显著，即假设 H16、H17、H18 均得到数据支持。

二是，自然环境保护对主体能力建设（$\beta=0.203$，P 值 <0.001）存在显著正向影响，即理论假设 H3 得到数据支持，成立。但自然环境保护对公共设施建设（$\beta=0.087$，P 值 =0.140）、自然环保保护对技术应用水平（$\beta=0.099$，P 值 =0.099）的影响均不显著，表明理论假设 H1 与 H2 不成立。

三是，政府治理水平对公共设施建设（$\beta=0.254$，P 值 <0.001）存在显著的正向影响，即假设 H4 成立。但政府治理水平对技术应用水平（$\beta=0.078$，P 值 =0.200）、政府治理水平对主体能力建设（$\beta=0.033$，P 值 =0.575）的影响均不显著，表明理论假设 H5、H6 不成立。

四是，农旅企业发展对技术应用水平（$\beta=0.145$，P 值 =0.020）、农旅企业发展对主体能力建设（$\beta=0.194$，P 值 =0.002）均存在显著的正向影响，表明理论假设 H8 与 H9 成立。但农旅企业发展对公共设施建设（$\beta=0.047$，P 值 =0.435）的影响并不显著，即假设 H7 不成立。

五是，社会组织培育对公共设施建设（$\beta=0.121$，P 值 =0.046）以及社会组织培育对主体能力建设（$\beta=0.129$，P 值 =0.031）均存在显著的正向影响，即假设 H10、H12 成立。但社会组织培育对技术应用水平（$\beta=0.114$，P 值 =0.063）的影响并不显著，即理论假设 H11 不成立。

六是，文化传承利用对技术应用水平（$\beta=0.122$，P 值 $=0.046$）存在显著正向影响，即假设 H14 成立。但文化传承利用对公共设施建设（$\beta=0.071$，P 值 $=0.237$）、文化传承利用对主体能力建设（$\beta=0.090$，P 值 $=0.129$）的影响均不显著，表明理论假设 H13、H15 不成立。

②结构方程模型中的效应。根据对 AMOS 软件输出的标准化系数（见表 6－8）进行分析，可以得出以下结论。

表 6－8　战旗村各变量对协同发展的标准化影响路径系数

变量	协同发展	
	直接效应	间接效应
政府治理水平	—	0.072
自然环境保护	—	0.079
农旅企业发展	—	0.078
社会组织培育	—	0.073
文化传承利用	—	0.056
公共设施建设	0.196	—
技术应用水平	0.192	—
主体能力建设	0.209	—

一是，在直接效应方面，公共设施建设、技术应用水平、主体能力建设三个变量均对乡村旅游与生态友好型农业的协同发展存在直接影响，其标准化系数分别为 0.196、0.192、0.209，主体能力建设的系数略大。即在其他条件相对不变的情形下，公共设施建设每增加 1 个单位，乡村旅游与生态友好型农业协同发展增加 0.196 个单位；在其他条件相对不变的情形下，技术应用水平每增加 1 个单位，乡村旅游与生态友好型农业协同发展每增加 0.192 个单位；在其他条件相对不变的情形下，主体能力建设每增加 1 个单位，乡村旅游与生态友好型农业协同发展增加 0.209 个单位。

二是，在间接效应方面，政府治理水平、自然环境保护、农旅企业发展、社会组织培育、文化传承利用五个变量对乡村旅游与生态友好型农业协同发展的影响系数分别为0.072、0.079、0.078、0.073、0.056，除文化传承利用的系数相对较小外，其余各变量的间接效应大致相当。

③测量模型中的效应。测量模型中观测变量与机制变量之间的效应有以下几个方面。

一是，在政府治理水平的测量模型中，观测变量*ZFZL8*（政府支持旅游类协会、农业类协会参与旅游、农业发展）对政府治理水平的解释程度最高，其标准化系数为0.820。

二是，在社会组织培育的测量模型中，观测变量*SHZZ6*（家庭农场/种植大户积极参与旅游、农业发展）和观测变量*SHZZ2*（村民积极参与农业类、乡村旅游类协会）对社会组织培育的解释程度最高，其标准化系数分别为0.811和0.808。

三是，在农旅企业发展的测量模型中，观测变量*NLQY2*（农业企业应用推广新技术）对农旅企业发展的解释程度最高，其标准化系数为0.813。

四是，在自然环境保护的测量模型中，各观测变量对自然环境保护的解释程度大致相当，其中观测变量*HJBH6*（村民注重保护生态环境）对自然环境保护的解释程度相对较高，其标准化系数为0.796。

五是，在文化传承利用的测量模型中，观测变量*WHCC5*（农耕文化在旅游发展中得到传承发展）对文化传承利用的解释程度最高，其标准化系数为0.804。

六是，在主体能力建设的测量模型中，观测变量*ZTNL5*（村委会/居委会协调好生态农业发展中的各类矛盾）对主体能力建设的解释程度最高，其标准化系数为0.831。

七是，在技术应用水平的测量模型中，各观测变量对技术应用水平的解释程度大致相当，相对而言观测变量*JSYY6*（农业生产、旅游经营用网络等销售农产品、旅游产品）的解释程度较高，其标准化系数为 0.777。

八是，在公共设施建设的测量模型中，各观测变量对公共设施建设的解释程度相差不大，相对而言观测变量 *GGSS*5（村庄设置旅游标识系统）的解释程度略高，其标准化系数为 0.783。

九是，在协同发展的测量模型中，观测变量 *XTFZ*3（生态农业和旅游业都得到较好发展）的解释程度最高，其标准化系数为 0.809。

（5）结论。一是，战旗村乡村旅游与生态友好型农业协同发展受公共设施建设、技术应用水平、主体能力建设的共同影响。其中，公共设施建设、技术应用水平、主体能力建设对乡村旅游与生态友好型农业协同发展的正向影响均在 0.1% 的水平上显著，且主体能力建设对协同发展具有更大的正向影响，表明战旗村的居民、村委会、农旅企业等主体能力相对较强。

二是，战旗村的乡村旅游与生态友好型农业协同发展受到自然环境保护、农旅企业发展、政府治理水平、文化传承利用、社会组织培育的影响。其中，政府治理水平主要通过对公共设施建设的影响间接促进乡村旅游与生态友好型农业协同发展，其影响路径为政府治理水平→公共设施建设→协同发展，其影响路径系数为 0.072；社会组织培育主要通过公共设施建设与主体能力建设间接促进乡村旅游与生态友好型农业协同发展，其影响路径为社会组织培育→公共设施建设→协同发展和社会组织培育→主体能力建设→协同发展，其影响路径系数为 0.073；农旅企业发展主要通过技术应用水平及主体能力建设间接促进乡村旅游与生态友好型农业协同发展，其影响路径为农旅企业发展→技术应用水平→协同发展和农旅企业发展→主体能力建设→协同发展，其影响路径系数为 0.078；文化传承利用主要通过技术应用水平间接促进乡村旅游与生态友好型农业协同发展，其影响路径为文化传承利用→技术应用水平→协同发展，其影响路径系数为 0.056；自然环境保护主要通过主体能力建设间接促进乡村旅游与生态友好型农业协同发展，其影响路径为自然环境保护→主体能力建设→协同发展，其影响路径系数为 0.079。

2. 浙江省丽水市青田县龙现村

（1）样本数据描述性统计。在龙现村的受访样本中，男性占比为47.4%，女性占比为52.6%；在年龄层次上，以16～30岁最多，占比为33.6%；在学历层次上，以高中或中专居多，占比约为40.5%。样本问卷的人口统计特征如表6－9所示。

表6－9　龙现村样本的人口特征分布（$N=378$个）

变量	属性	频数（个）	占比（%）	变量	属性	频数（个）	占比（%）
性别	男	179	47.4	年收入	5万元以下	131	34.7
	女	199	52.6		5万～10万元	92	24.3
年龄	16～30岁	127	33.6		10万～15万元	62	16.4
	31～40岁	105	27.8		15万～20万元	69	18.3
	41～50岁	88	23.3		20万元及以上	24	6.3
	51～60岁	41	10.8	身份	游客	64	16.9
	60岁以上	17	4.5		农业生产者	261	69.0
学历层次	初中及以下	123	32.5		旅游经营者	271	71.7
	高中或中专	153	40.5		行政管理者	12	3.2
	大专及本科	82	21.7		外来务工者	15	4.0
	研究生及以上	20	5.3		其他	38	10.1

注：由于身份变量对应多选题，受访者可能存在多个不同身份，因此此变量选项的占比之和可能超过100%。

（2）样本数据信效度检验。①信度检验。利用SPSS对样本问卷数据进行信度分析，发现龙现村样本问卷的总体信度系数为0.925，9个分变量的信度系数分别为0.912、0.889、0.908、0.910、0.875、0.868、0.880、0.884、0.887。样本的总体信度系数在0.70以上，各分变量的信度系数均在0.80以上，最低值为0.868（主体能力建设变量）。同时，删除各测量题项均不能显著提高各变量的Cronbach's Alpha值，且各测量题项校正的项总计相关性（CITC）均在0.5以上，分析结果说明各测量变量均具有较强的内部一致性，量表的信度通过检验，可以接受。

②效度检验。对龙现村样本数据的 KMO 值和 Bartlett 球形检验结果进行分析。问卷的总体 KMO 值为 0.884，各分变量的 KMO 值最低为 0.829（*ZTNL*），最高为 0.922（*HJBH*），均在 0.80 以上，部分达到 0.90 以上（如表 6 – 10 所示），且 Bartlett 球形检验结果均小于 0.05，表明数据之间存在较高的结构效度，通过检验，适合进行因子分析。

表 6 – 10　龙现村样本问卷总体及各分变量的 KMO 及自由度

项目	KMO 值	近似卡方值	自由度	Sig.
问卷总体	0.884	12214.475	1485	0.000
ZFZL	0.920	1692.229	28	0.000
SHZZ	0.898	1143.152	15	0.000
NLQY	0.919	1490.402	21	0.000
HJBH	0.922	1491.943	21	0.000
WHCC	0.831	942.385	10	0.000
ZTNL	0.829	882.710	10	0.000
JSYY	0.901	1017.828	15	0.000
GGSS	0.880	1089.629	15	0.000
XTFZ	0.884	973.486	10	0.000

另外，采用主成分分析，对样本数据进行方差正交旋转，提取特征值大于 1 的因子 9 个。9 个共司因子累计解释总变异量的 65.679%，大于 60%，说明样本问卷的结构效度较高。

（3）测量模型检验。①模型拟合优度检验。综合选择 χ^2/df、*RMR*、*CFI*、*IFI*、*RMSEA*、*TLI*、*GFI* 等多项指标作为评判模型拟合优度的检验指标。表 6 – 11 显示，龙现村的样本数据的 χ^2/df 为 1.480，显然达到小于 3 的要求，*RMR*、*RMSEA* 值分别为 0.061 和 0.036，也显然小于 0.08 的临界值标准，其他相关指数均符合临界值的要求。通过拟合指标的检验，说明结构方程模型的拟合优度较为理想，不用对模型进行调整，适宜展开进一步分析。

表 6-11 龙现村各项拟合指标值及检验结果

指标	χ^2/df	*RMR*	*RMSEA*	*IFI*	*TLI*	*CFI*	*GFI*	*AGFI*	*PGFI*	*PNFI*
标准	<3	<0.08	<0.08	>0.9	>0.9	>0.9	>0.8	>0.8	>0.5	>0.5
数值	1.480	0.061	0.036	0.941	0.937	0.941	0.840	0.825	0.765	0.792
结果	通过	通过	通过	通过	接近	通过	通过	通过	通过	通过

②模型内在结构适配度检验。选取标准化因子载荷值、标准误、P值、组合信度（CR），以及平均变异量提取（AVE）值进行观察分析（见表6-12）。

表 6-12 龙现村测量模型的相关检验结果

机制变量	观测变量	标准化因子载荷值	标准误	P值	组合信度（CR）	平均变异量提取（AVE）值
政府治理水平	*ZFZL1*	0.779	—	—	0.861	0.567
	ZFZL2	0.641	0.059	***		
	ZFZL3	0.768	0.062	***		
	ZFZL4	0.755	0.065	***		
	ZFZL5	0.768	0.060	***		
	ZFZL6	0.789	0.061	***		
	ZFZL7	0.686	0.061	***		
	ZFZL8	0.824	0.064	***		
社会组织培育	*SHZZ1*	0.747	—	—	0.828	0.577
	SHZZ2	0.769	0.066	***		
	SHZZ3	0.669	0.068	***		
	SHZZ4	0.787	0.066	***		
	SHZZ5	0.792	0.064	***		
	SHZZ6	0.785	0.061	***		
农旅企业发展	*NLQY1*	0.791	—	—	0.851	0.588
	NLQY2	0.786	0.055	***		
	NLQY3	0.711	0.055	***		
	NLQY4	0.757	0.053	***		
	NLQY5	0.800	0.054	***		

续表

机制变量	观测变量	标准化因子载荷值	标准误	P 值	组合信度（CR）	平均变异量提取（AVE）值
农旅企业发展	*NLQY6*	0.759	0.053	***		
	NLQY7	0.759	0.056	***		
自然环境保护	*HJBH1*	0.772	—	—	0.855	0.591
	HJBH2	0.819	0.063	***		
	HJBH3	0.737	0.065	***		
	HJBH4	0.775	0.063	***		
	HJBH5	0.715	0.061	***		
	HJBH6	0.767	0.058	***		
	HJBH7	0.793	0.063	***		
文化传承利用	*WHCC1*	0.768	—	—	0.805	0.585
	WHCC2	0.740	0.066	***		
	WHCC3	0.723	0.063	***		
	WHCC4	0.777	0.069	***		
	WHCC5	0.813	0.070	***		
主体能力建设	*ZTNL1*	0.775	—	—	0.807	0.571
	ZTNL2	0.773	0.065	***		
	ZTNL3	0.670	0.065	***		
	ZTNL4	0.734	0.064	***		
	ZTNL5	0.817	0.070	***		
技术应用水平	*JSYY1*	0.751	—	—	0.829	0.550
	JSYY2	0.696	0.067	***		
	JSYY3	0.750	0.065	***		
	JSYY4	0.722	0.068	***		
	JSYY5	0.766	0.067	***		
	JSYY6	0.763	0.066	***		
公共设施建设	*GGSS1*	0.750	—	—	0.823	0.560
	GGSS2	0.684	0.069	***		
	GGSS3	0.732	0.072	***		
	GGSS4	0.771	0.072	***		
	GGSS5	0.790	0.067	***		
	GGSS6	0.760	0.072	***		

续表

机制变量	观测变量	标准化因子载荷值	标准误	P 值	组合信度（CR）	平均变异量提取（AVE）值
协同发展	*XTFZ1*	0.798	—	—	0.807	0.608
	XTFZ2	0.716	0.059	***		
	XTFZ3	0.836	0.061	***		
	XTFZ4	0.738	0.061	***		
	XTFZ5	0.805	0.061	***		

注：*** 表示 P 值 <0.001。

表6－12 显示，各观测变量的标准化因子载荷值最低为 0.641（*ZFZL2*），最高为 0.836（*XTFZ3*），所有观测变量的标准化因子载荷值均在 0.5 以上，且不超过 0.95，所有观测变量的 P 值均小于 0.001，组合信度（CR）在 0.805 和 0.861 之间，均达到不低于 0.6 的可接受门槛，平均变异量提取（AVE）值在 0.550 和 0.608 之间，均满足大于 0.5 的要求，说明模型内在结构适配度较为理想，通过指标检验。

（4）结构方程模型验证。根据 AMOS 软件输出的参数估计结果，逐一验证本章研究的理论模型相关变量之间的假设关系，最终汇总所有检验结果。

①假设验证。一是，公共设施建设对协同发展（$\beta=0.210$，P 值 < 0.001）、主体能力建设对协同发展（$\beta=0.179$，P 值 =0.001）、技术应用水平对协同发展（$\beta=0.251$，P 值 <0.001）均具有显著的正向影响，其中公共设施建设、技术应用水平的正向影响均在 0.1% 的水平上显著（如表 6－13 所示），即理论假设 H16、H17、H18 得到数据支持，成立。

表 6－13　龙现村各理论假设的验证结果

假设	假设内容	路径系数	标准化路径系数	标准误	*CR*	P 值	验证结果
H1	自然环境保护对公共设施建设有正向影响	0.096	0.107	0.053	1.809	0.070	不成立

续表

假设	假设内容	路径系数	标准化路径系数	标准误	*CR*	P 值	验证结果
H2	自然环境保护对技术应用水平有正向影响	0.092	0.096	0.056	1.636	0.102	不成立
H3	自然环境保护对主体能力建设有正向影响	0.114	0.116	0.057	2.008	0.045	成立
H4	政府治理水平对公共设施建设有正向影响	0.182	0.193	0.057	3.177	0.001	成立
H5	政府治理水平对技术应用水平有正向影响	0.142	0.141	0.061	2.350	0.019	成立
H6	政府治理水平对主体能力建设有正向影响	0.156	0.151	0.061	2.558	0.011	成立
H7	农旅企业发展对公共设施建设有正向影响	0.056	0.068	0.053	1.056	0.291	不成立
H8	农旅企业发展对技术应用水平有正向影响	0.135	0.152	0.057	2.356	0.018	成立
H9	农旅企业发展对主体能力建设有正向影响	0.018	0.020	0.057	0.317	0.751	不成立
H10	社会组织培育对公共设施建设有正向影响	0.083	0.089	0.056	1.469	0.142	不成立
H11	社会组织培育对技术应用水平有正向影响	0.081	0.081	0.060	1.344	0.179	不成立
H12	社会组织培育对主体能力建设有正向影响	0.171	0.169	0.061	2.810	0.005	成立
H13	文化传承利用对公共设施建设有正向影响	0.046	0.050	0.059	0.783	0.433	不成立
H14	文化传承利用对技术应用水平有正向影响	0.078	0.078	0.063	1.240	0.215	不成立
H15	文化传承利用对主体能力建设有正向影响	0.187	0.184	0.064	2.915	0.004	成立
H16	公共设施建设对协同发展有正向影响	0.239	0.210	0.064	3.747	***	成立
H17	技术应用水平对协同发展有正向影响	0.266	0.251	0.060	4.418	***	成立
H18	主体能力建设对协同发展有正向影响	0.187	0.179	0.058	3.197	0.001	成立

注：*** 表示 P 值 <0.001。

二是，自然环境保护对主体能力建设（$\beta=0.116$，P 值 $=0.045$）存在显著正向影响，即理论假设 H3 得到数据支撑，成立。但自然环境保护对公共设施建设（$\beta=0.107$，P 值 $=0.070$）、自然环境保护对技术应用水平（$\beta=0.096$，P 值 $=0.102$）的影响并不显著，即理论假设 H1、H2 不成立。

三是，政府治理水平对公共设施建设（$\beta=0.193$，P 值 $=0.001$）、政府治理水平对技术应用水平（$\beta=0.141$，P 值 $=0.019$）、政府治理水平对主体能力建设（$\beta=0.151$，P 值 $=0.011$）均有显著正向影响，即理论假设 H4 、H5、H6 成立。

四是，农旅企业发展对技术应用水平（$\beta=0.152$，P 值 $=0.018$）存在显著正向影响，理论假设 H8 得到数据支持，成立。但农旅企业发展对公共设施建设（$\beta=0.068$，P 值 $=0.291$）、农旅企业发展对主体能力建设（$\beta=0.020$，P 值 $=0.751$）的影响均不显著，故理论假设 H7、H9 不成立。

五是，社会组织培育对主体能力建设（$\beta=0.169$，P 值 $=0.005$）存在显著正向影响，理论假设 H12 成立。但社会组织培育对公共设施建设（$\beta=0.089$，P 值 $=0.142$）、社会组织培育对技术应用水平（$\beta=0.081$，P 值 $=0.179$）的影响均不显著，故理论假设 H10、H11 不成立。

六是，文化传承利用对主体能力建设（$\beta=0.184$，P 值 $=0.004$）存在显著正向影响，理论假设 H15 成立。但文化传承利用对公共设施建设（$\beta=0.050$，P 值 $=0.433$）、文化传承利用对技术应用水平（$\beta=0.078$，P 值 $=0.215$）的影响均不显著，理论假设 H13、H14 不成立。

②结构方程模型中的效应。从 AMOS 软件输出的标准化系数（见表 6－14）中可以看出以下几点。

表 6－14　龙现村各变量对协同发展的标准化影响路径系数

变量	协同发展	
	直接效应	间接效应
政府治理水平	—	0.103
自然环境保护	—	0.068

续表

变量	协同发展	
	直接效应	间接效应
农旅企业发展	—	0.056
社会组织培育	—	0.069
文化传承利用	—	0.063
公共设施建设	0.210	—
技术应用水平	0.251	—
主体能力建设	0.179	—

一是，在直接效应方面，公共设施建设、技术应用水平与主体能力建设均对乡村旅游与生态友好型农业的协同发展存在直接影响，其标准化系数分别为0.210、0.251、0.179，其中技术应用水平对乡村旅游与生态友好型农业协同发展的直接效应最大，即在其他条件相对不变的情形下，技术应用水平每增加1个单位，乡村旅游与生态友好型农业协同发展增加0.251个单位。

二是，在间接效应方面，政府治理水平对乡村旅游与生态友好型农业协同发展的影响最大，标准化系数为0.103；农旅企业发展对乡村旅游与生态友好型农业协同发展的影响最小，标准化系数为0.056。自然环境保护、社会组织培育与文化传承利用的间接效应居中，标准化系数分别为0.068、0.069和0.063。

③测量模型中的效应。测量模型中观测变量与机制变量之间的效应有以下几个方面。一是，在政府治理水平的测量模型中，观测变量 *ZF-ZL8*（政府支持旅游类协会、农业类协会参与旅游、农业发展）对政府治理水平的解释程度最高，其标准化系数为0.824。

二是，在社会组织培育的测量模型中，观测变量 *SHZZ5*（乡村旅游协会、农业协会积极参与旅游、农业发展）对社会组织培育的解释程度最高，其标准化系数为0.792。

三是，在农旅企业发展的测量模型中，观测变量 *NLQY5*（乡村旅游经营单位重视环境保护）对农旅企业发展的解释程度最高，其标准化化系数为 0. 800。

四是，在自然环境保护的测量模型中，观测变量 *HJBH*2（农业生产废弃物被较好处理）对自然环境保护的解释程度最高，其标准化系数为 0. 819。

五是，在文化传承利用的测量模型中，观测变量 *WHCC*5（农耕文化在旅游发展中得到传承发展）对文化传承利用的解释程度最高，其标准化系数为 0. 813。

六是，在主体能力建设的测量模型中，观测变量 *ZTNL*5（村委会/居委会协调好生态农业发展中的各类矛盾）对主体能力建设的解释程度最高，其标准化系数为 0. 817。

七是，在技术应用水平的测量模型中，各观测变量的解释程度大致相当，相差不大，相对而言观测变量 *JSYY*5（经营管理技术广泛应用于农业生产、旅游经营）的解释程度略高，其标准化系数为 0. 766。

八是，在公共设施建设的测量模型中，观测变量 *GGSS*5（村庄设置旅游标识系统）的解释程度相对较高，标准化系数为 0. 790。

九是，在协同发展的测量模型中，观测变量 *XTFZ*3（生态农业和旅游业都得到较好发展）的解释程度最高，其标准化系数为 0. 836。

（5）结论。一是，在龙现村实证分析中，公共设施建设、技术应用水平、主体能力建设均对乡村旅游与生态友好型农业协同发展存在正向影响。与战旗村不同的是，在龙现村，技术应用水平对乡村旅游与生态友好型农业协同发展的直接影响更大。表明，龙现村协同发展更多受到来自生态友好型技术应用的推动。

二是，自然环境保护、政府治理水平、社会组织培育、农旅企业发展与文化传承利用对龙现村乡村旅游与生态友好型农业协同发展具有重要的间接影响，但其间接效应与影响路径各不相同，农旅企业发展的间接效应最小，自然环境保护的间接效应最大。同时，自然环境保护对乡村旅游与生态友好型农业协同发展的间接影响主要通过主体能力建设这一中介变量，其影响路径系数为 0. 068，间接影响路径为自然环境保护→

主体能力建设→协同发展。政府治理水平则同时通过公共设施建设、主体能力建设、技术应用水平对协同发展产生正向影响，其影响路径系数为0.103，影响路径为政府治理水平→公共设施建设→协同发展、政府治理水平→技术应用水平→协同发展以及政府治理水平→主体能力建设→协同发展。社会组织培育则主要通过主体能力建设对协同发展产生正向影响，其影响路径系数为0.069，影响路径为社会组织培育→主体能力建设→协同发展。农旅企业发展则主要通过技术应用水平对协同发展产生正向影响，其影响路径系数为0.056，影响路径为农旅企业发展→技术应用水平→协同发展。文化传承利用则主要通过主体能力建设对协同发展产生正向影响，其影响路径系数为0.063，影响路径为利用文化传承利用→主体能力建设→协同发展。

3. 江西省上饶市婺源县李坑村

（1）样本数据描述性统计。在李坑村累计随机发放调查问卷450份，实际回收有效问卷376份，有效回收率为83.56%。样本问卷的人口统计特征如表6－15所示。

表6－15　李坑村样本的人口特征分布（N＝376个）

变量	属性	频数（个）	占比（%）	变量	属性	频数（个）	占比（%）
性别	男	188	50.0	年收入	5万元以下	126	33.5
	女	188	50.0		5万～10万元	91	24.2
年龄	16～30岁	128	34.0		10万～15万元	62	16.5
	31～40岁	102	27.1		15万～20万元	62	16.5
	41～50岁	90	23.9		20万元及以上	35	9.3
	51～60岁	40	10.6	身份	游客	57	15.2
	60岁以上	16	4.3		农业生产者	274	72.9
学历层次	初中及以下	132	35.1		旅游经营者	281	74.7
	高中或中专	139	37.0		行政管理者	6	1.6
	大专及本科	84	22.3		外来务工者	11	2.9
	研究生及以上	21	5.6		其他	28	7.4

注：由于身份变量对应多选题，受访者可能存在多个不同身份，因此此变量选项的占比之和可能超过100%。

（2）样本数据信效度检验。①信度检验。利用 SPSS 对各变量的信度进行分析，样本问卷的总体信度系数为 0.925，9 个分变量的信度系数分别为 0.918、0.891、0.915、0.910、0.883、0.846、0.894、0.875、0.850。样本的总体信度系数在 0.70 以上，各分变量的信度系数均在 0.80 以上，最低值为 0.846。同时，删除各测量题项均不能显著提高各变量的 Cronbach's Alpha 值，且各测量题项校正的项总计相关性（CITC）均在 0.5 以上，分析结果说明各测量变量均具有较强的内部一致性，量表的信度通过检验，可以接受。

②效度检验。对李坑村样本数据的 KMO 值和 Bartlett 球形检验结果进行分析。问卷的总体 KMO 值在 0.80 以上，为 0.890，各分变量的 KMO 值最低为 0.832（*ZTNL*），最高为 0.930（*ZFZL*），均在 0.80 以上，部分达到 0.90 以上（如表 6－16 所示），且 Bartlett 球形检验结果均小于 0.05，表明数据之间存在较高的结构效度，通过检验，适合进行因子分析。

表 6－16　李坑村样本问卷总体及各分变量 KMO 值及自由度

项目	KMO 值	近似卡方值	自由度	Sig.
问卷总体	0.890	12024.213	1485	0.000
ZFZL	0.930	1762.079	28	0.000
SHZZ	0.895	1152.527	15	0.000
NLQY	0.928	1561.522	21	0.000
HJBH	0.921	1495.878	21	0.000
WHCC	0.841	992.285	10	0.000
ZTNL	0.832	744.564	10	0.000
JSYY	0.903	1161.527	15	0.000
GGSS	0.875	1014.197	15	0.000
XTFZ	0.860	735.444	10	0.000

另外，采用主成分分析，进行方差正交旋转，提取特征值大于 1 的因子 9 个。9 个共同因子累计解释总变异量的 65.524%，大于 60%，说

明样本问卷的结构效度较高。

（3）测量模型检验。①模型拟合优度检验。综合选择χ^2/df、*RMR*、*CFI*、*IFI*、*RMSEA*、*TLI*、*GFI*等指标作为评判模型拟合优度的检验指标（见表6－17）。

表6－17　李坑村各项拟合指标值及检验结果

指标	χ^2/df	RMR	RMSEA	IFI	TLI	CFI	GFI	AGFI	PGFI	PNFI
标准	<3	<0.08	<0.08	>0.9	>0.9	>0.9	>0.8	>0.8	>0.5	>0.5
数值	1.392	0.061	0.032	0.951	0.948	0.951	0.847	0.832	0.771	0.799
结果	通过	通过	通过	通过	接近	通过	通过	通过	通过	通过

李坑村样本数据的χ^2/df为1.392，达到小于3的要求，*RMR*、*RMSEA*值分别为0.061和0.032，也小于0.08的临界值标准，其他相关指数均符合临界值的要求。说明结构方程模型的拟合优度较为理想，不用对模型进行调整，适宜展开进一步分析。

②模型内在结构适配度检验。对模型内在结构适配度的相应指标（见表6－18）进行分析。

表6－18　李坑村测量模型的相关检验结果

机制变量	观测变量	标准化因子载荷值	标准误	P值	组合信度（CR）	平均变异量提取（AVE）值
政府治理水平	*ZFZL*1	0.790	—	—	0.865	0.584
	*ZFZL*2	0.652	0.058	***		
	*ZFZL*3	0.782	0.062	***		
	*ZFZL*4	0.778	0.063	***		
	*ZFZL*5	0.770	0.061	***		
	*ZFZL*6	0.777	0.060	***		
	*ZFZL*7	0.733	0.061	***		
	*ZFZL*8	0.819	0.062	***		

续表

机制变量	观测变量	标准化因子载荷值	标准误	P 值	组合信度（CR）	平均变异量提取（AVE）值
社会组织培育	*SHZZ*1	0. 753	—	—	0. 831	0. 580
	*SHZZ*2	0. 770	0. 068	***		
	*SHZZ*3	0. 687	0. 070	***		
	*SHZZ*4	0. 764	0. 066	***		
	*SHZZ*5	0. 791	0. 063	***		
	*SHZZ*6	0. 799	0. 065	***		
农旅企业发展	*NLQY*1	0. 807	—	—	0. 853	0. 607
	*NLQY*2	0. 801	0. 052	***		
	*NLQY*3	0. 721	0. 054	***		
	*NLQY*4	0. 784	0. 053	***		
	*NLQY*5	0. 795	0. 051	***		
	*NLQY*6	0. 758	0. 051	***		
	*NLQY*7	0. 785	0. 053	***		
自然环境保护	*HJBH*1	0. 738	—	—	0. 857	0. 593
	*HJBH*2	0. 807	0. 070	***		
	*HJBH*3	0. 744	0. 072	***		
	*HJBH*4	0. 774	0. 071	***		
	*HJBH*5	0. 733	0. 068	***		
	*HJBH*6	0. 801	0. 065	***		
	*HJBH*7	0. 789	0. 072	***		
文化传承利用	*WHCC*1	0. 794	—	—	0. 809	0. 602
	*WHCC*2	0. 768	0. 061	***		
	*WHCC*3	0. 700	0. 058	***		
	*WHCC*4	0. 782	0. 061	***		
	*WHCC*5	0. 831	0. 063	***		
主体能力建设	*ZTNL*1	0. 760	—	—	0. 794	0. 529
	*ZTNL*2	0. 780	0. 069	***		
	*ZTNL*3	0. 666	0. 072	***		
	*ZTNL*4	0. 586	0. 063	***		
	*ZTNL*5	0. 819	0. 075	***		

续表

机制变量	观测变量	标准化因子载荷值	标准误	P 值	组合信度（CR）	平均变异量提取（AVE）值
技术应用水平	*JSYY*1	0.792	—	—	0.836	0.586
	*JSYY*2	0.701	0.058	***		
	*JSYY*3	0.795	0.058	***		
	*JSYY*4	0.742	0.060	***		
	*JSYY*5	0.786	0.060	***		
	*JSYY*6	0.773	0.057	***		
公共设施建设	*GGSS*1	0.735	—	—	0.819	0.540
	*GGSS*2	0.689	0.076	***		
	*GGSS*3	0.715	0.077	***		
	*GGSS*4	0.757	0.075	***		
	*GGSS*5	0.774	0.073	***		
	*GGSS*6	0.737	0.077	***		
协同发展	*XTFZ*1	0.724	—	—	0.785	0.532
	*XTFZ*2	0.658	0.076	***		
	*XTFZ*3	0.794	0.084	***		
	*XTFZ*4	0.674	0.079	***		
	*XTFZ*5	0.786	0.083	***		

注：*** 表示 P 值 <0.001。

通过表 6－18 可以看出，各观测变量的标准化因子载荷值最低为 0.586（*ZTNL*4），最高为 0.831（*WHCC*5），所有观测变量的标准化因子载荷值均在 0.5 以上，且不超过 0.95，所有观测变量的 P 值均小于 0.001，组合信度（CR）在 0.785 和 0.865 之间，均达到不低于 0.6 的可接受门槛，平均变异量提取值在 0.529 和 0.607 之间，均满足大于 0.5 的要求，说明模型内在结构适配度较为理想，通过指标检验。

（4）结构方程模型验证。①假设验证。依据李坑村的数据分析（见 6－19），可以发现以下几点。一是，公共设施建设对协同发展（$\beta=0.196$，P 值 <0.001）、主体能力建设对协同发展（$\beta=0.192$，P 值 <0.001）、技术应用水平对协同发展（$\beta=0.245$，P 值 <0.001）均具有

显著的正向影响，且其影响均在0.1%的水平上显著，即理论假设H16、H17、H18得到数据支持，假设成立。

表6-19 李坑村各理论假设的验证结果

假设	假设内容	路径系数	标准化路径系数	标准误	*CR*	P值	验证结果
H1	自然环境保护对公共设施建设有正向影响	0.101	0.114	0.050	2.010	0.044	成立
H2	自然环境保护对技术应用水平有正向影响	0.047	0.042	0.063	0.742	0.458	不成立
H3	自然环境保护对主体能力建设有正向影响	0.188	0.193	0.057	3.277	0.001	成立
H4	政府治理水平对公共设施建设有正向影响	0.127	0.144	0.052	2.447	0.014	成立
H5	政府治理水平对技术应用水平有正向影响	0.116	0.106	0.065	1.780	0.075	不成立
H6	政府治理水平对主体能力建设有正向影响	0.050	0.052	0.058	0.863	0.388	不成立
H7	农旅企业发展对公共设施建设有正向影响	0.081	0.106	0.047	1.742	0.082	不成立
H8	农旅企业发展对技术应用水平有正向影响	0.117	0.122	0.059	1.977	0.048	成立
H9	农旅企业发展对主体能力建设有正向影响	0.096	0.115	0.052	1.840	0.066	不成立
H10	社会组织培育对公共设施建设有正向影响	0.092	0.103	0.053	1.746	0.081	不成立
H11	社会组织培育对技术应用水平有正向影响	0.128	0.116	0.067	1.918	0.055	不成立
H12	社会组织培育对主体能力建设有正向影响	0.211	0.217	0.060	3.498	***	成立
H13	文化传承利用对公共设施建设有正向影响	0.166	0.203	0.050	3.299	***	成立
H14	文化传承利用对技术应用水平有正向影响	0.155	0.152	0.063	2.455	0.014	成立
H15	文化传承利用对主体能力建设有正向影响	-0.004	-0.004	0.056	-0.064	0.949	不成立

续表

假设	假设内容	路径系数	标准化路径系数	标准误	*CR*	P 值	验证结果
H16	公共设施建设对协同发展有正向影响	0.190	0.196	0.057	3.354	***	成立
H17	技术应用水平对协同发展有正向影响	0.191	0.245	0.045	4.223	***	成立
H18	主体能力建设对协同发展有正向影响	0.171	0.192	0.052	3.298	***	成立

注：*** 表示 P 值 < 0.001。

二是，自然环境保护对公共设施建设（$\beta = 0.114$，P 值 = 0.044）、自然环境保护对主体能力建设（$\beta = 0.193$，P 值 = 0.001）均存在显著正向影响，即理论假设 H1、H3 得到数据支撑，成立。但自然环境保护对技术应用水平（$\beta = 0.042$，P 值 = 0.458）的影响并不显著，即理论假设 H2 不成立。

三是，政府治理水平对公共设施建设（$\beta = 0.144$，P 值 = 0.014）有显著正向影响，即理论假设 H4 成立。但政府治理水平对技术应用水平（$\beta = 0.106$，P 值 = 0.075）、政府治理水平对主体能力建设（$\beta = 0.052$，P 值 = 0.388）的影响并不显著，即理论假设 H5、H6 不成立。

四是，农旅企业发展对技术应用水平（$\beta = 0.122$，P 值 = 0.048）存在显著正向影响，理论假设 H8 得到数据支持，成立。但农旅企业发展对公共设施建设（$\beta = 0.106$，P 值 = 0.082）、农旅企业发展对主体能力建设（$\beta = 0.115$，P 值 = 0.066）的影响均不显著，故理论假设 H7、H9 不成立。

五是，社会组织培育对主体能力建设（$\beta = 0.217$，P 值 < 0.001）存在显著正向影响，理论假设 H12 成立。但社会组织培育对公共设施建设（$\beta = 0.103$，P 值 = 0.081）、社会组织培育对技术应用水平（$\beta = 0.116$，P 值 = 0.055）的影响均不显著，故理论假设 H10、H11 不成立。

六是，文化传承利用对公共设施建设（$\beta = 0.203$，P < 0.001）、文化传承利用对技术应用水平（$\beta = 0.152$，P 值 = 0.014）存在显著正

向影响，理论假设 H13、H14 成立。但文化传承利用对主体能力建设（$\beta = -0.004$，P 值 = 0.949）的影响并不显著，故理论假设 H15 不成立。

②结构方程模型中的效应。从 AMOS 软件输出的相关变量之间的标准化影响路径系数（见表 6－20）中可以看出以下两点。

一是，在直接效应方面，公共设施建设、技术应用水平、主体能力建设均对乡村旅游与生态友好型农业协同发展具有显著的影响，其直接影响路径系数分别为 0.196、0.245、0.192。在李坑村，技术应用水平对乡村旅游与生态友好型农业协同发展的影响最大，其次为公共设施建设及主体能力建设。即在其他条件相对保持不变的情形下，公共设施建设、技术应用水平、主体能力建设每增加 1 个单位，乡村旅游与生态友好型农业协同发展增加 0.196 个单位、0.245 个单位和 0.192 个单位。

表 6－20　李坑村各变量对协同发展的标准化影响路径系数

变量	协同发展	
	直接效应	间接效应
政府治理水平	—	0.064
自然环境保护	—	0.070
农旅企业发展	—	0.073
社会组织培育	—	0.090
文化传承利用	—	0.076
公共设施建设	0.196	—
技术应用水平	0.245	—
主体能力建设	0.192	—

二是，在间接效应方面，政府治理水平、自然环境保护、农旅企业发展、社会组织培育、文化传承利用均对乡村旅游与生态友好型农业协同发展具有影响，其影响路径系数分别为 0.064、0.070、0.073、0.090、0.076。其中，社会组织培育的间接影响路径系数最大，政府治理水平的间接影响路径系数最小。

③测量模型中的效应。测量模型中观测变量与机制变量之间的效应有以下几个方面。

一是，在政府治理水平维度，观测变量 *ZFZL*8（政府支持旅游类协会、农业类协会参与旅游、农业发展）对政府治理水平的解释程度最高，其标准化系数为 0. 819。

二是，在社会组织培育维度，观测变量 *SHZZ*6（家庭农场/种植大户积极参与旅游、农业发展）对社会组织培育的解释程度最高，其标准化系数为 0. 799。

三是，在农旅企业发展维度，观测变量 *NLQY*1（农业企业注重环境保护）的解释程度最高，其标准化系数为 0. 807。

四是，在自然环境保护维度，观测变量 *HJBH*2（农业生产废弃物被较好处理）对自然环境保护的解释程度最高，其标准化系数为 0. 807。

五是，在文化传承利用维度，观测变量 *WHCC*5（农耕文化在旅游发展中得到传承发展）的解释程度最高，其标准化系数为 0. 831。

六是，在主体能力建设维度，观测变量 *ZTNL*5（村委会/居委会协调好生态农业发展中的各类矛盾）的解释程度最高，其标准化系数为 0. 819。

七是，在技术应用水平维度，观测变量 *JSYY*3（生态农业技术得到推广普及）的解释程度最高，其标准化系数为 0. 795。

八是，在公共设施建设维度，各观测变量的解释程度大致相当，相对而言观测变量 *GGSS*5（村庄设置旅游标识系统）的解释程度略高，其标准化系数为 0. 774。

九是，在协同发展维度，观测变量 *XTFZ*3（生态农业和旅游业都得到较好发展）的解释程度较高，其标准化系数为 0. 794。

（5）结论。一是，李坑村的乡村旅游与生态友好型农业协同发展同时受到公共设施建设、技术应用水平、主体能力建设的正向影响，是多种因素综合作用推动下的产物。尤其是技术应用水平在李坑村的协同发展中发挥了突出作用。

二是，自然环境保护、政府治理水平、社会组织培育、农旅企业发展与文化传承利用对李坑村的乡村旅游与生态友好型农业协同发展具有重要影响，但具体效应与影响路径存在较大的不同，其中社会组织培育的影响较大，政府治理水平的影响较小。从影响路径来看，自然环境保护同时通过公共设施建设和主体能力建设产生正向影响，其影响路径为自然环境保护→公共设施建设→协同发展和自然环境保护→主体能力建设→协同发展，自然环境保护对协同发展的间接影响路径系数为0.070；政府治理水平仅通过公共设施建设对协同发展产生正向影响，其影响路径为政府治理水平→公共设施建设→协同发展，政府治理水平对协同发展的间接影响路径系数为0.064；社会组织培育仅通过主体能力建设间接正向影响协同发展，其影响路径为社会组织培育→主体能力建设→协同发展，社会组织培育对协同发展的间接影响路径系数为0.090；农旅企业发展则主要通过技术应用水平对协同发展产生间接正向影响，其影响路径为农旅企业发展→技术应用水平→协同发展，农旅企业发展对协同发展的间接影响路径系数为0.073；文化传承利用同时通过公共设施建设和技术应用水平对协同发展产生正向影响，其影响路径为文化传承利用→公共设施建设→协同发展和文化传承利用→技术应用水平→协同发展，文化传承利用对协同发展的间接影响路径系数为0.076。

四　调查研究结果总结

（一）乡村旅游与生态友好型农业协同发展受到多重因素影响

从上述三个研究地点的实证数据分析来看，五个前因变量（自然环境保护、政府治理水平、社会组织培育、农旅企业发展、文化传承利用）对乡村旅游与生态友好型农业的协同发展均具有间接正向影响。其中，自然环境保护对协同发展间接影响最大的是战旗村，其间接影响路径系数为0.079；政府治理水平对协同发展间接影响最大的是龙现村，其间接影响路径系数为 0.103；社会组织培育对协同发展间接影响最大的是李坑村，其间接影响路径系数为 0.090；农旅企业发展对协同发展间接影响最大的是战旗村，其间接影响路径系数为 0.078；文化传承对协同发展间接影响最大的是李坑村，其间接影响路径系数为 0.076。

由于研究地点自身的特征，乡村旅游与生态友好型农业协同发展中，起主导作用的影响因素各不相同。其中，战旗村的自然环境保护更多的是村民注重保护生态环境；在龙现村，对乡村旅游与生态友好型农业协同发展影响最大的是政府治理水平；在李坑村，对乡村旅游与生态友好型农业协同发展影响最大的是社会组织培育。

乡村旅游与生态友好型农业协同发展离不开自然环境保护、地方政府治理、社会组织培育、农旅企业发展以及文化传承利用。第一，自然环境保护是协同发展的基础。保护自然环境不仅依赖于当地居民环保意识的增强、环境行为的改善，还涉及游客的环境行为等。第二，地方政府治理是引领。地方政策对乡村旅游协会、农民专业合作社以及公共设施的支持与投入等，将直接影响乡村旅游与生态友好型农业的协同发展。第三，社会组织培育是助力。乡村居民与农旅企业普遍存在经营规模较小、实力较弱的现状，加强主体能力建设刻不容缓。因此，需要引入社会组织，鼓励乡村内部团结，通过专题培训和实践引导，增强居民协同意识，提升协同能力。第四，农旅企业发展是关键。形成本土化、规模化、具有竞争力的农旅企业是乡村旅游与生态友好型农业协同发展的重要内容。第五，文化传承利用是灵魂。生态友好型农业既包含丰富多样的农业生产技术，也蕴含深厚的农耕文化，对传统农耕文化的保护、传承及再利用，既是协同发展的重要内容，也是协同发展的重要目标。

（二）公共设施建设、技术应用水平与主体能力建设均对协同发展存在中介效应

通过三个研究地点的数据分析发现，公共设施建设、技术应用水平

与主体能力建设对乡村旅游与生态友好型农业协同发展均具有显著的正向影响，说明本书提出的理论假设 H16、H17、H18 在对三个调查研究地点的数据分析中均得到了数据支持。虽然三个地点分别代表了东部、中部、西部不同区域的乡村，它们在交通条件、地理区位、资源禀赋、经济发展水平等方面均有较大的差异，但实证数据均支持本书中的理论假设。

受限于调查研究地点的自身特征，假设 H16、H17、H18 所反映的效应存在着差异性。第一，公共设施建设对协同发展影响最大的是龙现村，其标准化影响路径系数为 0.210。第二，技术应用水平对协同发展影响最大的是龙现村，其标准化影响路径系数为 0.251，影响最小的是战旗村，其标准化影响路径系数为 0.192。第三，主体能力建设对协同发展影响最大的是战旗村，其标准化影响路径系数为 0.209。

这些表明，乡村旅游与生态友好型农业的协同发展是两个子系统之间不断调适、不断融合的过程，而影响乡村旅游与生态友好型农业协同发展进程的，往往是多重力量的共同作用。因此，推进乡村旅游与生态友好型农业的协同发展，一方面，需要基于系统层面开展顶层设计、多管齐下。尤其要从公共设施建设、技术应用水平、主体能力建设等方面，构建乡村旅游与生态友好型农业协同发展的长效机制。

另一方面，要因地制宜、扬长补短。在龙现村、李坑村，对协同发展具有突出影响的是技术应用水平；在战旗村，对协同发展具有突出影响的是主体能力建设。出现上述现象的原因可以归结为我国地域辽阔、乡村类型多样，社会经济发展层次存在差异。因此，乡村旅游与生态友好型农业的协同发展，需要因地制宜、因时制宜，考虑在技术应用水平、主体能力建设、公共设施建设中，选择基础较好的方面进行重点培育。

（三）“行业协会组织”对协同发展具有显著影响差异

虽然在测量指标上，三个研究地点的测量结果各有差异，但有关乡村旅游类、农业类协会组织在协同发展中的突出作用得到不同地点数据的一致支持。在政府治理水平上，政府支持旅游类协会、农业类协会参与旅游、农业发展得到受访样本的高度认可，在不同地点中均对政府治理水平存在较高的解释程度。这也充分说明，行业协会组织对乡村旅游与生态友好型农业的协同发展有着突出作用。

同时，地方政府部门从政策层面进行引导，对协同发展具有拉力；居民及农旅企业则从技术应用层面进行产业实践，对协同发展具有推力。而连接政府部门的拉力与居民及农旅企业的推力，需要中间层面行业协会组织的整合力量。

（四）“农耕文化传承发展”在协同发展中具有重要地位

在三个地点的调查研究中，农耕文化在旅游发展中得到传承发展均是文化传承利用测量模型中解释程度最高的观测变量。这说明，传统农耕文化的保护与再利用在协同发展中具有重要地位。

无论是生态友好型农业发展，还是乡村旅游开发，都离不开我国传统的农耕文化。中国农耕文化中道法自然、天地人和谐共生的传统智慧，与现代生态友好型农业具有高度契合性，同时在传统农耕文化中积累了诸如青田县的稻鱼共生系统、兴化市的垛田等传统农业智慧，它们在现代生态友好型农业发展中均具有极高的遗产价值和重大的借鉴意义。因此，现代生态友好型农业是在我国传统农耕文化基础上的传承和发展。而在乡村旅游开发中，无论是农耕文化的物质形态，还是农耕文化的精神内涵，都为乡村旅游产品创意开发提供了丰富的营养。因此，乡村旅游与生态友好型农业协同发展的过程也是农耕文化保护、传承与再利用的过程。

（五）“旅游标识系统”对协同发展具有重要影响

在三个地点的调查研究中，村庄设置旅游标识系统均是公共设施建设测量模型中解释程度最高的观测变量。这也说明，在推进乡村旅游与生态友好型农业的协同发展中，需要突出关注乡村旅游公共服务设施的配套，补齐乡村公共服务的短板，增强乡村旅游公共服务接待的能力。

乡村基础设施在过去十余年间得到了极大提升，村村通、手机电话的普及、农村合作医疗等，实现乡村社区本地居民的生活设施配套日趋完善。但旅游服务设施仍然是乡村旅游发展的重要短板，尤其是旅游标识系统等。而从本书的调查研究结果来看，改善乡村人居环境，增强乡村的旅游服务接待功能，创造更加宜居宜业宜游的乡村社区是乡村公共设施完善的重要方向。

（六）“村委会、居委会矛盾协调能力”是协同发展的关键

村委会、居委会协调好生态农业发展中的各类矛盾是主体能力建设测量模型中解释程度最高的观测变量。换言之，在协同发展的相关利益主体能力建设中，村委会、居委会的社区治理能力是最为重要的内容，而村委会、居委会最重要的治理能力就是妥善协调化解不同主体间的利益矛盾，进而为乡村地区的乡村旅游与生态友好型农业协同发展提供稳定的社会秩序。

村委会、居委会作为我国乡村基层社区的群众性自治组织，是连接国家与农民的重要枢纽，在维护乡村社会稳定、促进乡村社会治理上发挥重要作用。尤其是在乡村旅游资源开发及生态友好型农业发展中，乡村社会由封闭逐步走向开放，随着相关利益主体的介入，乡村与城镇等外界的联系日益紧密，而对于旅游服务设施建设及旅游利益分配问题等，往往需要村级组织在村民之间及村民与外来主体间进行充分协调与沟通。简而言之，村委会、居委会对协同发展中各类利益主体矛盾的调解能力很大程度上影响着乡村发展的社会环境。

第七章 中国乡村旅游和生态友好型农业协同发展的路径设计与对策建议

一 协同发展路径的设计

我国在设计乡村旅游开发与生态友好型农业发展的协同路径时，应当充分基于以下前提。第一，理论前提，坚持生态文明、可持续发展等思想的指导，不能脱离本书研究的理论框架。第二，产业前提，要充分体现乡村旅游与生态友好型农业的产业关联。本书在“国内外案例研究”“国内调查研究”部分，已经清晰展示了乡村旅游与生态友好型农业的产业关系。即在乡村旅游与生态友好型农业的协同发展中，生态农业产业是产业基础、乡村旅游产业是产业延伸。设计协同发展路径，需要明确主体如何创新生产经营主体，通过怎样的产业化组织模式，实现生态农业与乡村旅游产业之间的有效连接。

基于前文分析，把乡村旅游与生态友好型农业之间的连接方式用“X”指代，乡村旅游与生态友好型农业的协同发展路径，从而被抽象为“生态农业产业 + X + 乡村旅游产业”。而设计协同发展路径，要着力解决“X”的四个“W”和一个“H”问题（见图 7 - 1）。第一，路径内涵（What）。阐述协同发展路径“是什么”。第二，路径主体（Who）。参与协同发展的主体是哪些，角色是什么。第三，组织方式（How）。

即剖视什么样的关系组织影响路径主体的实践行为。第四，适用条件（When）。实践协同发展路径，需要满足什么条件。第五，路径优越性（Why）。解释路径优越性在哪里。

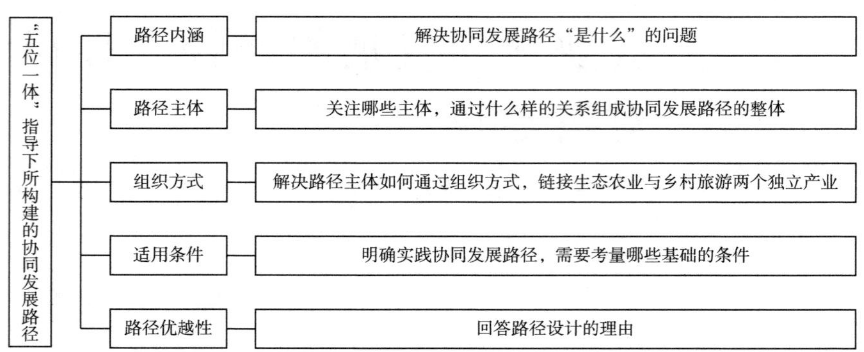

图 7－1　设计协同发展路径需要考虑的"X"环节

由此，设计出 11 条乡村旅游与生态友好型农业的协同发展路径。

（一）政府主导路径

1. 路径内涵

由乡村旅游与生态友好型农业的协同发展地政府，全面负责乡村旅游与生态友好型农业的政策制定、市场培育、发展规划，研发生态农业产品、乡村旅游产品，策划设计通过旅游发展延伸生态农业产业链的方式、产品、活动，宣传营销协同发展项目、产品、活动等。

2. 路径主体

政府是乡村旅游开发、生态友好型农业生产，乡村旅游与生态友好型农业协同发展的领军主体，包揽协同发展过程中的各种事务。

3. 组织方式

政府依托自上而下的行政力量，包揽各项工作、推动协同发展。第一，顶层设计。从政策的制定到实施，自上而下的政策推动是协同发展的内驱动力。第二，财政投入。创新财政投入方式，进行多元的资金投入，推进基础设施、公共服务设施建设，形成协同发展的重要支撑。第三，市场营销。政府负责协同发展产品的开发、统一的市场营销等工作。在地方政府内部，通过强化责任意识实现工作人员的组织。强化基层政党组织的包干意识，形成“上下联动、一级抓一级，层层抓落实”协同发展责任包干，形成落实政策的重要抓手。①

4. 适用条件

政府是公共职能部门，经济欠发达地区如果选择政府主导路径，容易导致依赖政府，从而加重政府的财政负担。此外，非专业化经营也不利于形成良好的市场运行，可能导致旅游收入不抵支出，从而不利于旅游的可持续发展。因此，政府主导路径适用有着一定经济水平和经济基础的协同发展地。同时，协同发展处于迫切需要资源投入的组织动员阶段，政府需要有相应的组织理论和治理能力等。

5. 路径优越性

第一，有助于提升乡村旅游、生态友好型农业产业发展中的资源配置效率，避免对公共资源的浪费。第二，有助于明确协同发展的方向、地位，建立协同发展管理体系、增强协同产品行业竞争力。② 第三，有助于促进乡村旅游、生态友好型农业产业经济增长，保障旅游产业、农业产业相关领域的社会公平与稳定。③ 第四，有助于解决乡村旅游产业的外部性、公共产品和信息不对称等问题。④

（二）居民主导路径

1. 路径内涵

由乡村居民直接依托乡村自然环境、历史文化资源，在坚持生态农业生产的基础上，通过自行规划、投资、经营、管理、营销而实践的乡

① 张国磊，张新文．“美丽乡村”建设中的政府动员与基层互动——基于广西钦州的个案调研分析［J］．北京社会科学，2015（7）：32－39.

② 王起静．旅游产业经济学［M］．北京：北京大学出版社，2006：369.

③ 匡林．旅游业政府主导型发展战略研究［M］．商务印书馆，2001：37.

④ 赖海鑫．旅游业政府主导型发展战略研究［J］．企业技术开发，2014，33（31）：69－71.

村旅游与生态友好型农业协同发展路径。

2. 路径主体

乡村居民是乡村旅游与生态友好型农业协同发展的路径主体，他们自主介入协同发展的决策，自主选择协同发展的社会道路，主动进行协同发展的实践。[①] 在协同发展的很长一段时间，乡村居民的自主决策范围甚至包揽乡村旅游发展过程中的投资、规划、经济、管理、营销等事务。

3. 组织方式

第一，居民自发启动乡村旅游与生态友好型农业的协同发展。第二，居民依托乡村丰富的自组织资源，经由乡村精英带动，建立利益结合紧密的合作组织，依托集体经济、个体经济“兼和”的经营模式，在乡村自组织下深度参与协同发展；通过乡村旅游实现农业产业升级，带动乡村的整体性变迁。[②]

4. 适用条件

实践证明，居民主导路径大多起源于乡村旅游与生态友好型农业的协同发展之初，由地方精英依托生态农业生产，利用乡村生态环境、文化传统等资源提供旅游服务接待。[③] 然而，居民有知识、能力相对欠缺的障碍，需要凝聚协同发展的“乡村理性”，建立“利益集结”，形成乡村聚力；乡村精英要有能力建立协同发展的自组织权威，乡村要能够形成居民主导路径的可持续发展机制等。

5. 路径优越性

第一，有助于居民充分参与协同发展，获取真正利益分享的主导权，实现利益分配的相对公正。第二，居民受益于协同发展，有助于推动乡村文化自觉意识的产生，有助于传统文化的复兴。这与“潜在回报

---

① 李强．少数民族村寨旅游的社区自主和民族文化保护与发展——以云南泸沽湖与青海小庄村为例［J］．贵州民族研究，2010，31（2）：106－112.

② 渠鲲飞，左停．乡村振兴的内源式建设路径研究——基于村社理性的视角［J］．西南大学学报（社会科学版），2019，45（1）：55－61.

③ 郭凌，王志章．制度嵌入性与民族旅游社区参与——基于对泸沽湖民族旅游社区的案例研究［J］．旅游科学，2014，28（2）：12－22.

是激励行为主体，努力保护传统文化与生态环境的动力”① 的行为逻辑相一致。第三，有助于缓解协同发展中，由于多方主体利益分配而导致的社会冲突，从而推动可持续性的协同发展。②

（三）企业主导路径

1. 路径内涵

由生态农业、旅游类龙头企业，或国有资产管理企业，依托生态农业生产的丰富资源，通过成立旅行社、组建投资公司、建立景区管理公司等方式，自行规划、投资、经营、建设、管理、营销而实践形成的，乡村旅游开发与生态友好型农业发展的协同路径。

2. 路径主体

企业是乡村旅游开发、生态友好型农业生产，乡村旅游与生态友好型农业协同发展的主体，企业自主启动协同发展的决策，自主选择协同发展道路、实践协同发展。③

3. 组织方式

企业主导路径的组织与企业进行资源配置、开展生产经营的活动同步。企业利用所拥有的资金、技术等资源，依据市场规则实现企业资源的重新配置和优化组合，实践协同发展。④ 然而，乡村旅游与生态友好型农业的协同发展，基于对乡村自然生态、历史文化传统的资源利用，会对乡村社会产生经济、社会、文化等影响。因此，伴随协同发展的推进，企业主导路径大多向“旅游企业主导的社区参与模式”等模式演

---

① 戴维·J. 格林伍德. 文化能用金钱来衡量吗？——从人类学的角度探讨旅游作为文化商品化问题［M］//瓦伦·L. 史密斯主编. 东道主与游客：旅游人类学研究. 张晓萍，等译. 昆明：云南大学出版社，2002：193.

② 蔡克信，等. 利益、权力和制度：旅游社会冲突的成因机制［J］. 四川师范大学学报（社会科学版），2017，44（1）：48－55.

③ 李强. 少数民族村寨旅游的社区自主和民族文化保护与发展——以云南泸沽湖与青海小庄村为例［J］. 贵州民族研究，2010，31（2）：106－112.

④ 胡江路. 工业企业主导的工业旅游开发模式［J］. 合作经济与科技，2005（22）：32－33.

变[①]，衍生出更加复杂的主体关系。

4. 适用条件

第一，企业技术条件，尤其是企业在生态农业生产、乡村旅游开发方面的规模、知名度、技术先进性、产值效益。[②] 第二，社会经济文化条件，涵盖区位条件、人均休闲时间、人口素质、居民消费能力。[③] 第三，乡村旅游、生态农业吸引力，包括旅游设施、环境友好度、可及性，农产品品牌价值、农业景观美景度[④]，农耕文化吸引力等[⑤]，都成为路径适用需要重点考量的因素。

5. 路径优越性

第一，企业拥有一定的经济实力，有能力拓展生态农业产业链，让服务接待项目在较短时间内达到较高的设施水平，形成一定规模的旅游接待能力。第二，有助于借助企业知名度促销协同发展的产品，降低营销成本、缩短产品生产导入期，加快把协同发展项目推向市场。第三，企业经营方式相对灵活，把经营目标和远期规划融入协同发展路径，更能获得协同发展的长远利益，实现发展的可持续性。

（四）“居民主导+行业协会自律”路径

1. 路径内涵

在居民主导路径的基础上，由参与协同发展的居民这一经营主体，成立旅游类、农业类行业协会，实施乡村旅游、生态友好型农业生产经营的自律性管理。

---

① 刘静艳，等．南岭国家森林公园旅游企业主导的社区参与模式研究［J］．旅游学刊，2008（6）：80－86.

② 毕燕，等．工业企业旅游开发研究［J］．广西师范学院学报（自然科学版），2005，22（3）：46－52.

③ 郑文俊，周志翔．基于旅游视角的农业景观吸引力及其测评体系［J］．江西农业学报，2008（10）：146－148＋153.

④ 邱婷婷，等．农业景观资源对旅游者的吸引力探究——基于旅游照片的内容分析［J］．上海交通大学学报（农业科学版），2015，33（5）：68－75.

⑤ 单福彬，等．乡村文化旅游吸引力的多层次评价——以辽宁赫图阿拉村为例［J］．干旱区资源与环境，2017，31（12）：196－202.

2. 路径主体

乡村居民、行业协会都是协同发展路径的重要主体。行业协会具体承担行业自组织与自律、会员培训与宣传推广、内部利益关系协调、政府与会员中介等职能。①

3. 组织方式

行业协会是居民自组织的重要途径，根据依托力量差异将组织方式分为两种形式。第一，行政依托型。即依托行业行政管理部门推动行业发展；运行经费源于政府拨款与会员会费；特征是全行业组织管理。第二，自我组织型，即完全由成员自发成立行业协会；运行经费源于会费和企业赞助；特征是完全自发性，不具有行政色彩。

4. 适用条件

对主体有较强的依赖性。第一，居民有能力启动乡村旅游与生态友好型农业的协同发展。第二，生态农业生产者、乡村旅游经营者愿意组建与加入行业协会，并承诺生产经营行为受行业协会的管理约束。第三，行业协会有较为健全的机构组织，能够实现自我管理、自我组织，并与基层政府有良好沟通。

5. 路径优越性

第一，有助于居民充分参与协同发展，获取在乡村旅游与生态友好型农业的协同发展中利益分享的主导权，实现利益分配的相对公正。第二，有助于通过行业自律，维护会员合法权益，规范生产经营行为，形成协同发展的良好市场环境。第三，有助于依托行业协会整合资源要素，搭建协同发展过程中，产品创新、业态创新平台。

（五）“政府主导+居民参与”路径

1. 路径内涵

由政府提出乡村旅游与生态友好型农业协同发展的思路，制定发展

① 孙冬玲，舒伯阳．国内旅游行业协会的运营现状与资源整合模式研究［J］．江西电力职业技术学院学报，2009，22（2）：80－83.

政策、投入建设资金、搭建发展平台，对乡村旅游与生态友好型农业的协同发展进行规划、建设、营销等。同时，鼓励和引导居民，通过各种方式积极参与农业生产、旅游发展。

2. 路径主体

第一，政府是主导者，通过政策制定、资金投入等途径，牵头履行相关发展规划、设施建设、公共服务等公共职能。第二，居民是参与者，做好生态农业生产，做强乡村旅游服务接待项目；居民参与协同发展的形式多样，包括农家乐、家庭农场、休闲农庄等。

3. 组织方式

政府发挥着核心的组织作用，我国农业、旅游行政管理体制是在中央和地方各级政府的统一领导下，由各级农业农村、文化旅游行政管理部门，对行政区域的农业和旅游行业进行系统化、规范化、科学化管理。① 行政管理部门立足公共职能，通过产业发展、产品开发把居民、政府、游客紧密联结；通过农业产品、旅游产品的市场供需，使政府、居民两大主体，在彼此协调中不断运行。

4. 适用条件

路径适用范围较广，适用条件包括政府有资金、技术等能力，承担协同发展过程中的组织协调、规划开发、设施建设、营销推广的工作；居民愿意也有能力参与生态农业生产经营、乡村旅游服务接待等工作。作为主体较少、相对简单的路径方式，更多适用于协同发展的起步阶段。伴随协同发展的推进、利益关系的多样化，无论是路径主体还是组织方式，必然会朝着复杂化、专业化、细分化的方向演进。

5. 路径优越性

第一，有助于发挥政府的主导优势，并通过产业政策手段引导、规范主体生产经营行为，使生态农业、旅游业两个产业生产要素的配置尽可能优化，推动乡村旅游、生态友好型农业朝着可持续的方向发展。第

① 杨丽双．西部民族地区实施政府主导型旅游发展战略研究［D］．内蒙古大学，2011：10.

二，有助于为居民参与协同发展，创造更好的政策、资金、环境、市场等条件。尤其较之于居民主导路径，居民可以从政府获得引导、调控、协调、服务性帮助，增加自身的参与能力。

（六）“政府引导＋企业主导”路径

1. 路径内涵

根据国家旅游局发布的《中国旅游业投资报告（2016）》，“政府引导＋企业投资”路径无疑是符合旅游投资方向的可选择路径之一。在这一路径中，政府制定政策引导与支持企业投资协同发展；企业通过“投资—建设—运营—管理”的“一体化路子”，负责协同发展的生产经营等事项。①

2. 路径主体

核心主体是政府和企业。政府指生态农业生产地、乡村旅游发展地的基层政府。企业包括景区开发企业、资产管理企业、农业生产企业、旅游经营企业等。② 包括国有企业、民营企业，以及国有企业、民营企业共同成立的联营企业等，有国有独资公司、股份有限公司、有限责任公司三种公司形态。

3. 组织方式

第一，政策动员。党和国家选取多途径宣传方式和宣传渠道，从心理与思想方面引导与动员协同发展主体，通过影响并改变协同发展主体的态度、观念、期望，使之自觉遵循政策的安排，参与到协同发展活动中，实现制度目标。③ 第二，企业经营。企业根据市场规则和游客需求，基于自然、文化等资源条件，自行开展生态友好型农业、乡村旅游的规划开发、生产经营、服务接待、产品设计、活动策划等活动。

---

① 张悦．政府引导，培育地方建筑国企新实力——黄果树旅游区管委会探索企业“投资－建设－运营－管理”一体化路子［J］．当代贵州，2018，484（22）：38－39.

② 阎友兵，陈喆芝．基于实物期权理论的景区经营权转让年限制度安排［J］．旅游学刊，2010，25（12）：18－22.

③ 谷明．国有旅游企业股份制改造探讨［J］．旅游科学，2000（1）：23－27.

4. 适用条件

第一，政府对企业的乡村旅游与生态友好型农业协同发展进行引导，并为企业的生产经营创造良好的政策条件、环境条件。第二，企业有能力进行协同发展项目的投资、规划、建设、生产、经营，整个协同发展项目在高效率的运作过程中实现健康有序发展。①

5. 路径优越性

政府、企业分工较为明确，发挥各自所长。第一，有助于政府履行公共职能。例如，通过完善制定优惠政策，建立相关融资平台，吸引各龙头企业投资主导协同发展项目。第二，有助于企业发挥生产经营优势，龙头企业有着资金、技术、人才等资源优势，熟悉市场规则、与市场直接对接，从而通过实践协同发展，推动形成乡村旅游、生态农业两个产业的产业化、商品化、规模化协同生产与协同经营格局。

（七）“居民主导+社会组织协助”路径

1. 路径内涵

在居民主导路径的基础上，以非政府组织、行业协会等为代表的社会组织介入乡村旅游与生态友好型农业的协同发展，为居民的生态农业生产、乡村旅游经营管理，提供生产、环保、服务、接待等方面的观念更新、技术指导和技术支持。

2. 路径主体

乡村居民、社会组织是乡村旅游开发、生态友好型农业生产，乡村旅游与生态友好型农业协同发展的核心主体。社会组织介入乡村居民主导的协同发展，很大程度上能够弥补乡村居民在协同发展中存在知识、技术、能力方面的不足问题。②

---

① 黄立丰．改革开放以来党的农村政策动员的价值趋向——从“温饱”到“幸福”的演进逻辑［J］．理论月刊，2019（2）：5－11．

② 孙冬玲，舒伯阳．国内旅游行业协会的运营现状与资源整合模式研究［J］．江西电力职业技术学院学报，2009，22（2）：80－83．

3. 组织方式

居民处于主导地位，自发启动协同发展，实施自我组织、自我管理，组织方式属于典型的“自组织”。社会组织有两种介入途径。第一，受居民邀请介入，这种介入发生于居民认识到自身能力不足、需要外界帮助的情况下。专业性社会组织、行业性社会组织、学术性社会组织、公益性社会组织、联谊性社会组织都可以适用这一介入方式。第二，主动介入。社会组织主动对接居民，为居民参与协同发展，提供思想观念、知识技术等方面的支持。这类介入方式大多被以开展公益活动为主要业务和目的的公益性社会组织所选择，发生于居民参与协同发展存在困难，协同发展过程、结果会对或者已经对环境保护、居民权益等产生明显影响的时候。

4. 适用条件

社会组织无论是受到居民邀请介入，还是主动介入乡村旅游与生态友好型农业的协同发展，都需要满足一定的适用条件。第一，居民有态度。即居民对社会组织介入协同发展，抱着不排斥或者欢迎的积极态度。这是居民主导路径下，社会组织介入协同发展的首要条件。第二，社会组织有能力。居民接受社会组织介入其主导的协同发展，是基于对社会组织能力的认可，信任社会组织有助于其知识、技术、能力的提升。因此，社会组织发挥优势、提高服务能力，也是“居民主导 + 社会组织协助”路径的重要适用条件。

5. 路径优越性

第一，有助于社会组织承担社会责任。根据《关于改革社会组织管理制度促进社会组织健康有序发展的意见》（中办发〔2016〕46 号），社会组织通过服务社会体现存在价值，承担着重要的社会责任。社会组织主动介入居民主导的乡村旅游与生态友好型农业协同发展，无疑是承担社会责任的重要体现。[①] 第二，有助于弥补居民的能力不足，形成主

① 赵宇新．探索中国特色社会组织的科学内涵［J］．毛泽东邓小平理论研究，2017（2）：47 – 52.

体之间的“优势互补”。一般而言，居民参与协同发展，相对存在资金、技术、自组织等方面的缺失。社会组织是非营利性组织，具有相对专业性、专注性、灵活性、自治性等优势，能与居民形成较好的“优势互补”。①

（八）“政府主导 + 社会组织引导 + 经济组织协调 + 居民参与”路径

1. 路径内涵

政府负责乡村旅游与生态友好型农业协同发展的启动、规划、建设、管理等工作。经济组织负责组织居民进行农业生产、旅游经营。包括 NGO、行业协会在内的社会组织与经济组织对接。其中，NGO 为居民提供农业生产、旅游经营的技术、知识等支持；行业协会通过行业自律，形成协同发展的行业管理。乡村居民积极参与生态农业生产、乡村旅游服务接待。

2. 路径主体

第一，政府。主要是乡村旅游与生态友好型农业协同发展地的基层政府。第二，社会组织。有 NGO、行业协会等。第三，经济组织。包括农民专业合作社、土地股份合作社、乡村旅游合作社等，农业生产类、乡村旅游类两类经济组织。第四，居民。居民参与形式多样，包括家庭农场、农家乐经营，或者种植大户依托生产经营场所进行旅游经营等。

3. 组织方式

第一，政府依托自身的行政管理力量，发挥公共职能，为社会组织、经济组织、居民参与协同发展，提供政策激励、法治环境、制度保

① 李峰．社会组织参与公共服务供给：优势、困境及路径［J］．阅江学刊，2014（3）：70 – 76.

障等。[①] 第二，经济组织，通过乡村精英、乡村能人形成的示范、带动能力，依托乡村熟人社会网络，组织分散农户参与生产经营、乡村旅游接待服务。第三，社会组织基于自身价值诉求，在政府的制度结构内形成价值规范、行动取向，产生积极参与乡村旅游与生态友好型农业协同发展的动力和行为。[②] 第四，居民基于政府动员和组织，在社会组织的帮助下，通过农家乐、家庭农场等形式，或者以雇佣身份参加到乡村旅游服务接待活动。

4. 适用条件

第一，政府主导，为经济组织、社会组织的成长和参与创造良好的制度环境。第二，经济组织有动员、组织分散居民的意愿和能力。第三，社会组织能够与政府、经济组织，实现良好的合作对接。四是，居民有参与协同发展的意愿资金等。

5. 路径优越性

第一，有利于家庭农场、专业大户等新型农业经营主体的培育与发展。第二，有助于行业协会的成长，NGO 的多途径参与协同发展。第三，有助于形成乡村旅游与生态友好型农业协同发展中，政府、NGO、行业协会、农民专业合作社、居民等多方主体共同参与的多元治理格局。第四，有助于建立相对合理的居民参与机制和利益分配机制，保障居民在协同发展中的话语权和应当取得的利益。

（九）“政府引导 + 企业主导 + 居民参与”路径

1. 路径内涵

政府出台政策引导支持企业投资生态农业的生产、乡村旅游的经营活动。企业作为市场主体，投资生态农业生产、乡村旅游经营的活动，

---

① 辛文博．社会组织参与公共服务的困境与出路［J］．法制与社会，2019（12）：125－127.

② 王川兰．行动者、系统与结构：社会组织参与公共服务购买的行动逻辑——基于上海市 S 机构的实证研究［J］．社会科学，2018（3）：82－91.

并受到政府政策的约束和监督。乡村居民在政府引导下、企业主导下，积极参与具体的生态农业生产、乡村旅游经营等活动。

2. 路径主体

第一，政府。主要指乡村旅游与生态友好型农业协同发展地的基层政府。第二，企业。包括生态农业的生产企业、乡村旅游的经营企业；企业的性质涵盖国有、民营、合营三种。第三，居民。居民以家庭农场、种植大户、农家乐等形式，或者通过企业雇佣的方式，参与到乡村旅游与生态友好型农业的协同发展。

3. 组织方式

第一，政府政策动员。通过政策引导，满足企业、居民的根本利益，均衡企业与居民之间的利益关系，形成协同发展中政府、企业、居民的“发展共同体”。[①] 第二，居民参与。居民在政策动员下，或通过企业雇佣方式，或通过家庭农场、农家乐等自营方式，加入乡村旅游与生态友好型农业的协同发展。第三，企业主导。包括四种形式。一是国有企业主导。即政府成立国有企业开展生态农业生产、乡村旅游经营，国有企业在坚持党的领导下，建立现代企业制度进行生产经营的市场化运作。[②] 二是政府委托经营。政府引入民营企业，通过签订委托代理协议方式，转移生态农业园区、乡村旅游景区经营权；企业依照市场规则进行生态农业生产、旅游服务接待。[③] 三是政府或国有企业引入民营企业。民营企业以股份形式，入股生态农业生产、乡村旅游经营。[④] 四是民营企业经营。尤其是龙头企业，依托生态农业生产，进行乡村旅游服务接

---

① 雷望红，王海娟．主体动员与利益均衡：农业型地区政策创新的实现路径［J］．中共宁波市委党校学报，2018，40（5）：121－128.

② 闫翠翠．供给侧结构性改革视阈下国有企业完善现代企业制度的路径选择［J］．科学社会主义，2017（2）：116－121.

③ 郭淳凡．景区经营权转让下旅游资源开发激励约束契约设计［J］．经济地理，2010，30（6）：1052－1055.

④ 傅广海，等．华侨城集团投资经营贡嘎山海螺沟景区的风险分析［C］// 中国地质学会旅游地学与地质公园研究分会第32届年会暨铜仁市地质公园国际学术研讨会，2018：11.

待，按照市场规则、根据自主意愿进行经营管理。[①]

4. 适用条件

第一，政府有动员力量。即政府能进行企业、居民参与协同发展的动员，并对主体参与予以机制与政策保障。第二，企业要有主导力量。能够承担生态农业的生产工作，也能通过乡村旅游发展，延伸农业产业链，从而主导协同发展的方向、途径、过程等。第三，居民有参与途径。包括政策有着相应的制度环境、企业有着路径引导，政府、企业共同为居民参与提供知识、技术、能力等帮助。

5. 路径优越性

第一，有利于缓解政府压力。通过资源的市场化经验，缓解资金困境。[②] 第二，有利于资源保护。尤其是国有企业主导协同发展，无疑对地区经济社会的全面、协调发展有着促进作用。[③] 第三，有利于实现资源价值。无论是政府建立国有企业、进行委托经营，还是通过合营、民营等方式，企业拥有基于"实物期权"的投资回报。[④] 第四，居民通过政府引导、企业主导参与协同发展，实现经济收入提高、生态农业发展，获取资源环境、经济发展效益的有机统一。

（十）"政府引导＋经济组织主导＋行业协会自律＋居民参与"路径

1. 路径内涵

政府制定政策引导与支持乡村旅游与生态友好型农业的协同发展。经济组织作为协同发展的主导力量，组织分散居民进行生态农业的生产

① 张阳．经营主体视角下成都市休闲农业经营模式研究［D］．西南科技大学，2018：20－21.

② 朱建安．市场化与规制：世界遗产资源管理模式可能的路径选择［J］．中国软科学，2004（6）：12－17.

③ 陈翔．国有企业治理中的委托代理问题［J］．理论视野，2017（5）：52－55.

④ 阎友兵，陈喆芝．基于实物期权理论的景区经营权转让年限制度安排［J］．旅游学刊，2010，25（12）：18－22.

经营、开展乡村旅游的服务接待。行业协会实施生态农业生产、乡村旅游经营的自律性管理。居民具体从事生态农业生产、乡村旅游服务接待的实践活动。

2. 路径主体

实际操作过程中，该路径已形成多方参与协同发展的格局，核心主体包括政府、经济组织、行业协会、居民。第一，政府。基层政府主要解决生态农业产业定位、资源利用和保护，促进经济组织、行业协会建立与发展等问题。第二，经济组织。包括集体经济组织、农业生产合作社等。第三，行业协会，包括旅游、酒店等旅游类行业协会，龙头企业协会、农产品市场协会、生态农业协会等农业行业协会。第四，居民。即在协同发展中进行生产经营的居民；居民参与形式有家庭农场、农家乐等，或者种植大户依托生产经营场所进行旅游经营等。

3. 组织方式

第一，经济组织主导，组织分散居民进行农业生产、乡村旅游服务接待，根据《集体经济组织成员资格认定办法》等相关法律法规，组织会员制定“农民专业合作社管理制度”等规章进行成员的组织管理。第二，行业协会自律，组织成员自行制定“行业协会管理制度”，通过行业自律的形式进行行业管理。第三，居民个体经营，在政府的政策引导下，通过参加各类经济组织、行业协会，实现组织和管理。

4. 适用条件

政府、经济组织、行业协会、居民之间有着清晰分工，形成对角色的认知。政府不能大包大揽，摆正政策制定和引导角色，把空间留给经济组织、行业协会。经济组织在生产经营过程中能够发挥主导力量，在做好居民与政府沟通桥梁的同时，组织居民生产、入股、分红、经营等推动协同发展。行业协会能够有效成立，在自律性管理中取得成员支持。居民有进行农业生产、参与旅游经营的强烈意愿，能够从行业协会、经济组织处获取支持与帮助。

5. 路径优越性

优越性集中体现为多方主体的细致分工和参与。政府代表行政力量，经济组织、行业协会代表社会力量，充分参加到乡村旅游与生态友好型农业的协同发展中。分散居民的生产经营、旅游接待活动，能够得到有效组织、获得社会支持；居民的合法权益、经济利益有助于得到维护。

（十一）“政府引导＋企业主导＋经济组织协调＋社会组织引导＋居民参与”路径

1. 路径内涵

政府制定政策，支持引导协同发展。企业作为市场主体，主导协同发展的方向，负责生产、规划、建设、营销等全部过程。经济组织作为政府、企业、社会组织、居民的中介力量，组织分散居民参与协同发展，代表居民协调他们与其他主体之间的关系。包括行业协会、NGO在内的社会组织，实施农业生产、乡村旅游经营的自律性管理；协助经济组织进行生产经营技术的培训。居民则具体从事生态农业生产、乡村旅游服务接待的实践活动。

2. 路径主体

这一路径本质上是一种由政府、企业、社会、公众多方主体共同参与的协同发展路径，核心主体包括政府、企业、经济组织、社会组织、居民。其中，经济组织指农民专业合作社，涉及农业生产、旅游经营领域。社会组织主要包括实行生产经营自律的行业协会，在环境保护、农业生产、旅游经营等领域发挥知识技术作用的 NGO 等。居民即从事生态友好型农业生产、乡村旅游经营活动的乡村居民；通过参加经济组织、企业生产经营构建的社会网络，参与协同发展。

3. 组织方式

核心的组织方式是政府、市场、社会、公众等通过博弈协商，形成以制度、技术为基础，以市场为平台，社会参与的工具理性，创造政府、市场、社会参与的治理格局，塑造以尊重生态平衡、公民权利为前提的协同发展的价值理性。①

4. 适用条件

多方主体参与治理是适用这一路径的重要条件。尤其是政府效能较高，保证相对充足的资金投入；创造支持性制度环境，增强社会组织的社会责任意识；尊重生产经营的市场规律，发挥市场在资源配置的基础性作用；建立有效的保障机制、监督机制等。

5. 路径优越性

突出优越性在于形成协同发展、社会治理的“相互嵌入”。即通过协同发展，政府在保持“权威”的同时，通过建立制度化渠道、建立社会网络、分享发展收益，构建中介途径而与社会组织、居民、企业等主体相关联，从而把多方主体参与协同发展的过程“嵌入”在协同治理的环节中。最终，实现协同发展、社会治理的可持续性效益。②

二 协同发展路径的演变规律和演变机理

（一）路径的演变规律

对于前文设计出的11条乡村旅游开发与生态友好型农业发展的协同路径，通过路径内涵解释、路径主体阐述、组织方式研究、适用条件剖析、路径优越性分析，总结出如下规律。

1. 简单路径向复杂路径的演变

通过总结分析发现，乡村旅游开发与生态友好型农业发展的协同路径，呈现一个从简单到复杂的演变过程。即“政府主导”演变为“政府主导 + 居民参与”“政府主导 + 社会组织引导 + 经济组织协调 + 居民

① 吴真，高慧霞．新加坡环境公共治理的实施逻辑与创新策略——以政府、社会组织和公众的三方合作为视角［J］．环境保护，2016，44（23）：72 - 74.

② 纪莺莺．从“双向嵌入”到“双向赋权”：以N市社区社会组织为例——兼论当代中国国家与社会关系的重构［J］．浙江学刊，2017（1）：49 - 56.

参与”；“居民主导”演变为“居民主导+行业协会自律”“居民主导+社会组织协助”；“企业主导”演变为“政府引导+企业主导”“政府引导+企业主导+居民参与”等。因此，路径演变过程从简单到复杂，呈现从单一主体到多主体共同参与的特征。

同时，虽然经济组织是社会组织的形态，但是社会组织作为“第三方”组织，更多的是以第三方性、专业性、委托性等特点弥补政府职能所让渡的空间。[①]因此，农民专业合作社、土地股份合作社、乡村旅游合作社等经济组织作为经济主体，可以在协同发展中发挥主导作用，但是社会组织的“第三方”性，意味着它所主导的路径需要其他主体的积极参与和作用发挥。

2. 简单主体向多元主体的演变

总体而言，我国实践乡村旅游与生态友好型农业的协同发展路径，经历了从政府主导、居民主导、企业主导的简单主体路径，到政府、企业、居民、社会组织、经济组织多方参与的过程。

（1）简单主体路径。简单主体路径的特征包括以下几点。第一，路径主体单一，是政府、企业、居民中的一类主体，路径主体即主导力量的来源。第二，路径出现时间较早，都在20世纪末期，大多发生于乡村旅游与生态农业协同发展的初期，是对协同发展路径的初期探索。第三，路径主体有主导力量。其中，政府是行政主体，企业是市场主体，居民是资源实际占有者，也是乡村旅游影响的直接承担主体。[②]路径主体的主导力量来源于行政主体的行政权力、市场的资源配置力量、居民对资源的实际占有和控制力量。[③]

就路径产生而言，一是政府主导路径。无论是生态农业资源、乡村

---

① 陆春萍．社区治理中的政府再造社会组织［J］．内蒙古社会科学（汉文版），2013，34（3）：143－146.

② 李庆雷，康涛．社区主导型旅游发展模式的转型升级［N］．中国旅游报，2015－05－20（11）.

③ 刘小玄，吴靖烨．资源配置、垄断力量与制造业的市场壁垒［J］．改革，2015（6）：64－72.

旅游地环境，还是协同发展所需的基础设施、打造的乡村旅游地品牌，均具有公共属性。因此，政府主导协同发展，也是政府履行公共服务职能的根本要求。[①] 政府主导路径的启动与改革开放基本同步，“主导”范围集中于对协同发展路径的立法规定、政策引导、总体规划、环境营造、基本建设等方面。[②] 二是企业主导路径。企业主导路径起源于20世纪末在全国兴起的工业旅游[③]，工业旅游是以多样化工业形态为载体而开发的特殊旅游产品[④]。21世纪初，国内理论研究和社会实践开始反思政府“守夜人”身份，重新认识市场的资源配置作用，企业主导路径从工业旅游领域逐步适用于协同发展的产品领域。三是居民主导路径。在城市近郊，居民主导路径起源于20世纪80年代，居民依托自有生态农业资源，房屋、庭院、劳动力为旅游者提供住宿、餐饮和休闲娱乐服务，形成以家庭为接待单位，集观光、休闲、商务于一体的“农家乐”。[⑤] 在偏远民族地区，则起源于以农业生产为资源、以生态环境为依托的民族村寨旅游。[⑥] 伴随对居民个体和社区整体权利的保护，社区参与旅游发展逐渐兴起，并被认为是居民主导协同发展的最重要方式。[⑦]

（2）多元主体路径。多元主体路径的共同特征包括以下几点。第一，路径主体为两类或两类以上，但主体力量在路径中有所差异，即发挥主导力量的还是只有一类主体。第二，路径时间出现较晚，无论是从时间还是从主体构成来看，都是对单一主体路径的理论丰富和实践探

---

① 阚如良，等．论政府主导与旅游公共服务［J］．管理世界，2012（4）：171－172．

② 章尚正．“政府主导型”旅游发展战略的反思［J］．旅游学刊，1998（6）：21－22．

③ 阎友兵，裴泽生．工业旅游开发漫议［J］．社会科学家，1997（5）：57－60．

④ 王国华．论推进工业旅游产业发展的理念、路径与措施［J］．北京联合大学学报（人文社会科学版），2019，17（1）：47－54．

⑤ 刘慧荠．休闲旅游兴起及发展原因初探——来自郫县农科村的考察报告［J］．西南民族学院学报（哲学社会科学版），1999（S6）：148－151．

⑥ 聂泽龙，等．开发西双版纳村寨生态旅游资源发展民族地区经济［J］．国土与自然资源研究，1999（1）：67－68

⑦ 刘纬华．关于社区参与旅游发展的若干理论思考［J］．旅游学刊，2000（1）：47－52．

素。第三，尽管主体类型多样，但是多元主体，都是在政府主体、社会主体、市场主体与居民主体之间的组合。其中，市场主体主要是企业；社会主体包括农民专业合作社等经济组织，环境保护、资源保护类等NGO，乡村旅游协会、休闲农业协会等行业协会。居民主体包括居民个体、社区整体两类，而居民个体形式多样，有家庭农场、农家乐、种植大户等。

就路径产生而言，路径主体的复杂化演变与社会环境变化相关。一是专业化分工的推进。乡村旅游与生态友好型农业的协同发展，是涉及农业、旅游等专业领域，需要产业融合发展、生态农业生产、企业经营管理、旅游服务接待等专业技术的复杂过程。就经济学角度而言，分工是经济组织演进的内生机制，协同发展路径主体的复杂化是经济体系升级的体现，也是专业化分工持续演化的过程。① 协同发展路径主体通过专业化分工，尤其是经济组织形式的演进，使生态农业、乡村旅游等资源配置不断优化，最终实现两个产业高质量的协同发展。

二是市场的壮大。普遍认为，市场弱小、主体脆弱，政府主导路径较为普遍，也在情理之中。而市场成长、力量壮大，政企分开，转向“政府引导 + 企业主导”“政府引导 + 企业主导 + 居民参与”等路径也就理所当然。②

三是社会治理的推进。在本书研究构建的“五位一体”理论框架中，经济建设是中心，社会建设是抓手，社会治理是社会建设的突破口。合作是人的社会实践中的普遍行为，未来的社会治理将是一种“合作治理”。③ 政府、市场、社会等多方主体参与协同发展，既是推行“合作治理”、实现多主体合作共治的重要方式，也是满足多主体利益诉求、

---

① 王修志，谭艳斌．改革开放与建设现代化经济体系：分工演进逻辑［J］．学习与探索，2018，279（10）：132－138.

② 厉新建，等．中国旅游40年：市场化的政府主导［J］．旅游学刊，2019，34（2）：10－13.

③ 张康之．论社会治理中的协作与合作［J］．社会科学研究，2008（1）：49－54.

实现高质量协同发展的必然结果。①

3. 单一利益格局向多元利益格局的演变

本章研究通过路径主体分析，发现我国乡村旅游与生态友好型农业的协同发展路径，经历了从“单一利益格局”到“多元利益格局”的演变过程。这既是协同发展的现实需求，也与中国社会利益分化的趋势相对保持一致。

（1）单一利益格局。“利益”（interest）来源于拉丁文“intecesse”，原义是指某些具有报酬性的东西。② 在本书研究中，“单一利益格局”指利益主体单一所导致的利益关系单一。③ 单一利益格局不等于“一元利益格局”，后者指不存在离开国家与集体利益而单独存在的个人利益。④ 具体而言，简单主体路径的利益关系相对简单，大多发生在主体内部。例如，居民主导路径的直接利益关系，基本发生在生态农业生产、乡村旅游经营过程中，居民个体之间、居民个体和社区之间。

对于乡村旅游与生态友好型农业协同发展，单一利益格局产生的原因多样，包括：简单主体路径中的主体简单、主导力量来源单一；尽管每一类主体的内部成员，有着差异化的利益诉求，但是都属于同质化的群体。同时，单一利益格局也与我国探索乡村旅游与生态友好型农业协同发展初期，协同发展目的简单、社会结构相对单一、市场活力不足、经济开放程度较低等社会经济环境相适应。⑤

（2）多元利益格局。在本书研究中，多元利益格局指利益主体多元所导致的利益关系复杂化现象。在乡村旅游与生态友好型农业的协同

---

① 江必新，李沫．论社会治理创新［J］．新疆师范大学学报（哲学社会科学版），2014（2）：25－34．

② 刘可风．论中西经济伦理的语境差异及其沟通——“利益”与“interest”之比较［J］．哲学研究，2006（11）：95－99．

③ 胡飒．当前我国社会利益分化的特点［J］．吉林工程技术师范学院学报，2010，26（9）：1－3．

④ 胡朝阳．当代中国公共利益问题的凸现——一元化利益格局到利益分化的转变［J］．晋中学院学报，2010（5）：44－47．

⑤ 贾玉娇．社会建设：双向运动中的中国利益格局重建［J］．甘肃理论学刊，2012（3）：10－15．

发展路径中，具体包括三层含义。

第一，利益相关者多元化。"利益相关者" 源自企业管理，指 "能够影响企业目标实现，或者能够被企业实现目标的过程影响的任何个体"。[①] 在乡村旅游与生态友好型农业的协同发展中，存在数量众多的受到协同发展影响的个人和群体。作为个体的利益相关者，出于共同的利益而聚集，形成有相同利益目标的群体。这些群体的类型包括政府、企业、社会组织、经济组织、居民等多类主体，在很大程度上涵盖着NGO、农民专业合作社、行业协会等受到协同发展影响的实体。

第二，利益诉求多元化。利益诉求是利益相关者表达自身需求和意见的合法正当的途径和方式[②]，发生于政治、经济、文化、社会、环境等领域。政府是公共利益代表，通过协同发展，追求地方经济增长、生态环境保护、生态农业发展等社会福利的最大化；居民作为资源实际占有者，希望成为协同发展的参与者和受益者；企业是市场主体，参与协同发展，目的是盈利；社会组织是 "第三方" 主体，参与协同发展，实现价值诉求、组织宗旨，承担社会责任[③]；经济组织包括集体经济组织、合作经济组织、行业协会等，利益诉求是成功组织成员进行生态农业生产、乡村旅游经营，实现组织生产经营的可持续性。

第三，利益关系多元化。从社会关系视角分析，"利益是一种社会关系，仅存在于主体的相互关系中；利益关系指既定社会中利益相关者因（以物质利益为核心的）各种利益的组合方式与结构"。[④] 因此，利益驱使利益相关者采取行动，聚集成为利益群体，各种利益群体之间的

---

① Eckardstein D V, Simsa R. Strategic management: A stakeholder-based approach [M] // Future of Civil Society. Verlag für Sozialwissenschaften, 2004.

② 欧阳淞．加强和改进党的基层组织建设 为构建社会主义和谐社会提供坚强保证 [J]. 求是，2006 (24)：11－14.

③ 孟庆国，等．利益诉求视角下的地方政府雾霾治理行为分析 [J]. 中国软科学，2017 (11)：71－81.

④ 赵磊．论当前改革中的利益失衡 [J]. 哲学研究，1998 (11)：24－29.

关系或态势则最终造就利益格局。[①] 在乡村旅游与生态友好型农业的协同发展中，利益关系多元化、利益格局的产生是政府、企业、经济组织、社会组织、居民等利益群体，基于不同的价值标准和利益诉求而相互博弈和妥协的结果。

因此，在乡村旅游与生态友好型农业的协同发展中，协同发展路径从单一利益格局演变为多元利益格局，既源于利益群体之间利益目标的分化、利益诉求的差异化，所导致的利益格局多元化；也与事务“从局部到整体、从简单到复杂、从低级到高级”的发展规律相适应。在协同发展路径的探索与实践中，利益群体的利益关系实际发生于经济、社会、文化、生态、政治等领域，这与我国社会主义“五位一体”的总体布局相一致，论证了本书研究基于“五位一体”构建的理论框架。

4. 单一价值目标向多重价值目标的演变

通过探索协同发展路径、剖析路径主体的关系，在此提出我国乡村旅游与生态友好型农业的协同发展路径，经历从“单一价值目标”到“多重价值目标”的演变过程。这既是协同发展路径应当具有的综合效应的体现，也是国家经济发展、社会进步的必然要求。

（1）单一价值目标。经济增长方式，是推动经济增长的生产要素投入和组合的方式。很长一段历史时期，我国采用粗放型经济增长方式，有着资源能源投入高、消耗高、污染大，技术进步对经济增长贡献率低、经济效益低、资源配置效率低、经济运行质量低等特征。[②] 具体映射到农业生产上，存在单方面追求农业生产的经济效益，带来农业资源过度开发、农业投入品过量使用、农业面源污染严重等环境社会问题。反映到乡村旅游上，则出现重视乡村地区经济发展、农民收入增收等经济效益，忽略旅游资源开发、游客活动等对乡村社区的社会、文

① 程林林，黄旭．隐性利益与体育利益格局演化分析框架（上）［J］．体育与科学，2010，31（6）：1－7．

② 陈保启，李为人．生产性服务业的发展与我国经济增长方式的转变［J］．中国社会科学院研究生院学报，2006（6）：86－90．

化、环境产生的诸多负面效应问题。

粗放型经济增长方式、单方面重视经济效益的价值目标，映射到乡村旅游与生态友好型农业的协同发展过程中，就可以很好地阐释了单一价值目标的由来。政府主导、居民主导、企业主导乡村旅游与生态友好型农业的协同发展路径，均启动于20世纪80年代到20世纪末。改革开放以来，中国一直强调经济发展的重要性、追求经济的高速度增长。因此，政府、企业、居民作为单一路径主体，对协同发展路径展开探索和实践的过程与目标，均受到当时我国的社会环境、经济环境、政策环境、思想意识以及国家发展阶段等因素影响。政府、居民、企业等主体，也更多地希望利用农业、环境等资源推动生态农业、乡村旅游的协同发展，实现经济增长、企业盈利、农民增收等经济目标。

（2）多重价值目标。乡村旅游与生态友好型农业的协同发展是一个融合繁杂内容、涉及群体众多的系统工程，不同的主体都有各自的利益诉求和价值彰显。同时，两个独立的产业在生态、经济、社会、政治、文化五个维度拥有共同基础和发展空间，因此协同发展路径的价值目标也从过去更多关注经济的高速增长，到实现经济建设、政治建设、文化建设、社会建设、生态文明建设的“五位一体”的多种目标。

总体而言，我国乡村旅游与生态友好型农业的协同发展路径，呈现从“简单路径”向“复杂路径”，从“简单主体”向“多元主体”，从“单一利益格局”向“多元利益格局”，从“单一价值目标”到“多重价值目标”的演变。

（二）路径的演变机理

在剖析乡村旅游与生态友好型农业协同发展路径的演变规律基础上，分析路径的演变机理，从而回应本书构建的乡村旅游与生态友好型农业协同发展的理论框架，明晰协同发展路径主体关系以及理论框架五个维度相关关系的形成机理。概括来说，乡村旅游产业、生态友好型农业产业，两个独立产业能够构成复合系统，并最终实现协同发展，是因为存在由“外推力”“内促力”“引导力”构成的“三合一”的协同发展动力体系。

1. 环境驱动激发外推力

乡村旅游产业与生态友好型农业产业是两个独立产业，因此实践协同发展路径受到产业发展、生态环境、市场需求等外推力的影响。

（1）生态环境外推力。生态环境日益恶化对有着资源指向的乡村旅游、生态友好型农业造成强烈冲击。两个独立产业基于可持续发展，探索和实践协同发展路径，应对产业发展自然条件的不断变化，通过“抱团”保障产业发展的共同基础。

（2）市场需求外推力。伴随社会的进步和生活水平的提高，城市居民对休闲旅游、绿色农产品的消费需求剧增。作为上述需求的重要供给方，乡村旅游、生态友好型农业共同面临产品品质提高的压力。

（3）产业发展外推力。乡村旅游产业、生态友好型农业产业有着探索和实践协同发展路径的需求，两个独立产业通过实践协同发展路径，互为产业发展要素，确保能够按照市场要求提供产品，以实现各自的持续发展。

2. 效益推动产生内促力

乡村旅游与生态友好型农业有着产业融合的空间，实践协同发展路径产生的预期综合效益，以及良好的战略发展需求，是探索乡村旅游与生态友好型农业协同发展路径的内促力。

（1）产业内促力。通过实践协同发展路径，生产经营要素得到优化整合。通过两个产业生产要素的相互补充、同类生产要素的共享，激发产业关联效应。

（2）效益内促力。通过统筹规划空间布局，产业结构布局更加合理。从而创新产业发展，实现产业效益的最大化。

（3）战略内促力。实践协同发展路径，也是产业发展战略的需要。对于乡村旅游而言，发挥生态友好型农业资源的基础性作用，创新旅游产品；利用接触消费市场的机会，销售农产品并回馈生态农业生产。对于生态友好型农业而言，依托旅游的消费行业特性，拓展融合空间，直销农产品；利用基础性资源，为乡村旅游提供自然环境、农业产品、农事体验等素材。

3. 政策拉动催生引导力

（1）顶层设计引导力。随着经济形势的不断变化，政府对社会经济发展的宏观管理逐渐由需求侧转向供给侧。产业融合，尤其农业、旅游业的融合是供给侧改革的重要内容。“十二五”以来，相关部门发布了系列政策文件并开展了评选活动，推动农业和旅游业的产业融合，助推旅游业与农业的协同发展。本章在剖析乡村旅游与生态友好型农业的协同发展路径演变规律时发现，无论是“政府主导”“政府主导+”路径，还是“政府引导+”，支持协同发展的顶层设计，是协同发展路径的重要引导力。

（2）政策实施引导力。实际上，我国各级政府已经连续多年通过政策驱动引导乡村旅游与生态友好型农业的协同发展工作。如，2017年“中央一号文件”指出：“发挥乡村各类物质与非物质资源富集的独特优势，采用‘生态+’、‘旅游+’等模式，推进农业、林业与旅游……等产业深度融合。”在供给侧结构性改革背景下，各地政府通过产业发展规划、产业政策等路径，推动乡村旅游与生态友好型农业的协同发展，在实践协同发展过程中已经获取多维度发展效应。

三　实践协同发展路径的对策建议

（一）创造良好制度环境，从制度层面保障协同发展路径

1. 塑造协同发展的利益驱动机制

践行乡村旅游与生态友好型农业的协同发展路径，离不开政府、企业、居民、政府、社会组织、经济组织的参与和支持，需要构建涉及各个主体的利益驱动机制。旅游企业和农业企业在逐利性支配下，利用自

然资源和生态环境条件从事生产经营活动，在此过程中可能会造成资源浪费和对自然生态基础的破坏。第一，政府利用补贴政策来鼓励企业在资源开发中从事有益于生态环境保护的积极行为，利用税收政策约束破坏性动机和动作。第二，通过特许经营权的委托代理，将企业的要素配置和环境保护收益相挂钩，形成乡村生态环境保护、生态友好型农业生产，以及生态农业生产要素、乡村旅游资源要素开发的良性循环。

2. 构建协同发展的资金保障体系

乡村旅游与生态友好型农业的协同发展，涉及大规模的设施建设，诸多软实力的提升工作。单纯依靠财政投入，不能满足协同发展路径的资金需求。需要构建切实可行的融资战略体系，形成多元化的投融资体系。第一，把实践协同发展路径，纳入国民经济与社会发展规划中，制定推动乡村旅游、休闲农业产业融合的发展政策，通过财政资金保障协同发展路径的基础设施、环保设施等建设。第二，探索设立实践协同发展路径的专项基金，确保专款专用于协同发展路径的规划设计、产品开发、市场营销、品牌宣传等方面。第三，引入社会资本，坚持“谁投资、谁收益”的原则，为社会资金进入乡村旅游、生态友好型农业的发展领域，实践协同发展路径创造制度环境。

3. 构建协同发展的组织保障体系

乡村旅游与生态友好型农业的协同发展是一项系统工程，协同发展路径的实践与演变不是一蹴而就的，需要长时间的推动和积累。因此，政府要强化这项工作的组织领导。第一，围绕乡村旅游与生态友好型农业协同发展推进工作的具体内容，成立由各行政主管部门组成的推进工作领导小组，最高级别政府部门主要负责人担任组长，农业、文旅，环保、财政，交通、卫生等部门主要负责人作为成员，定期召开工作会议以解决实践协同发展路径中遇到的各种问题。第二，探索建立实践协同发展路径的“联席会议制度和督导工作制度”，努力在相关政府部门之间形成较为完善的工作协调机制、监督机制，以保证乡村旅游与生态友好型农业协同发展工作的顺利实施。

4. 实施协同发展路径试点与示范工程

选择现有的乡村旅游、生态友好型农业发展条件较好的地区，进行协同发展路径试点与示范工程。第一，在全国范围内，从县、镇、村三级行程区域进行协同发展路径的试点探索，通过编制试点方案，实施试点工作，检查提升，总结推广，试点探索集成协同发展路径。第二，以实验型发展方式探索乡村旅游与生态友好型农业协同发展的切合契合点和关键路径，测度可能取得的协同发展效果。第三，分类进行协同发展路径的试点与示范工作。县级层面创建“协同发展路径试点区”，镇级层面创建“协同发展路径示范特色小镇”，在村级层面评选“协同发展路径示范村”。同时，为发挥示范路径的引领作用，针对不同发展基础和发展条件的地区探索不同类型的协同发展路径。

（二）构建协同发展路径规划体系，从规划层面保障协同发展

1. 探索两个独立产业的规划协同

规划是经济社会发展的先导动作，可以为经济社会发展过程中整合发展条件资源提供蓝图。因此，产业发展一般以科学合理的规划为起点。乡村旅游与生态友好型农业的协同发展，需要在两个独立产业的规划层面实现。第一，强化对乡村旅游规划、生态友好型农业规划的协同引导。即在编制乡村旅游规划中，充分保障两个独立产业在文本设计中拥有实践协同发展路径的空间。第二，重视把协同发展路径纳入区域规划的编撰，尤其是区域乡村旅游发展专项规划、区域旅游产业发展规划，统筹考虑该区域的生态农业资源条件、发展基础、产业前景，有效保障区域内乡村旅游业与生态友好型农业的产业融合途径。

2. 多渠道多层面采集规划意见

第一，多渠道采集规划意见。包括在规划编制中，邀请农业专家、旅游专家参加并提供咨询建议，同时征求旅游、农业等行政管理部门的意见。尝试从产业布局、景观设计、产品开发方面，在规划初期就植入

协同发展的各种知识、智慧、考量。第二，在编制生态农业规划中，主动把生态农业发展的空间布局、景观设计、技术运用、环境保护等延伸到乡村旅游产业的发展需求，并征求旅游部门的意见，在农业发展过程中增加旅游功能，增强农业的休闲娱乐性。第三，为保证旅游元素与农业资源条件的最优化融合，可以邀请旅游专家参与农业规划编制，拓展农业发展的产业链条，丰富农业产品类型，增强农业的旅游功能。

3. 增强规划编制的合理性和可行性

乡村旅游、生态友好型农业发展的规划实现较好匹配，是规划协同的关键所在，这就要求提高规划编制的合理性和可行性水平。第一，依托生态友好型农业的资源基础，本着充分挖掘、合理整合的规划思路，将农业资源开发为旅游资源，继而转化为协同发展的特色产品，在规划层面发挥生态友好型农业资源的最大化价值。第二，在编制地区总体规划、产业体系规划和控制性详细规划中，提前考虑生态友好型农业产业、乡村旅游产业融合发展的需要。必要时，抓住产业、空间、主体等切入点，以乡村旅游规划引导生态友好型农业规划，或者以生态友好型农业规划引导乡村旅游规划。第三，在编制过程中实行政府组织、技术部门主导、专家负责、公众参与的模式，集思广益，增强规划编制的合理性和可行性。

（三）农业企业推动“农业+”，抓住协同发展路径的产业“根”

1. 强化树立生态在发展理念

农业企业的发展是促进农业发展，实现农业产业的现代化、规模化、产业化的前提与条件。农业企业在发展中，需要树立生态化发展理念，建立内部各要素之间的生态系统，并发挥彼此之间及与环境之间良性生态系统的作用，实现农业产业的生态化发展。[①] 第一，正确认识化

① 王倩．基于企业生态理论的农业企业发展研究［D］．东北林业大学，2006：3.

学农业导致的自然环境污染严重、土壤肥力下降、生物多样性破坏等环境问题，以及存在的严重食品安全隐患，对农业产业生态化发展的价值、目标、意义等有科学认识。第二，重新认识农业资源的价值。农业资源是潜在的旅游资源，农业与自然生态环境的融洽循环，不仅保证了农业的可持续发展基础，也是农业发展呈现的自然之美。这种美形成当前城镇化和工业化时间背景下的稀缺资源，是人类难以割舍的乡村旅游资源。

2. 积极发挥基础设施的多功能性

在乡村旅游与生态友好型农业的协同发展路径中，生态农业是乡村旅游产业的根。第一，农业企业在生态友好型农业基础设施的规划与建设过程中，应当充分考虑乡村旅游发展的可能性与现实需要。例如，在交通设施建设中综合考虑旅游步道、骑游道的建设需要；在农田水利建设过程中充分考虑灌溉沟渠的布局联通，为打造乡村河景、小桥流水等乡村景观留下空间。第二，农业企业在实践乡村旅游与生态友好型农业的协同发展路径中，应当加大投入于与乡村旅游的共用设施建设，完善生态农业基地、休闲农业园区相关的旅游观光配套设施建设，推动生态农业生产与农业休闲旅游的融合发展。

3. 探索推动生态农业技术创新

第一，通过技术创新，减少农业污水排放，提高废水利用率，打造微型湿地，利用水体自净功能实现生态旅游。第二，因地制宜，发展无公害农产品、绿色食品、有机农产品和农产品地理标志认证，严格按照标准生产，为乡村旅游提供在地产业支持。第三，发展数字农业，将不同作物结合起来种植，抵御共同的害虫、其他不必要的害虫，增加植物的种类，增强土地的产出弹性。第四，加快新科学、新技术在生态农业资源开发中的应用，新品种、新成果在乡村旅游发展中的展示，通过强化现代农业产业化经营推动农业科普教育培训，培育掌握农业创新技术的现代职业农民。

4. 努力研发资源到产品的转化技术

农业企业可以将生态农业的生产、生态农产品的加工过程，转换成具有观光、体验、休闲价值的乡村旅游项目。第一，研发民俗风情旅游、村落乡镇旅游、田园农业观光、农家乐休闲、科普教育旅游、休闲度假旅游等协同发展模式，最大限度地开发利用农业、农村、农民的“三农”资源。第二，在主营业务基础上，以观光采摘农业、大棚生态餐厅、农家乐、农家大院、民俗村、垂钓等形式，满足乡村旅游“食、住、行、游、购、娱”的全产业链发展需求。第三，通过发展休闲农业与乡村旅游，带动观赏性强的生态经济作物的种植、生态蔬菜瓜果等农产品消费、生态饲养家禽家畜的消费，最终实现生态餐饮、住宿接待、文化生态产品和资源消费的全面发展。

（四）旅游企业实践“+旅游”，塑造协同发展路径的产品“魂”

1. 树立生态环保发展理念

乡村旅游企业在发展中应当树立“青山绿水就是金山银山”的发展理念，将保护生态环境纳入企业文化之中。第一，乡村旅游企业不仅要充分利用农业自然文化资源打造旅游产品，也应尊重农业的自然生态功能，在不改变不破坏或者优化提升农业生态功能的前提下实现旅游开发，将这一发展理念作为乡村旅游企业发展之本。第二，乡村旅游企业的生产经营活动，应当严格遵守生态环保要求。尤其是，乡村旅游开发在农村农业景观打造、自然环境改造，旅游厕所、住宿娱乐、标识标牌等设施建设方面要符合环保标准，遵照行业主管部门制定的法律法规、行业标准进行生产服务。

2. 正确认识“旅游+农业”和“农业+旅游”

中国改革开放的40年，也是经济社会转型的40年。经过40年的发展，旅游业已经成为国家战略性支柱产业，并以“跨界”方式助力中国转型方式。第一，“旅游+”“+旅游”。“旅游+”提倡旅游产业与其他产业有机地结合，丰富旅游产业的内容元素，也促进其他产业发展。在国家旅游局发布的《全域旅游示范区创建工作导则》中，“旅游+”有10余个发展方向。另外，“+旅游”产业指在某产业链条相对完善的前提下，通过“+旅游”进一步完善产业链条、增加产业链分支、拓展产业链功能。如果说“旅游+”是把旅游作为一个主体产业，体现旅游业主动寻求与其他产业融合发展而做出的探索，“+旅游”就是第一、第二、第三产业中其他产业把产业链延伸到旅游产业，与旅游产业实现融合发展的尝试。

第二，“旅游+农业”“农业+旅游”。“旅游+农业”是通过农业创新旅游产业，如通过稻田作画创新旅游景观、通过挤牛奶体验制作农产品，从而创造新的旅游产品、活动、项目等。“农业+旅游”则重视通过旅游产业发展延伸农业产业链，通过旅游产业发展增加农业产业附加值。

3. 充分利用生态农业旅游资源

在理论层面，“农业旅游资源”由农业自然资源和农业文化资源组成，乡村旅游开发企业应依托两类资源进行乡村旅游开发。第一，对农业自然资源的开发，应当围绕农业旅游项目和农业景观产品开发进行，将农业产品包装打造成旅游产品，供游客在旅途中消费或者带回客源地送亲朋好友；将农业植被从色彩、形态、规模和时间等层面打造成旅游产品，发展色彩农业和观光农业。第二，对农业文化资源的开发，需要依托乡村民俗资源、节庆资源等传统文化资源，不仅反映在农业文化习俗和农事体验上，还可以扩展至饮食文化和节庆文化，打造出适销对路的旅游产品。

4. 探索农旅融合发展新模式

乡村旅游企业实践乡村旅游与生态友好型农业的协同发展路径，应探索“农旅一体化”发展新模式，不仅提升乡村旅游的休闲观光功能，也要注重农业和旅游产业的经济、社会、文化、环境等功能。第一，围绕市场需要，探索农业文化旅游模式、农业科技科普模式、农业文化遗产游览模式、农业康体养生模式、生态农场体验模式，满足不同类型的乡村旅游需求，在实现乡村旅游经济功能的同时，提升农业的社会教育功能。第二，探索农业文化创意融入旅游发展新路径，通过开展旅游节庆、文创旅游等主题旅游活动，为游客提供农耕体验、亲子活动、田园休憩、文化体验、特色婚礼等体验与服务。

（五）发挥行业协会作用，凝聚协同发展的行业力量

1. 行业协会清晰定位自身作用

行业协会是社会组织，在性质上相对独立于政府的行政干预和企业的生产利润最大化约束，秉承相对公平性和相互依赖性的原则，开展自律管理。乡村旅游与生态友好型农业协同发展是系统工程，涉及旅游产业、农业产业，还涵盖环境保护、文化工艺传承、社会治理等价值目标。因此，在实践协同发展路径中，需要乡村旅游、民宿等旅游类协会，农业食品加工等农业类协会，环境保护、文化保护等其他协会参与。虽然这些协会的协调治理范围不同，但具有共同的作用范围，都可以对乡村旅游与生态友好型农业协同发展起到推动作用。

2. 旅游类协会积极发挥行业功能

旅游类协会的功能包括但不局限于以下几点。第一，发挥纽带作用，向企业介绍政府关于推进协同发展，进行生态环保、文化保护的法律法规政策；向政府介绍旅游企业在实践协同发展路径中的诉求。第二，服务行业发展，围绕探索和实践协同发展路径收集资料、研究案例，为政府决策和行业发展提供咨询服务。第三，建立健全企业信用档案和行业自律机制，健全行业自律规约，制定行业职业道德准则，规范协同发展中行业的发展秩序。第四，加强旅游企业在协同发展的交流合作，组织乡村旅游企业与农业企业之间的交流与合作，秉承互惠互利、合作共赢的原则为乡村旅游与生态友好型农业协同发展奠定交流基础。

3. 农业类协会积极发挥行业功能

农业类协会是协同发展的重要力量。第一，贯彻落实国家推进生态农业发展的指示精神，积极参与农业生产法律、休闲农业规划、协同发展政策的制定工作，参与示范区建设标准和建设指南设计工作。第二，围绕生态友好型农业开发、乡村旅游与生态友好型农业协同发展收集

整理资料、经典案例研究，推动现代农业技术推广传播工作，探索并逐步创立具有中国特色的协同发展之路，为政府决策和旅游发展提供咨询服务。第三，参与休闲农业与乡村旅游企业的信息建设，尤其是农业企业的生态环境保护信用建设，建立健全企业信用档案和行业自律机制，健全行业自律规约，制定行业职业道德准则，规范行业发展秩序。

4. 其他协会发挥行业功能

在实践乡村旅游与生态友好型农业的协同发展路径中，环境保护、生态经济、文化保护、民俗传承等协会，也积极承担服务与引导工作。第一，协会从资源优势出发，参与和协同发展相关的法律法规、行业标准制定，推动彼此间信息沟通、技术共享、经验交流等。第二，环境保护协会应注重参与乡村旅游开发与生态友好型农业发展协同过程中的环保工作，不仅追求旅游资源的开发价值，也要保证资源的有效保护与合理利用。第三，文化保护类协会要支持文化资源的合理利用，在科学开发中实现文化传承；要注意保护传统文化在开发利用过程中的保真性，保证协同发展不会造成对文化旅游资源、农业生产资源的破坏。

（六）赋予 NGO 相应权责，整合协同发展的社会力量

1. 明确 NGO 参与的必要性

从 20 世纪 80 年代至今，我国的乡村旅游启动有政府主导、企业主导、居民主导三种组织方式。[①] 在实践中，乡村旅游被赋予振兴乡村地区经济的重任，政府在旅游扶贫中发挥主导作用，NGO 作为第三方力量，没有很好地进入旅游发展也是现实情况。[②] 同时，政府作为发展生态友好型农业的核心力量，起到生态友好型农业发展的全局设计、全局

① 向富华，金颖若．乡村旅游产业组织模式研究［J］．北京第二外国语学院学报，2011（7）：26－32.

② 邹统钎，等．乡村旅游可持续发展的动力机制与政府规制［J］．杭州师范学院学报（社会科学版），2006（2）：64－67；李婉玲．政府主导下的乡村集群化旅游发展模式研究——以广东开平碉楼与村落为例［J］．农业经济，2015（7）：80－82.

引导、全局推动、全局统领的作用，也一定程度上挤兑着社会组织的发挥空间。[①] 投射到乡村旅游与生态友好型农业的协同发展路径中，政府和市场也就成为乡村旅游和生态友好型农业协同发展的主要动力来源。[②] 实际上，NGO 能够在旅游发展宣传促销、评估、监督等方面起到积极作用。因此，政府、市场、NGO "公私合力"，有助于充分发挥 NGO 的作用，以促进乡村旅游与生态友好型农业协同发展。

2. 政府为 NGO 创造制度环境

政府从以下几个途径创造制度环境。第一，完善 NGO 相关立法，确保 NGO 合法权益，规范 NGO 参与行为。第二，创新项目实施方式，包括把部分项目，采用政府规划、筹集资金、验收评估，授权 NGO 组织实施、技术指导、主体培训等方式进行。第三，明晰 NGO、政府在协同发展过程中的权利与义务，两者不仅要责权分明还要互相约束。此外，政府还应当明确工作职责，帮助解决 NGO 在参与协同发展中，遇到的现实问题。第四，建立健全的 NGO 监管和评估体系，为政府在挑选实践乡村旅游和生态友好型农业协同发展的对象上提供科学依据。

3. NGO 练好协同发展"内功"

NGO 应主动承担社会责任，积极参与协同发展工作。第一，与政府建立起畅通的沟通机制、搭建起良好的合作关系，做到交流渠道畅通、合作途径畅通。第二，NGO 应当深入乡村地区，了解乡村居民、生态企业、经营主体的实际需求，做好信息反馈、人员培训等工作。第三，NGO 之间应当加强联系合作，通过彼此之间的资源整合、平台打造形成合力，打造协同发展路径的项目典范，起到协同发展的引领带动作用。第四，做好法律服务，协助地方政府根据法律规定为弱势群体提

---

① 张芬昀．生态农业产业集群发展中的经济效应与政府行为探究［J］．农业现代化研究，2013（2）：172－175；陈洪昭．生态农业建设中的政府行为探讨［J］．农业环境与发展，2010（1）：40－43；赵丽佳，冯中朝．政府：我国生态农业制度创新"第一行动集团"［J］．农村经济，2006（9）：12－14.

② 谢雨萍．基于政府主导的生态农业旅游发展实证研究——恭城瑶族自治县红岩村案例［J］．大众科技，2008（8）：131－132＋63.

供法律援助，保护弱势主体在协同发展中的合法利益，减少社会矛盾的产生。

（七）乡村居民增权赋能，增强协同发展路径的主体能力

1. 清晰认识居民的能力障碍

我国乡村地区由于长期处于落后状态，参与资金缺乏、教育层次不高、思想观念陈旧，且大量青壮劳动力外流等，这些成为乡村居民参与协同发展的主要能力障碍。政府、社会、市场应当认识和承认居民能力的相对缺失，这是居民作为主体、可持续性参与协同发展的前提。第一，政府、企业要做好宣传工作，让居民明确生态农业生产、乡村旅游发展的正面意义，激发乡村居民主动参与协同发展的积极性。第二，政府、企业、社会组织，应当主动通过农民夜校、乡村讲坛等形式，向农业生产、旅游经营者提供服务接待、生产经营的知识技术培训，增强居民参与协同发展的知识能力。第三，政府发挥引导作用，协调路径主体处理利益关系，保障居民对发展成果的受益权，增加居民主动参与、积极参与的活力。

2. 创造居民能力发展机会

居民能力发展机会指政府、社会、市场所创造的，居民参与协同发展的机会，包括参与决策机会、就业培训机会、地方就业机会。① 第一，参与决策机会。地方政府在制定协同发展政策时，应当广泛听取居民意见，为居民提供参与决策的机会。第二，就业培训机会。政府、社会、企业展开针对性培训，提高居民参与生态农业生产经营、旅游服务管理的技能。第三，就业机会。政府、企业、经营单位，在协同发展中或通过雇佣方式，或通过经济组织召集分散居民参与生产经营等方式，为居民提供就业岗位，保障他们其获取就业岗位途径的公平性。

---

① Papanikolaou K，Gouli E. Collaboration as an opportunity for individual development［C］// International Conference on Intelligent Networking and Collaborative Systems，IEEE Computer Society，2010：54 －61.

3. 建立多方主体参与机制

第一，要保障乡村社区居民在协同发展中的主体地位和权益。尤其是乡村精英的参与，很大程度上确保了居民在协同发展中，维系传统农业生产方式、实现人和自然和谐相处的话语权。这也进一步激发了当地居民保持挖掘与创新传统农业生产生活方式、传统建筑、传统工艺等文化景观的积极性。第二，建立起与政府之间的协作关系。尤其是农业和旅游部门的合作，让乡村旅游为生态农产品带来销路并提升农产品价值，生态农业为乡村旅游提供了真实的乡村旅游吸引物。第三，吸引NGO介入协同发展，在凝聚乡村旅游和生态农业投资企业力量，规范休闲农业园区、乡村旅游酒店、农家乐接待点等的生产经营行为，以及乡村传统文化、生态环境保护、传统村落保护等方面，发挥积极作用。

（八）科研院所群策群力，凝聚协同发展的中国智慧

以高等院校、科研院所为主体的科研机构是推动乡村旅游与生态友好型农业协同发展的重要智力服务机构，应在协同发展形成、运行过程中做好理论研究、人才培养、成果转化等方面的智力服务工作。

1. 做好理论研究工作

第一，与政府合作，科研院所应发挥理论优势，从理论层面探索乡村旅游与生态友好型农业协同发展的内涵、形成机制、运行规律，作为政府决策的理论依据。第二，通过理论研究、实证调查，设计推动协同发展的政策体系、保障机制，形成决策报告、咨询报告等，并据此提出具有灵活性、可操作性的政策建议。第三，主动寻求与行业协会、NGO、经济组织等的合作，为社会组织提供协同发展理论研究的辅助工作，为社会组织寻求参与协同发展的具体实施路径，提供参考建议。

2. 做好人才培养工作

第一，树立培养人才的正确观念。习近平总书记在2021年中央人才工作会议上强调，我们比历史上任何时期都更加渴求人才。人才是第一资源，乡村旅游与生态友好型农业的协同发展，需要大量的专业技

术、示范带动、经营管理人才。第二，以“懂农业、爱农村、爱农民”为标准，培养协同发展的干部队伍。通过集中培训、高校进修、基础挂职等途径，实现干部队伍建设与协同发展的相互促进。第三，以“立得住、站得稳、有想法”为首要标准，培养农村带头人队伍。包括村民委员会主任、村委会干部、驻村书记、经济组织“带头人”、合作社“带头人”等。第四，以“有知识、会操作、能贡献”为标准培育壮大本土协同队伍。包括建立“网格化”服务网络、农业技术推广机构、农业服务中心，针对性开展农业技术培训、村干部学历培训、旅游接待服务培训等。

3. 做好成果转化工作

第一，通过校企合作，帮助旅游企业和农业企业实现协同发展的理论研究和成果转化工作，探索生态农业技术推广模式。第二，农业科研院所应发挥农业生产技术研究与技术推广之间的桥梁作用，推动农业环保技术的利用，在生态农业发展和乡村旅游开发过程中落实生态功能实现和保护。第三，旅游科研院所应注重生态农业产品的开发和培育，挖掘依托生态友好型农业的乡村旅游产品，拓展生产农业的产业链条，推动一三产业融合发展。第四，附属于农业或旅游企业的研究机构，应发挥行业资源优势，探索生态农业、乡村旅游产品开发模式，积极参与细分领域的标准制定，起到行业示范引领作用。

附　录

附录一　协同路径指标体系调查问卷

一　评价指标专家打分表

填表说明：表 1 和表 2 是课题研究初步构建的乡村旅游开发与生态友好型农业发展协同路径的评价指标体系，涉及 9 个层次、70 个指标。请根据您的专业知识与经验，就表中指标内容对指标可行性与必要性进行评判，并在相应的评分选项下打“√”。若您认为还有其他未列出的重要影响指标，或认为已列出的指标需要修改，请将相应的修改意见填写在表格下方相应的地方。

表 1　乡村旅游开发与生态友好型农业发展的协同路径指标体系可行性打分

目标层	准则层	指标层	可行性打分				
			完全可行 5 分	较可行 4 分	一般可行 3 分	较不可行 2 分	最不可行 1 分
乡村旅游开发与生态友好型农业发展的协同路径	政府治理水平	C1 政府制定支持生态农业、乡村旅游发展政策					
		C2 政府提供生态农业生产、乡村旅游经营培训					
		C3 政府组织农产品、旅游产品的销售宣传					

续表

目标层	准则层	指标层	可行性打分				
			完全可行5分	较可行4分	一般可行3分	较不可行2分	最不可行1分
乡村旅游开发与生态友好型农业发展的协同路径	政府治理水平	C4 政府、银行为村民提供农业生产、旅游经营贷款					
		C5 政府支持高校/科研机构等参与农业、旅游发展					
		C6 政府支持家庭农场、种植大户参与农业和旅游发展					
		C7 政府重视旅游业发展					
		C8 政府支持村委会组织村民参加旅游发展、农业生产					
		C9 政府支持旅游类协会、农业类协会参与旅游、农业发展					
		C10 政府的公共服务能力较强					
		C11 政府的办事效率很高					
	社会组织培育	C12 村委会积极参与农民专业合作社、乡村旅游合作					
		C13 村民积极参与农业类、乡村旅游类协会					
		C14 社会组织提供乡村旅游、生态农业的相关技术					
		C15 农民专业合作社、旅游合作社积极参与旅游、农业发展					
		C16 乡村旅游协会、农业协会积极参与旅游、农业发展					
		C17 家庭农场/种植大户积极参与旅游、农业发展					
		C18 农业企业参与乡村公共管理					
	农旅企业发展	C19 农业企业注重环境保护					
		C20 农业企业应用推广新技术					

续表

目标层	准则层	指标层	可行性打分				
			完全可行5分	较可行4分	一般可行3分	较不可行2分	最不可行1分
乡村旅游开发与生态友好型农业发展的协同路径	农旅企业发展	C21 农业企业推进农业和旅游业共同发展					
		C22 乡村有农家乐/宾馆客栈经营					
		C23 乡村旅游经营单位重视环境保护					
		C24 乡村旅游经营者重视保护农耕文化					
		C25 乡村旅游经营者为游客提供生态的旅游体验					
	自然环境保护	C26 乡村的生态环境保护较好					
		C27 乡村污染治理成效较好					
		C28 农业生产废弃物被较好处理					
		C29 农作物秸秆不再焚烧					
		C30 乡村旅游的垃圾等废弃物被较好处理					
		C31 农业生产对环境较少造成污染					
		C32 游客活动对环境较少造成污染					
		C33 村民注重保护生态环境					
		C34 游客注重保护生态环境					
	文化传承利用	C35 旅游发展有助于培育健康农业生产方式					
		C36 旅游发展有助于传承传统的农耕文化					
		C37 农耕文化在旅游发展中得到较好利用					
		C38 游客喜欢体验农耕文化产品					

续表

目标层	准则层	指标层	可行性打分				
			完全可行 5 分	较可行 4 分	一般可行 3 分	较不可行 2 分	最不可行 1 分
乡村旅游开发与生态友好型农业发展的协同路径	文化传承利用	C39 农耕文化在旅游发展中得到传承发展					
	主体能力建设	C40 我通过电视、网络等学习农业生产、旅游经营知识					
		C41 我通过网络宣传农业生产、旅游发展					
		C42 我通过网络平台销售餐饮住宿产品和农产品					
		C43 我通过旅游发展更加了解城市居民消费水平					
		C44 村委会/居委会促进本地生态农业、乡村旅游发展					
		C45 村委会/居委会协调好生态农业发展中的各类矛盾					
		C46 政府促进地方社会经济的发展					
	技术应用水平	C47 单位面积土地的农业生产成本更低、产量更高					
		C48 单位面积土地的农业生产废弃物更少					
		C49 生态农业技术得到推广普及					
		C50 农业技术改善土壤污染					
		C51 科学技术在农产品品种培育和品质提高中得到应用					
		C52 经营管理技术广泛应用于农业生产、旅游经营					
		C53 农业生产、旅游经营用网络等销售农产品、旅游产品					
	公共设施建设	C54 游客自驾车辆能驶入乡村					

续表

目标层	准则层	指标层	可行性打分				
			完全可行5分	较可行4分	一般可行3分	较不可行2分	最不可行1分
乡村旅游开发与生态友好型农业发展的协同路径	公共设施建设	C55 乡村每户都有入户通道					
		C56 农用物资、农产品物流畅通					
		C57 乡村网络、电话等畅通					
		C58 城市至乡镇有旅游班次公交车					
		C59 乡村保留当地传统建筑					
		C60 村庄有游客服务中心、停车场、旅游厕所等设施					
		C61 村庄设置旅游标识系统					
		C62 村庄有面向游客的当地农产品交易地点					
	协同发展	C63 生态农业得到较好发展					
		C64 乡村旅游得到较好发展					
		C65 外出村民陆续回村创业					
		C66 生态农业和旅游业都得较好发展					
		C67 村民更愿意参与乡村建设与发展					
		C68 村民更多参与乡村旅游与农业生产					
		C69 乡村居民更加友好					
		C70 生态农业让乡村旅游环境变得更好					

您的其他意见与建议：

表 2　乡村旅游开发与生态友好型农业发展的协同路径指标体系必要性打分

目标层	准则层	指标层	必要性打分				
			完全必要5分	较必要4分	一般必要3分	较不必要2分	最不必要1分
乡村旅游开发与生态友好型农业发展的协同路径	政府治理水平	C1 政府制定支持生态农业、乡村旅游发展政策					
		C2 政府提供生态农业生产、乡村旅游经营培训					
		C3 政府组织农产品、旅游产品的销售宣传					
		C4 政府、银行为村民提供农业生产、旅游经营贷款					
		C5 政府支持高校/科研机构等参与农业、旅游发展					
		C6 政府支持家庭农场、种植大户参与农业和旅游发展					
		C7 政府重视旅游业发展					
		C8 政府支持村委会组织村民参加旅游发展、农业生产					
		C9 政府支持旅游类协会、农业类协会参与旅游、农业发展					
		C10 政府的公共服务能力较强					
		C11 政府的办事效率很高					
	社会组织培育	C12 村委会积极参与农民专业合作社、乡村旅游合作					
		C13 村民积极参与农业类、乡村旅游类协会					
		C14 社会组织提供乡村旅游、生态农业的相关技术					
		C15 农民专业合作社、旅游合作社积极参与旅游、农业发展					
		C16 乡村旅游协会、农业协会积极参与旅游、农业发展					

续表

目标层	准则层	指标层	必要性打分				
			完全必要 5分	较必要 4分	一般必要 3分	较不必要 2分	最不必要 1分
乡村旅游开发与生态友好型农业发展的协同路径	社会组织培育	C17 家庭农场/种植大户积极参与旅游、农业发展					
		C18 农业企业参与乡村公共管理					
	农旅企业发展	C19 农业企业注重环境保护					
		C20 农业企业应用推广新技术					
		C21 农业企业推进农业和旅游业共同发展					
		C22 乡村有农家乐/宾馆客栈经营					
		C23 乡村旅游经营单位重视环境保护					
		C24 乡村旅游经营者重视保护农耕文化					
		C25 乡村旅游经营者为游客提供生态的旅游体验					
	自然环境保护	C26 乡村的生态环境保护较好					
		C27 乡村污染治理成效较好					
		C28 农业生产废弃物被较好处理					
		C29 农作物秸秆不再焚烧					
		C30 乡村旅游的垃圾等废弃物被较好处理					
		C31 农业生产对环境较少造成污染					
		C32 游客活动对环境较少造成污染					
		C33 村民注重保护生态环境					
		C34 游客注重保护生态环境					

续表

目标层	准则层	指标层	必要性打分				
			完全必要5分	较必要4分	一般必要3分	较不必要2分	最不必要1分
乡村旅游开发与生态友好型农业发展的协同路径	文化传承利用	C35 旅游发展有助于培育健康农业生产方式					
		C36 旅游发展有助于传承传统的农耕文化					
		C37 农耕文化在旅游发展中得到较好利用					
		C38 游客喜欢体验农耕文化产品					
		C39 农耕文化在旅游发展中得到传承发展					
	主体能力建设	C40 我通过电视、网络等学习农业生产、旅游经营知识					
		C41 我通过网络宣传农业生产、旅游发展					
		C42 我通过网络平台销售餐饮住宿产品和农产品					
		C43 我通过旅游发展更加了解城市居民消费水平					
		C44 村委会/居委会促进本地生态农业、乡村旅游发展					
		C45 村委会/居委会协调好生态农业发展中的各类矛盾					
		C46 政府促进地方社会经济的发展					
	技术应用水平	C47 单位面积土地的农业生产成本更低、产量更高					
		C48 单位面积土地的农业生产废弃物更少					
		C49 生态农业技术得到推广普及					
		C50 农业技术改善土壤污染					

续表

目标层	准则层	指标层	必要性打分				
			完全必要5分	较必要4分	一般必要3分	较不必要2分	最不必要1分
乡村旅游开发与生态友好型农业发展的协同路径	技术应用水平	C51 科学技术在农产品品种培育和品质提高中得到应用					
		C52 经营管理技术广泛应用于农业生产、旅游经营					
		C53 农业生产、旅游经营用网络等销售农产品、旅游产品					
	公共设施建设	C54 游客自驾车辆能驶入乡村					
		C55 乡村每户都有入户通道					
		C56 农用物资、农产品物流畅通					
		C57 乡村网络、电话等畅通					
		C58 城市至乡镇有旅游班次公交车					
		C59 乡村保留当地传统建筑					
		C60 村庄有游客服务中心、停车场、旅游厕所等设施					
		C61 村庄设置旅游标识系统					
		C62 村庄有面向游客的当地农产品交易地点					
	协同发展	C63 生态农业得到较好发展					
		C64 乡村旅游得到较好发展					
		C65 外出村民陆续回村创业					
		C66 生态农业和旅游业都得较好发展					
		C67 村民更愿意参与乡村建设与发展					
		C68 村民更多参与乡村旅游与农业生产					
		C69 乡村居民更加友好					
		C70 生态农业让乡村旅游环境变得更好					

您的其他意见和建议：

二　专家自评表

填表说明：请您先填写您的基本情况，并在指标判断依据及影响程度表中概括您对表 1 和表 2 中各项指标的判断依据，选择有关因素对您所给评判结果的影响大小，在相应空格处打上“√”，最后请判断您对乡村旅游与生态友好型农业协同发展的总体了解程度，在相应空格处打上“√”。

表 3　咨询专家基本情况

姓名		性别		年龄		最高学历	
工作单位				职称/职务			
电话				Email			
从事专业							
专业年限							
主要研究方向							

表 4　指标判断依据及影响程度

判断依据	对专家判断的影响程度		
	大	中	小
理论分析			
实践经验			
对同行的了解			
直觉			

您对乡村旅游与生态友好型农业协同发展的总体了解程度：

很熟悉（　）　　较熟悉（　）　　熟悉（　）　　一般（　）

较不熟悉（　）　很不熟悉（　）

附录二　正式调查问卷

尊敬的先生/女士，您好！

我们是国家社科基金青年项目“乡村旅游开发与生态友好型农业发展的协同路径研究”课题组。首先，感谢您对本次问卷调查的配合。填写该问卷不需要任何的专业知识，您的回答没有对错之分，只要反映出您的真实想法即可，请在您认为相符的选项中画“√”。其次，本次问卷调查不记名，**不涉及个人姓名、电话**等信息，所有问卷信息都只被用于学术研究。最后，再次感谢您的支持和帮助！

一　问卷内容

政府治理水平　测量题项	非常不同意	不同意	中立	同意	非常同意
1. 政府制定支持生态农业、乡村旅游发展政策					
2. 政府提供生态农业生产、乡村旅游经营培训					
3. 政府组织农产品、旅游产品的销售宣传					
4. 政府、银行为村民提供农业生产、旅游经营贷款					
5. 政府支持高校/科研机构等参与农业、旅游发展					
6. 政府支持家庭农场、种植大户参与农业和旅游发展					
7. 政府支持村委会组织村民参加旅游发展、农业生产					
8. 政府支持旅游类协会、农业类协会参与旅游、农业发展					
社会组织培育　测量题项	非常不同意	不同意	中立	同意	非常同意
1. 村委会积极参与农民专业合作社、乡村旅游合作					
2. 村民积极参与农业类、乡村旅游类协会					

续表

社会组织培育 测量题项	非常不同意	不同意	中立	同意	非常同意
3. 有外来机构主动提供免费生产、经营、创业培训					
4. 农民专业合作社、旅游合作社积极参与旅游、农业发展					
5. 乡村旅游协会、农业协会积极参与旅游、农业发展					
6. 家庭农场/种植大户积极参与旅游、农业发展					

农旅企业发展 测量题项	非常不同意	不同意	中立	同意	非常同意
1. 农业企业注重环境保护					
2. 农业企业应用推广新技术					
3. 农业企业推进农业和旅游业共同发展					
4. 乡村有农家乐/宾馆客栈经营					
5. 乡村旅游经营单位重视环境保护					
6. 乡村旅游经营者重视保护农耕文化					
7. 乡村旅游经营者为游客提供生态的旅游体验					

自然环境保护 测量题项	非常不同意	不同意	中立	同意	非常同意
1. 乡村的生态环境保护较好					
2. 农业生产废弃物被较好处理					
3. 乡村旅游的垃圾等废弃物被较好处理					
4. 农业生产对环境较少造成污染					
5. 游客活动对环境较少造成污染					
6. 村民注重保护生态环境					
7. 游客注重保护生态环境					

文化传承利用 测量题项	非常不同意	不同意	中立	同意	非常同意
1. 旅游发展有助于培育健康农业生产方式					
2. 旅游发展有助于传承传统的农耕文化					
3. 农耕文化在旅游发展中得到较好利用					
4. 游客喜欢体验农耕文化产品					
5. 农耕文化在旅游发展中得到传承发展					

续表

主体能力建设　测量题项	非常不同意	不同意	中立	同意	非常同意
1. 我通过电视、网络等学习农业生产、旅游经营知识					
2. 我通过网络宣传农业生产、旅游发展					
3. 我通过网络平台销售餐饮住宿产品和农产品					
4. 村委会/居委会促进本地生态农业、乡村旅游发展					
5. 村委会/居委会协调好生态农业发展中的各类矛盾					
技术应用水平　测量题项	**非常不同意**	**不同意**	**中立**	**同意**	**非常同意**
1. 单位面积土地的农业生产成本更低、产量更高					
2. 单位面积土地的农业生产废弃物更少					
3. 生态农业技术得到推广普及					
4. 科学技术在农产品品种培育和品质提高中得到应用					
5. 经营管理技术广泛应用于农业生产、旅游经营					
6. 农业生产、旅游经营用网络等销售农产品、旅游产品					
公共设施建设　测量题项	**非常不同意**	**不同意**	**中立**	**同意**	**非常同意**
1. 农用物资、农产品物流畅通					
2. 乡村网络、电话等畅通					
3. 城市至乡镇有旅游班次公交车					
4. 村庄有游客服务中心、停车场、旅游厕所等设施					
5. 村庄设置旅游标识系统					
6. 村庄有面向游客的当地农产品交易地点					
协同发展　测量题项	**非常不同意**	**不同意**	**中立**	**同意**	**非常同意**
1. 生态农业得到较好发展					
2. 乡村旅游得到较好发展					

续表

协同发展 测量题项	非常不同意	不同意	中立	同意	非常同意
3. 生态农业和旅游业都得到较好发展					
4. 村民更愿意参与乡村建设与发展					
5. 村民更多参与乡村旅游与农业生产					

二 基本信息

性 别 □ 男 □ 女

年 龄 □ 16—30 岁 □ 31—40 岁 □ 41—50 岁
□ 51—60 岁 □ 60 岁以上

学历层次 □ 初中及以下 □ 高中或中专 □ 大专及本科
□ 研究生及以上

您年收入 □ 5 万元以下 □ 5 万—10 万元
□ 10 万—15 万元 □ 15 万—20 万元
□ 20 万元及以上

您是否为游客 □ 是 □ 否（选择**否**的，请做下一题）

您的职业是（可多选）

□ 农业生产者 □ 旅游经营者 □ 行政管理者
□ 外来务工者 □ 其他

后　记

2021 年 8 月，习近平总书记在河北承德考察时指出："产业振兴是乡村振兴的重中之重，要坚持精准发力，立足特色资源，关注市场需求，发展优势产业，促进一二三产业融合发展，更多更好惠及农村农民。"生态友好型农业是我国乡村产业振兴的重要方向，也是生态文明发展理念在农业产业中应用的具体体现。关注生态友好型农业与乡村旅游的协同发展，有助于合理利用农业生态资源、拓展现代农业多种功能属性、提升农业产业附加值，推动一三产业融合发展。本书以"把对农村地区资源环境保护和合理利用融入乡村旅游的可持续开发和农业产业的健康发展"为出发点，探索构建乡村旅游开发与生态友好型农业发展的协同路径，对落实国家"乡村振兴"战略有着十分重要的意义。

本书是国家社科基金项目的研究成果，以"五位一体"的中国特色社会主义事业总体布局为理论视角，构建乡村旅游与生态友好型农业协同发展的理论框架。进而展开现状测评、多维分析、案例研究和调查研究。最后，提出具有代表性的乡村旅游与生态友好型农业协同发展路径及实践协同发展路径的对策建议。以期为乡村产业振兴提供一定理论指导。

本书的主要执笔人是四川农业大学郭凌教授、臧敦刚副教授、孙根紧副教授、蔡克信博士与何思好教授。四川农业大学罗良伟博士、曹兴平博士、段吟颖教授参与了撰写讨论，提供了好的思路。硕士研究生王晓敏、徐襄怡、官红在本书的研究期间承担了事务性工作和田野调查工作。在本书初稿完成之际，西南大学王志章教授、四川农业大学曾维忠教授、贵州财经大学王超教授、扬州大学侯兵教授、中国劳动关系学院翟向坤教授等学者为本书提出了建设性意见，在此表示特别感谢！

由于本人学识与能力有限，书中论点以及分析论述或有不当之处，敬请各位读者批评指正。

郭 凌

2022 年 4 月

图书在版编目(CIP)数据

乡村旅游与生态友好型农业的协同发展 / 郭凌等著. -- 北京 : 社会科学文献出版社, 2022.5
ISBN 978-7-5228-0124-7

Ⅰ. ①乡… Ⅱ. ①郭… Ⅲ. ①乡村旅游-旅游业发展-关系-生态农业-研究-中国 Ⅳ. ①F592.3②S-0

中国版本图书馆 CIP 数据核字 (2022) 第 085904 号

乡村旅游与生态友好型农业的协同发展

著　　者 / 郭　凌　臧敦刚 等

出 版 人 / 王利民
责任编辑 / 田　康
责任印制 / 王京美

出　　版 / 社会科学文献出版社 · 经济与管理分社 (010) 59367226
地址: 北京市北三环中路甲 29 号院华龙大厦　邮编: 100029
网址: www.ssap.com.cn
发　　行 / 社会科学文献出版社 (010) 59367028
印　　装 / 三河市尚艺印装有限公司

规　　格 / 开 本: 787mm × 1092mm　1/16
印 张: 17.25　字 数: 248 千字
版　　次 / 2022 年 5 月第 1 版　2022 年 5 月第 1 次印刷
书　　号 / ISBN 978-7-5228-0124-7
定　　价 / 98.00 元

读者服务电话: 4008918866